ゼロから英語のOS（基盤力）を構築する

究極の英語学習法 はじめての K/Hシステム 0

国井信一／橋本敬子　著

K/H system

※本書は『究極の英語学習法 はじめての K/H システム』（2015 年初版）の改訂版です。

本書の構成

K/H システムへようこそ！
K/H システムは、現場で実際に「使える」実戦的な英語力の養成を目標に、同時通訳の訓練法を取り入れた英語学習法です。アメリカ在住の日本人駐在員をサポートするために 1990 年代にワシントン D.C. でスタートしました。このような背景もあり、K/H システムの学習者は当初、ある程度英語力のある中上級者が中心でした。しかし、それから 30 年、国際化が進み、仕事で英語を使う人が増える中、K/H システムでも、初中級レベルから学べる公開講座を提供してきました。
本書は、そのような初中級者向け講座のエッセンスを抽出。文法力・語彙力に不安が残る TOEIC450 ～ 650 点レベルの学習者を対象に、ゼロから英語の OS（基盤力）を構築する本です。本書の学習の全体像は下の図の通りです。

1　本書の学習の全体像

GOAL：「英語の感覚」を作り込む学習法を学ぶ

WHAT：学習に必要な理解と視点
- 🔰 文法のエッセンスを理解する　第3章
- 「英語の感覚」を理解する　第4章

HOW：「英語の感覚」を身につける実践練習
- 🔰 <構文分析>の正しいやり方を体験する　第5章
- 「英語の感覚」をつける学習を体験する　第6章

GOING FORWARD：継続学習アドバイス
- 効果的な学習のコツ　第7章
- 学習ステップサンプル　第7章

🔰 初中級者の英語力の土台作りに特に重要な項目

2　各章の構成と学習内容

① はじめに、第１章、第２章

本書の導入部として、K/H 学習法とは何か（はじめに）、本書の目的と対象（第１章）、本書で何を学ぶのか（第２章）、の概要を説明します。

② 第３章

英語力のすべての「土台」である、文法のエッセンスを理解します。本書では特に、ビジネスに最低限必要な部分に絞って、一から文法をレビューします。この章ではさらに、文法の学習を通して、日本語とは大きく異なる、英文の構造（作り）の特徴も理解します。

③ 第４章

日本語と異なる構造の英語に即座に対応できるために、「英語の感覚」として何を身につける必要があるのかを理解します。具体的には、① 英語の意味的特徴（＝情報の出てくる順番）、② 英語の音とリズムの特徴を学びます。

④ 第５章

この章と次の第６章とで、「英語の感覚」を身につけ、英語の OS（基盤力）を構築するための実践練習を行います。第５章では、英語学習の成否の鍵を握る最も重要な学習ステップ、「構文分析」の正しいやり方を体験します。

⑤ 第６章

実際に一つの教材（＝プレゼンテーションの導入部分）を使って、英語を瞬時に、正確に聞き取り、話せるための実践練習を行います。実践練習のテーマは、① ＜構文分析＞＜構文チャレンジ＞、② 意味の感覚、③ 音の感覚、④「英語戻し」の４つです。

⑥ 第７章、付録

本書の学習内容を、継続・発展させていくための教材の選び方や学習サイクルの参考例を紹介（第７章）、文法の基本項目を概観します（巻末付録）。

Contents

Part 3 HOW：いかに身につけるか

Part 4 GOING FORWARD：継続

ダウンロード音声の収録内容

ダウンロード音声には、**「全体通し音声」**と、**「練習用音声」**の２つのファイルがあります。

●「全体通し音声」ファイル ●

以下の音声を本書の学習順に並べたファイルです。

練習用音声：本書で学ぶ１分10秒のプレゼンテーション導入部分を多様な手法でアレンジし、多角的な英語表現が練習できるようにした音声。

講義音声：著者による講義形式の音声（色のついた行のトラック）。

●「練習用音声」ファイル ●

練習用音声のみを収めたファイルです。学習用途に合わせてお使いください。

本文中の音声を使用する箇所には以下のようなマークが記されています。

例：01-10（音声のトラック１～10）

トラック番号	内容	本文対応ページ
02～10	教材ストレート（スロー・スピード）	p.163 ほか
11	はじめに	p.8～（Part 1）
12～15	構文分析　実況中継	p.134 ほか
16～25	構文ドリル	p.176 ほか
26～35	同時通訳‘風’作業／リテンション作業用　ポーズ入り	p.194 ほか
36～37	同時通訳‘風’作業見本	p.193
38	英語の音の特徴：拍がずっと少ない	p.199
39	英語の音の特徴：リズムは強弱で作られる	p.200
40	英語の音の特徴：ストレスの入る音節は子音から弾く	p.201
41	英語の音の特徴：ストレスの入らない音節は曖昧母音化	p.202
42	英語の音の特徴：大きなまとまりで、音がくっついてしまう	p.203
43～44	リズム練習　実況中継	p.204
45～46	リテンション見本　実況中継	p.221
47～48	シャドーイング練習見本１：「弱」基調	p.226
49～50	シャドーイング練習見本２：「弱」基調に「拍」	p.227
51～60	付録：教材ストレート（ナチュラル・スピード）	

上記の音声は、①のウェブサイトもしくは②のスマートフォンアプリから無料でダウンロードしていただけます（MP3ファイル形式／zip圧縮済）。

① パソコンをご利用の場合

「アルク・ダウンロードセンター」https://www.alc.co.jp/dl/ をご利用ください。書籍名または商品コード（7020002）で検索し、ダウンロード用ボタンをクリック、以下のパスワードを入力してダウンロードしてください。

② スマートフォンをご利用の場合

アプリ「語学のオトモ ALCO」https://www.alc.co.jp/alco/ をご利用ください。本アプリのインストール方法は本書カバー袖および帯でご案内しています。書籍名または商品コード（7020002）で検索後、以下のパスワードを入力し、ダウンロードしてください。

＊スマートフォンアプリ ALCO では、秒数指定巻き戻し・早送り、話速変換、AB間リピートなど、リスニング学習に最適な機能を装備しています。ぜひご利用ください。

＊iOS、Android の両方に対応しています。

パスワード	kh0_002

＊上記サービスの内容は、予告なく変更する場合がございます。あらかじめご了承ください。

Part 1

INTRODUCTION:
序論

はじめに：
K/Hシステム
英語学習法とは何か

1 K/H システム英語学習法のミッション

日本でなら発揮できる仕事力・リーダーシップ力を、海外では十分発揮できずに悔しい思いをしているビジネスパーソン。私たちがアメリカで仕事をし、その後、アメリカと日本で多くのビジネスパーソンに英語研修を提供してきた中で、そんな方々をたくさん見てきました。最大の原因は、やはり英語力と英語でのコミュニケーション力の不足だと痛感し、それを克服するのに最も効果的な学習の方法論と教材を開発し、提供することを、K/H システム英語学習法のミッションと考えました。

具体的には、海外で仕事をする多くの日本人ビジネスパーソンが持つ二つの悩みの解決を柱に考えました。すなわち、① 学校できちんと英語を勉強してきたはずなのに、「聞き取れない」、「話せない」といった英語力の根本的な悩みの解決が一つ目の柱。② 英語はそれなりに話せるのに「相手を説得できない」、「いい信頼関係が作れない」、「リーダーとしてのチームビルディングができない」といったコミュニケーション上の悩みの解決を二つ目の柱としました。この二つの柱を中心に英語研修プログラムを組み立て、日本とアメリカの両方で公開講座、企業研修を提供してきました。また、その一部は「究極の英語学習法　K/H システム」シリーズとして、書籍の形でも紹介しています。

2 K/H システム英語学習法の特徴

先に述べたように、K/H システム英語学習法では、英語力・コミュニケーション力の両面で日本人ビジネスパーソンが抱えている課題を克服することを基本的な目的としています。そのために、日本で育ち、日本で英語を学んできた人々に特有な課題をこの二つの柱に沿って詳しく分析し、そうした方々が英語圏のビジネス文化の中で仕事の成果を出せるようになるために必要な、英語力・コミュニケーション力のエッセンスを洗い出しています。

英語力強化分野

私たちは同時通訳の訓練を受けて仕事をしてきた経験がありますが、その経験の中で、英語と日本語には「情報の出方の順序」などに大きな違いがあり、その違いこそが日本人である私たちがスムーズに英語を聞き、話すことができない大きな原因になっていることを実感してきました。日本語とは異なる「英語の特徴」をまず理解し、その「英語の感覚」をまず身につけることが、英語を話す・聞くための基盤力になると考えました。

そして、忙しいビジネスパーソンでも効率よく着実に効果をあげられる「体系的な英語学習法」にする視点から、英語の特徴を細分化して取り組みやすくしました。具体的には、「英語の特徴」をまず大きく「構文・意味」と「音・リズム」に分けて重要なエッセンスを定義し、かつ、それを身につける「練習方法」を体系化し、そのための「教材」を作ってきました。その練習方法を使って英語を話す・聞くための基盤力を養成することで、「知っている英語」を「実戦的に使える英語」にまで高めることを狙っています。

コミュニケーション力の分野

社会人として英語圏のビジネス文化の中で効果的なコミュニケーションを図るために知っておくべき、英語的な「話の組み立て方」、「説得の仕方」、「議論・反論の仕方」、「配慮表現体系」、「価値観・リーダーシップ観」などを扱います。それが具体的にどのような「話し方」や「英語表現」になって表れてくるのかも併せて学習することで、単なる知識で終わらせず、正しく実践できる力として身につけることを目指します。同時に、背後にある価値観や文化的感覚にも言及し、表面的でない理解に根差した、「納得感を持って実践・応用できる力」として身につけられることを大切にしています。また、そのための「練習方法」と実践的な「教材」も提供しています。

以上の大きな枠組みの中で、海外でリーダーとして活躍できるような上級者レベルの英語力・コミュニケーション力の養成までを常に視野に入れて、私たちは、学習法を考えています。それゆえ、初中級レベルのK/H システム学習法であっても、上級者レベルの力を目指していく上で必須の土台になる要素を、できる限り組み込むことを重視しています。

コラム#1
「英語の感覚」

「英語の感覚」とは、英語の特徴を身につけることによって作られるものだと考えています。英語は日本語と文の仕組みも音の仕組みも異なりますが、私たちから見て何が「特徴的」に違うのか。K/H システムでは、英語の持つそうした「特徴」を「構文・意味」と「音・リズム」の二つの分野に分けて整理し、その重要なエッセンスを抽出して定義しています。それが日本語とは違う「英語の感覚」の中核をなすものだと考えているからです。日本語と同じ感覚なのであればわざわざ意識する必要はないわけですが、異なるからこそ、その違いのエッセンスをきちんと理解して、それを自分の英語感覚として作り込むことで英語力の土台が作られることになると考えています。

3 本書の位置づけ

本書は、先に述べたK/H システム英語学習法で扱う二つの分野のうちの、<英語力強化>にフォーカスした教材です。TOEIC 600 点レベル以上を対象としていた既刊本、『究極の英語学習法　K/H システム　基本編』と『究極の英語学習法　K/H システム　中級編』と違い、本書は TOEIC のスコアが 450 ～ 650 点レベルの学習者を対象としています。

このレベルの学習者に不可欠な土台を固めるため、①まず、簡単で実践的な基本文法のレビューを織り込んでいます。その上で、② K/H システム英語学習法のコアである「英語の特徴」を身につけるための学習法を、比較的簡単な英語素材を使って、実践的に体験してもらいます。初中級レベルの学習者に必要なステップも補完し、英語力の土台をしっかりと作り込んでいけるように工夫しています。また、取り組みやすいように、音声を聞きながら一緒に学習をたどっていけるような工夫もしています。初級レベルの学習者のみなさんが、納得して取り組めて、実際に効果も実感できて、しかも高い英語力を身につけていくための土台が作れる本を目指しました。本書によって、効率的、効果的、体系的な学習が可能になることを願っています。それでは、さっそくはじめましょう。

Part 1

INTRODUCTION:
序論

はじめに：K/Hシステム
英語学習法とは何か

第1章：
本書の目的と対象

第2章：本書で学ぶこと

1 本書の目的

1　英語力をつけるにはどうしたらいいのだろう？

学校で英語を教わったはずなのに、話せない・聞き取れない。突然、仕事で英語が必要になって、焦って英会話学校に行く。ネイティブスピーカーの先生と英会話する。時にはスカイプで海外の先生とも試してみる。でも、うまくなったようには思えない。確かに慣れてきた気はするけど、ちゃんと英語力がついてきている実感が持てない。テレビ・電話会議ではお地蔵さんのように固まって座っているだけ…、などという悩みを、みなさん、お持ちではないでしょうか。

このフラストレーションに「水を差す」ようですが、実は、学校で学んだ英語は無駄になっていないのです。ネイティブスピーカーの先生と英会話することも無駄な努力ではないのです。多くの英語学習者の方々が気づいていないのは、「英語の感覚」を作り込む意識なくやっていたことが問題だったという点なのです。その意識なく、自己学習やネイティブスピーカーの先生との英会話練習を繰り返してしまっていることが問題だったのです。実は、これが英語力を思ったように伸ばせない大きな理由なのです。

では、そもそも「英語の感覚」とはどんな感覚なのでしょうか。また、それは我々の持つ「日本語の感覚」とはどう違うのでしょうか。これが本書で伝えたい最も重要な視点の一つなので、第２章～第４章で詳しく説明しますね。まずここでは、「英語的な感覚」を理解して、「みなさんが持っている日本語の感覚とどう違うのか」を分かっておくことが、効果的な英語学習には決定的に大事なんだということを理解しておいてください。この理解があれば、英語を学習するときに「何を意識すべきか」が自然に見えてきます。具体的に「何をどう身につけたらいいか」も自然に考えやすくなります。そうすると、自己学習やネイティブスピーカーの先生との英会話練習でも工夫ができて、効率よく効果のあがる英語学習が可能になるのだと思います。

2 「英語の感覚」を作り込むための学習法

本書では、みなさんの現在の英語学習がさらに効果的になるように、「英語の感覚」を作り込むための学習方法を紹介します。英語を実戦的に使えるようになるために必要な「英語の感覚」とはどんなものか、私たちが持っている「日本語の感覚」と対比しながら説明します。また、この学習法で「英語の感覚」を作り込む過程で、みなさんが知らず知らずのうちに陥りがちな誤解、学習視点のズレなどについても触れます。特に、初中級レベル（目安ですが TOEIC®L&R テストのスコア 650 点以下）の方は、継続的に学習できるかどうかが勝負の分かれ目ですから、学習方法と同時に、落とし穴や壁を前もって理解しておくことは大変重要なことだと考えています。

2 本書の対象レベル

本書の対象レベルの目安は TOEIC®L&R テストのスコアで 450 ～ 650 点くらいです。特に、英文法と語彙力に不安があり、英語学習も苦手で、以下のようなニーズや悩みを抱えて困っている方たちを対象にしています。

①1 ～ 2 年で「最低限度、言いたいことを誤解なく伝えられるコミュニケーション力」をつけたい
②英語で仕事をする必要に迫られているのに、どこから手をつけていいか分からない
③自分なりに学習してみても、英語力がついている実感が持てない
④効果的な英語学習の視点とツールを体系的に理解して、そのうえで自分に合った学習スタイルを作りたい

3 本書の作られた背景

1 英語力と学習法の関係

ご存じの方もいらっしゃるかもしれませんが、2001 年に『究極の英語学習法 K/H システム 入門編』を出版し、現在は『基本編』と名前を変えて英語学習者の方々に高い評価をいただいています。ただ、『基本編』とはいう

ものの、英語の基礎知識（語彙と文法）やある程度の英語感覚があることを前提としているので、目安としては最低でも TOEIC600 点の力が必要です。それ以下の方が『基本編』で学習してしまうと、ほとんどの場合、挫折してしまいます。『基本編』が『入門編』だったとき、ある大きな書店では、平積みになった『入門編』のポップに「下手に手を出すとやけどします」と書店の人からの忠告が書いてありました。

みなさんもこんな経験をしたことありませんか？　英語のできる友人から、英語学習でためになったやり方や本を教えてもらった。大きな期待を抱いてその方法で学習をやってみた。でも、なぜかむずかしい。効果もあまり感じられない。やる気も落ちてくる。それでも後ろめたいから、多少は頑張ってやってみる。でも最後には、「英語はむずかしい」、「自分は英語には向いていないのだ」と自分に言い聞かせて英語学習をやめてしまった。読者のみなさんにも思い当たる方が多いかもしれませんね。当然といえば当然なのですが、英語力が高い人にためになったからといって、そのまままねて、その人と同じやり方で学習しても、英語の基礎がなければ同じ効果が出るとは限りませんよね。

2　初級者向け K/H システム学習法

私たちも、かつてはその違いをしっかり意識せずに、英語が苦手な人にも同じ教え方をしていたことがありました。アメリカで駐在員に研修を提供しはじめた 30 年ぐらい前のことですが、当時はその結果、学習のモチベーションが下がってしまった方も結構いらっしゃったのでは、と反省しています。その反省から、文法力と語彙力がまだ低い TOEIC450 ～ 650 点レベルの方でも、英語力を一歩一歩積み上げられるような方法論も開発しようとしてきました。そのために具体的には、このレベルの学習者が成果をあげるためには、①まず何を学ぶべきか（what）、②どんなステップでそれを身につけるべきか（how）、③身につけるための最適な学習ツール（tools）は何か、などを定義して、実際の研修の中で実践的に工夫を重ねて、現在の学習法まで仕上げてきました。現在では、公開講座や企業内研修でも、K/H システム研修プログラムの一つの柱として提供しています。

本書では、こうして作ってきた初級者向け方法論のコアの部分を紹介します。本書の方法論は、中級者向けの『究極の英語学習法 K/H システム 基本編』『同 中級編』と、最終的に目指す英語力・コミュニケーション力のビジョンは同じです。ただ、基礎力の低い TOEIC450 ～ 650 点レベルの方が、効果的に学習できるように工夫してあります。まずは、本書で学習して「英語的な感覚」を理解し、効果的な学習ステップを身につけてください。それから、中級者向けの『基本編』で少しステップアップした学習をしてみるのもいいでしょうし、この本で学んだことを織り込んで、すでにお持ちの教材や英会話学校で継続学習すれば、今までとは学習効果が何倍も違ってくると思います。

本書で学習した後の継続学習にどんな教材を使うと効果的かについても、第 7 章でアドバイスしたいと思います。本書で学んだことを生かして、いろいろな教材を使って英語力を高めてください。

4 本書の特徴

特徴 1 基本文法のエッセンスを分かりやすくレビュー

まず、本書の最大の特徴は、英語力を伸ばしていくうえで、絶対に不可欠な「基本文法のエッセンス」のおさらいをすることです。英語力が低い人の多くが、文法を避けて通ろうとして、土台のないままに英語学習を続けて挫折をしてしまいます。英文の構造や意味がしっかり分からないまま、がむしゃらに丸暗記をするような学習になってしまうために、応用の利く英語力の積み上げができずに学習が空回りしてしまいます。本書では、ビジネスで必要な文法のエッセンスに絞って、文法アレルギーのある人にもできるだけ抵抗感のないように、分かりやすい解説をしています。まず、ここで英語の構造の最低限のルールに納得できると、「英語の感覚」もはるかに身につけやすくなります。これは、初級者がブレークスルーするためのキーポイントになります。

特徴2 簡単なプレゼンテーションの英語を使って実践練習

実践練習に使う英文は、プレゼンテーションの典型的な導入部分です。英語としてもそれほどむずかしくなく、意味も分かりやすいと思います。それでも日常会話の英語ではないので、それなりの構文が出てきますから、英語の文の特徴を味わい、「英語の感覚」を身につけるには最適です。また、実際の仕事で使う場面もきっとある頻出表現ばかりですから、表現として身につけてしまって絶対に損のない英語です。

特徴3 音声の実況解説も使って学習

本書のダウンロード音声には、私たちの簡単な実況解説とネイティブスピーカーが読んだプレゼンテーションの英文が入っています。実際の学習ステップを実践的に体験するセクションでは、本書を読みながら、適宜音声を聞いて理解を深めながら、ステップ・バイ・ステップでしっかり自己学習できるように工夫してあります。

それでは、さっそく学習に入っていきましょう。
まずは次の章で、この本で何を学ぶのかを、しっかりと整理して理解しておきましょう。

Part 1

INTRODUCTION：序論

はじめに：K/Hシステム
英語学習法とは何か

第1章：本書の目的と対象

第2章：本書で学ぶこと

1 本書で学ぶことと、その重要性

1　学習の全体像

K/H システム英語学習法の目標は、あくまで、海外でリーダーとして活躍できるような上級者レベルの英語力・コミュニケーション力を身につけていけるためのしっかりとした土台を作ることです。本書は初中級レベルの学習者を対象としていますが、その最終的ゴールに変わりはありません。本書では、英語力がまだ高くない学習者が学習に着実に取り組み、成果を感じられるように、このレベルの学習者に必要な土台作りのステップを加えて、学習の素材も比較的簡単な英文で取り組めるようにしています。

GOAL：「英語の感覚」を作り込む学習法を学ぶ

WHAT：学習に必要な理解と視点

- 🔰 文法のエッセンスを理解する　第3章
- 「英語の感覚」を理解する　第4章

HOW：「英語の感覚」を身につける実践練習

- 🔰 <構文分析>の正しいやり方を体験する　第5章
- 「英語の感覚」をつける学習を体験する　第6章

GOING FORWARD：継続学習アドバイス

- 効果的な学習のコツ　第7章
- 学習ステップサンプル　第7章

🔰 初中級者の英語力の土台作りに特に重要な項目

2　なぜやるのか、なぜ重要なのか

学習をするときに、自分がなぜそれをやるのか、なぜそれをやることが重要なのかに納得していることがとても重要です。しっかり理解していないと目的意識の薄い練習になってしまい、しっかり納得できていなければ常に疑いを持った中途半端な学習になってしまいます。学習成果をあげるための大事な土壌作りともいえます。ここで、これから学習していく内容の、「なぜやるか」と「なぜ重要なのか」を整理しておきましょう。

第3章 文法のエッセンスを理解する

✔ まずは、「実戦に生きる」基本文法のレビューですべての土台を作る

英語力を伸ばしていく上で絶対に不可欠な「基本文法のエッセンス」のおさらいをします。ビジネス英語に必要な文法は比較的単純で、決してむずかしくありません。それでも多くのビジネスパーソンは、文法を無視して英語を学ぼうとしているようです。文法知識があやふやで自信がないので、避けて通りたくなる誘惑が強いのだと思います。でも、ここに英語学習の落とし穴があるのですね。本書が対象とするレベルの学習者の英語力が伸びない最大の理由は、文法がよく分かっていないことなのです。基本文法の理解と応用練習は、絶対に避けて通れません。

☑ 基本的な文法の理解　＝　すべての土台

みなさんも覚悟を決めて、文法を意識した学習を本書ではじめましょう。私たちも、最大限のサポートをしますね。仕事で英語を使うなら絶対に必要になる文法のエッセンスに絞って、できるだけ分かりやすく解説します。文法で分からなかったこと、不思議に思っていたことが、よく分かってくると思います。文法の基本を理解して、それを話す・聞くための実践練習に応用できるようになることが、英語学習の最初の峠です。これを越すことができれば、眼下に緑の谷が広がります。本書の役割の一つは、みなさんがこの峠を越えられるようにすることだと考えています。一緒に頑張りましょう。
Your success is our success.

第4章 「英語の感覚」を理解する

✔ 実戦で生きる英語力を身につけるには必須の「英語の感覚」

さて第1章の冒頭で、効果的な英語学習には、「英語的な感覚」を作り込む意識が不可欠だと言いましたが、覚えていますか？（☞ p.12）「英語の感覚」とは何なのでしょう？　何を身につければ、「英語の感覚」が身について、正確に、かつ、サッと聞き取れて、サッと話せるようになるのでしょう？逆に言うと、なぜ「英語の感覚」のない私たちは、英語の聞き取りやスピーキングで苦労しているのでしょう？

まず、文法のレビューをするとよく分かりますが、英語と日本語は文法ルールが真逆のように違うので、ある意味、マックとウィンドウズのように「オペレーティングシステム（OS）が違う」といえるのです。英語の音やリズムも同じで、日本語の音やリズムと根本的にルールが違うんですね。ということは、頭の中がマックの私たちがウィンドウズで機能できるようになるためには、二つのOSの違いをよく理解して、その違いを克服するためのコツをしっかり意識し、新しいOSの感覚を身につける練習をやり込む必要があるわけです。まったく日本語と違う「特徴」を持った英語にしっかり対応できる力をつけるためのこうした学習を、K/Hシステムでは「OS変換」「英語の感覚を身につける学習」と言っています。

☑「英語の感覚」を身につける　＝　OS変換

K/Hシステム学習法の最大の特徴は、英語と日本語の「OSの違い」に着目して、その違いを乗り越えるために必要な「英語の感覚を身につける学習」を中心に据えていることです。話す・聞くのリアルタイムの実戦で使える英語力を身につけるには、この学習が不可欠だと考えています。本書では、日本語とOSの異なる英語でも、サッと聞けて、サッと話せるようになるためのOS変換の学習法を実践的に体験してもらいます。

実践練習に入る前に、まず第4章で、「英語の言葉のルールがそもそも日本語とどう違っていて（WHY）」、それゆえに「何を意識（WHAT）」して、「どう学習（HOW）」すれば、日本語のOSで育った私たちでもサッと話せて、サッと聞き取れるようになるのかを整理しておきます。日本語と異なる、英語の「文の作り」の特徴（OS）と、英語の「音とリズム」の特徴（OS）を、まずこの章でしっかりと理解しておきましょう。

第5章「構文分析」の正しいやり方を体験する

✔学習の成否の鍵を握る最も重要な学習ステップ

5章から、実際に「英語の感覚」を身につけていくための実践練習に入ります。まずこの章では、英語力がまだ低い学習者にとって、学習の成否を分ける大事なステップになる「構文分析」を抜き出し、やり方を実践的にたどります。ただし、「構文分析」といっても学校でやった英文解釈とは少しイメージが違います。聞き取りやスピーキングの実戦力につながる、K/H システム独自の実践的な作業です。

ネイティブスピーカーはもちろんのこと、英語力が高い人は、英語を聞くとき、話すとき、無意識に文の構造（構文）をしっかりと追っています。文の構造（構文）を正しく見抜く力、作る力があります。だから正確に意味を理解し、正確に意思が伝わる文を作ることができます。英語ができる人たちが無意識にやっているステップを、「構文分析」をやることで、英語が苦手で、文法や構文に不安のある学習者が意識的にできるようにします。いずれ無意識にできるようになるためのステップです。学習する英文の構造をしっかりと理解しておくことで、以下の3つの大きな学習効果が得られます。

☑「構文分析」をしっかりと習慣づけることの利点

① 英語を正確に聞き、正確に話せる力が養われていきます
② 英語を身につけるのが格段に楽になります
③ 身につけた英語を応用して使うのが格段に楽になります

「英語の感覚」を身につける学習ステップ全体を体験する前に、まず、何よりも大切な「構文分析」のステップを一度ていねいにたどっておきます。

第6章「英語の感覚」をつける学習サイクルを体験する

✔瞬時に、正確に、サッと聞き取り、サッと話せるための「基盤力」をつける

この章では、実際に一つの教材を使って「英語の感覚」を身につける学習サイクルを体験します。K/H システムの学習法の特徴は、一つの教材の学習を通じて、まず何よりも、英語の OS に慣れる学習、「英語の感覚」を身に

つける学習をすることでしたね。同時に、その作業をやり込むことで、教材の英語（表現・文など）を自然に身につけてしまうことができます。しかも、意味の側面、音の側面から徹底的に練習するので、実戦でサッと聞き取れて、サッと口をついて出てくる形で身につきます。レベルの異なる二つの学習が同時にできてしまうわけです。

☑「英語の感覚」を身につける学習
‖
英語の「基盤力」を身につける学習

＋

☺ 教材の「英語」も自然に身についてしまう
‖
英語の「使えるコマ」も増える学習

学習ステップとしては、英語の「意味」と「音とリズム」に分けて取り組みます。それぞれの特徴を意識して力を強化してから、最後に合体します。

☑ 学習ステップ

① 各文の**＜構文分析＞**と**＜構文チャレンジ＞**
② 英語の**文の特徴(「船＋フック＋フック」「結＋詳＋詳」)**を意識して、**文頭から意味を理解**しようとする意識で聞き込む
③ 英語の**「音とリズム」の特徴**を意識した**シャドーイング**
④ **「英語戻し」**

第7章 継続学習アドバイス

✔ 継続できるコツ、効果をあげるコツ

残念ながら、英語力は一朝一夕でつくものではありませんから、「継続学習」ができるかどうかも大きなポイントですね。自分の力に合っていて、内容的にも、最もやる気になる素材を選んで、生活のリズムにうまく組み込めるシンプルな学習ルーティンを工夫できるかです。その参考になるように、教材の選び方や、学習サイクルの参考例などのアドバイスをします。

2 効果的学習のための大事な条件

1　効果的な学習に重要な6つの意識

過去30年、2万人以上の方々に研修を提供してきた中で、学習者のみなさんのいろいろな悩みや、壁を見てきました。また、非常に英語力を伸ばした多くの人たちの例も直接見てきました。その経験から、多くの日本人学習者にとって、伸び悩みや挫折の原因になっている落とし穴には、いくつか典型的なものがあると考えています。逆に、伸びる人の多くが、共通して意識していることがあるとも感じています。

効果的な学習に欠かせないポイントを落としてしまうと、効率が悪くなったり、下手をすると空回りしてしまうことになり、とてももったいないことになってしまいます。こうした「落とし穴」や「効果的な学習に欠かせないポイント」というのは、すべての人には当てはまらないかもしれません。しかし、30年にわたって4～6カ月間、時には1～2年間の長いスパンの研修で学習者の成長の軌跡を見てきて、かなりの確信を持って「大事なことだ」と感じています。ぜひ参考にしてください。

☑ **効果的な英語学習に必要な6つの意識**

① 「文法・構文」を意識して、英文を見る
② 「英語のパターン」を身につけようとする
③ <構文分析>してから「繰り返し練習」に入る
④ 「繰り返し練習」は、使えるようになるには必須と心得る
⑤ 「現場で使う意識」で常に練習する
⑥ 「語彙増強」は避けて通れないことを覚悟する

2　この本の学習でできること、できないこと

上記の効果的な学習に必要な6つの意識のうち、実はこの本の学習で対応できるものとできないものがあります。まず、①～④については、各学習ステップで必ずこうした意識を持った学習ができるようにしています。⑤の

「現場で使う意識」を常に持って練習できるかですが、これがなかなかむずかしいようです。研修でもこの点を頑張って強調するのですが、こればかりは学習者本人にかかっている面が強いように思えます。せっかく身につけた英語力も、現場で使えてナンボです。「一言も聞き逃せない切迫感」を常にシミュレーションする意識で練習できるか。「言いたいことを何としても文にして、なめらかに発信できないと聞いてもらえない切迫感」を常にシミュレーションする意識で練習できるか。そういうシミュレーションが生み出す「聞き取れるようにするぞ！」「サッと使えるようにするぞ！」という積極的な欲求や意気込みや焦りが、何か吸収の仕方を変えるのかもしれませんね。それができるかどうかで、結果はかなり違う印象があります。

あともう一つ重要なのが、⑥「語彙増強（ボキャビル）」の重要性です。特にTOEIC®L&Rテスト650点以下のレベルの初中級者は、文法力の不足と同時に、語彙力の圧倒的な不足が壁になっていることがほとんどです。本書で体験するK/Hシステムの学習法のサイクルでは、意味と音を徹底的にやり込みますから、教材の英語は「すぐに使えるコマになる」という利点があります。ただ、学習をていねいにやり込む分、たくさんの量に触れることにはならないというマイナス面があります。K/H型の学習は「やり込み型学習」といえるわけで、その強みがある反面、たくさんの量に触れられない弱みがあることを忘れてはいけません。継続学習のアドバイスでも詳しく触れますが、K/Hシステムの学習法で「英語の感覚」と「サッと使えるコマ」を増やす「やり込み型」の学習をする視点を、まず本書で身につけたら、「多読・多聴」なども同時に行ったり、交互に行ったりして、「語彙増強」をしっかりとやっていきましょう。

コラム#2

「文法力」と「語彙力」

「文法力」と「語彙力」の両方が弱いことが、初級者レベル（TOEIC®L&Rテスト600点以下）を抜け出せない原因になっていることがほとんどです。600～700点の中級者では、文法力がないか、語彙が少ないかのどちらかがだいたいネックになっています。この二つの課題を克服することが、上級者レベル入りの必須条件です。

Part 2

WHAT：何を身につけるのか

第3章：「英語の感覚」の土台作り

第4章：「英語の感覚」として身につけること

1 WHAT：「英語の感覚」のために何を身につけるの？

1 「英語の感覚」の全体像

それでは、実際の学習に入っていきましょう。
第２章でも触れましたが、まるでオペレーティングシステム（OS）が異なるマックとウィンドウズのコンピューターのように、日本語と英語は言葉の根本的な構造やルールが、正反対と言ってよいほど違います。文字で書かれた英語をゆっくり見ていい場合ならともかく、OSがまったく違う音と文で飛んでくる英語を、リアルタイムに、しかも正確に聞き取って、OSの違う音と文で、サッと、正確に言いたいことを言えるようになる。これは至難の業ですよね。実戦で瞬時に、正確に聞けて、話せるようになるためには、英語のOSにリアルタイムで対応できる力をつけておく必要があるわけです。つまり、OS変換の練習をして、日本語とは異なる「英語の感覚」を自分の中に作り込んでおく必要があります。K/Hシステムでは、これが実戦的な英語力に不可欠な英語の「基盤力」になると考えていて、学習法のコアに据えています。

右の図は、K/Hシステムが考える「実戦的な英語力に必要なビルディングブロック」を簡略化したものです。三角形のグレーのところが、まさに、リアルタイムの実戦でOSの違う英語に太刀打ちできるために必要な「基盤力」です。それがあってはじめて、専門用語や専門的な言い回しも、プレゼン、会議、司会などの場面ごとの定型表現なども、自在に文の中で使いこなせるようになって、生きるわけです。

さて、その三角形全体を下で支えているのが下の「文法の知識」です。最低限の「ボキャブラリー」とともに、英語力の土台としてすべてを支えています。文法の知識は、英語を正確に理解できるための力なのです。この土台がないまま学習を続けるのは非常に効率が悪いだけでなく、どこかで英語力の伸びが頭打ちになります。ビジネスで最低限必要な実戦的な文法のエッセンスをここでレビューしておくことで、効率よく英語力を積み上げていくための土台ができます。また、本書ではボキャビルの勉強自体はしませんが、「英語の感覚」を身につける学習をやり込む中で、教材の語句、表現についてはサッと聞き取れ、サッと使えるアクティブボキャブラリーにすることができます。

図の右側の青い帯にあるように、第3章と第4章では、「英語の感覚」を作り込むために「何を身につけるのか（WHAT）」をまずしっかりと理解します。第5章、第6章では、実際にそれらを「どう身につけるのか（HOW）」を徹底的に実践します。

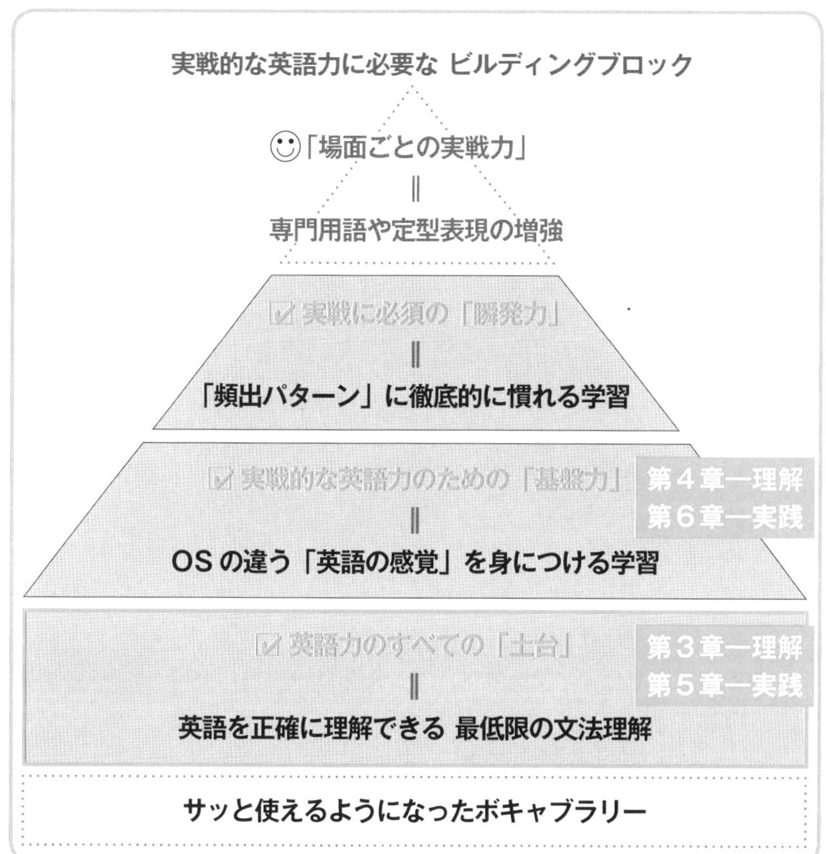

2　何を身につけるのか（WHAT）

本書で具体的に身につけるものを、簡単に説明しておきます。

第3章 英語力のすべての「土台」

✔ビジネスに最低限必要な文法のエッセンス

まず、絶対にスキップしてはならないのが英文法です。K/H システムでは、仕事で絶対に必要な部分を選りすぐって、できるだけ簡単に、実践的に教えます。中学校から高校で実はこんなことを教わっていたのだということが短時間でレビューできると思います。怖がらずに、まずは本書でエッセンスを学んでください。

1．英文の **構造的特徴**

英文法を学ぶとすぐに気づくのが、英文の作り（構造）にはある決まった特徴があるということです。それが日本語の文の構造の特徴と同じなら何の苦労もありません。ところが、実際には大きく異なっているために私たちは苦労しているわけです。英文の構造の「特徴」をクリアに意識して、しっかりと慣れて感覚として身につけておけば、文法的に正しく、意思がちゃんと伝わる英語を組み立てるのが、ずっと速く、ずっと楽になります。K/H システムでは＜構文分析＞＜構文チャレンジ＞という実践練習を使って英文を分析、体得していきます。その作業を通じて、英文の構造的特徴そのものを味わい、自分の感覚に刷り込んでいきます。

第4章 「英語の感覚」

✔実戦的な英語力のための「基盤力」

2．英文の **意味的特徴** — 情報の出てくる順序

さらに、英語はその文法と構造的特徴ゆえに、文の中で「情報が出てくる順序」にも日本語と異なる大きな特徴があります。この特徴的な違いこそが、日本人がなかなか「使える英語」を身につけられない最大の原因になっているのだと思います。情報が出てくる順序が似てい

る言語同士（たとえば、英語と他のヨーロッパ言語）であれば、学習者は、自分の頭に浮かんでくる情報の順序のまま相手の言語にすれば、自然な文になりやすく、通じやすいのです。残念ながら、日本語だとそうはいきません。日本語を母語とする私たちは、英語とは「情報の出てくる順序」がまったく異なる言語感覚なので、自分の言語感覚のまま英語にしても、なかなか自然な文にならず、通じにくいのです。聞き取りでも同じ問題が生じます。日本語の順序の感覚のままで聞いていると、途中ですぐに話が見えなくなります。日本語で育った私たちは、まずは、英語の「意味の順序の感覚」を身につける練習を、意識的にやっておく必要があります。それをやらない限り、なかなかきちんと話せるようにはならないし、聞いて正確に理解できるようにもなれません。

3. 英語の 音とリズムの特徴

英語と日本語では、音とリズムの特徴もまったく違っています。この違いも、私たちが英語の聞き取りに苦労する大きな原因の一つです。日本語的な発音で単語を覚えてしまうと、ネイティブスピーカーの発音で話された時に、知っている単語ですら聞き取れないという、実にもったいない状況になってしまいます。スピーキングでも、ある程度は英語的な発音とリズムで話さないと、相手に分かりにくい、通じない、誤解されるなど、意思疎通の妨げになる場面もでてきます。そうでなかったとしても、発音が聞き取りにくければ、聞き手に不要な負担を感じさせることになります。特に、込み入った内容や相手に耳の痛いことを伝えなければならないような場面だと、こうしたちょっとした負担がコミュニケーションの障害になることもあります。聞き取りのための耳を養うだけでなく、発音の矯正をしておくのは、その意味でも重要です。英語の音やリズムが日本語とどう違うかをよく理解し、その違いをしっかり意識して「英語の音とリズムの感覚」を身につける練習をすることが大切です。英語のリズム感と発音が身につけばつくほど、聞き取りも楽になります。また、英単語やイディオムなどもはるかに覚えやすくなります。

4. 頻出する 表現・構文パターン

リスニングでもスピーキングでも、「リアルタイムの実戦で使える英語力」を目指すのであれば、頻出する表現や構文パターンなどは、サッと聞き取れて、サッと使えるようにしておくこと。これが次に重要なことです。「表現パターン」、「構文パターン」といっても分かりにくいですね。72ページからもう少し詳しく説明しますが、K/Hシステムでは、ネイティブスピーカーがよく使う構文や表現で、特に日本人の私たちが聞き取りやスピーキングで苦労する典型的なものを、「パターン構文・パターン表現」と呼び、意識して慣れることを重視しています。よく出てくるパターンといっても、「英語の普遍的特徴に近いマクロ的なパターン」から「単なる決まり文句」まで、いろいろなレベルのものがあります。本書では、英語力を効率よくあげる「身につけて得するパターン」がどういったものか、典型的なものを一つ紹介します。

番外編コラム

英語コミュニケーションの特徴

この他、中上級レベルになると以下のようなものを身につけておく必要があるとK/Hシステムでは考えています。

5. 話の組み立て方の特徴
6. 相手に対する敬意を感じさせる配慮表現体系
7. 議論のときに使われる「議論の組み立て方」と「表現方法」

2 土台作り — 簡単文法レビュー

1 ビジネスに最低限必要な文法のエッセンス

さっそく、文法の簡単なレビューをしておきましょう。「英語を話す」ために絶対に理解しておくべき実践的な文法のエッセンスだけに絞って、分かりやすく解説します。本書の対象となる初中級レベル（TOEIC®L&R テスト 450 ～ 650 点）の方は、しっかりと読んで、一つずつ理解しながら進んでください。英語力が高い方はスキップして次の章に進んでも結構です。ただし、この章では K/H システムに繰り返し出てくる重要な概念を説明するので、一度、目を通されることをお勧めします。ポイントは、「英語の文とはどのように成り立っているのか」。その基本ルールを理解し、それに従って文を作る方法を理解するのがこの章の目的です。

できるだけみなさんに分かりやすい説明になるように、K/H システムのセミナーのように、二人の講師のダイアログ形式で進めます。みなさんに質問を投げながら進めますので、少し自分で考えてからダイアログの続きを読むようにしてみてください。講師は、著者の国井信一と橋本敬子の二人で担当します。みなさん、よろしくお願いします。

質問 1 文法はなぜ大切なのでしょうか？

まずは、そもそも論からスタートしましょう。みなさん、最初の質問です。「文法はなぜ大切なのでしょうか？」 みなさん、どうですか？

どうですか？　文法の根本をきちんと理解しておくことは本当に大切ですね。というのは、学校でも教えられたと思いますが、文法が分かっているからこそ、英語の文の意味を正確に理解できるようになるのですよね。聞き取りでも、文法が分かっていないと、聞こえた単語で推測するような、当てずっぽうな聞き取り方になってしまいます。ライティングやスピーキングでも同様で、文法的にいい加減な英語だと、相手にメッセージがきちんと伝わらないことになります。文法があるからこそ、意味を正確にやり取りできるのですね。

聞き取りをしているときに文法なんか意識できませんけどね。

そうですよね。でも、それって練習次第なんですよ。その練習方法は後で体験してもらいますが、まずは英語の文法ってどんなものなのかを理解しておかないとはじまりませんよね。

メッセージをきちんと伝え、理解するために、どうしても話し手と聞き手がお互いに持っておく必要があるのが「文の作り方のルール」、つまり、文法なのですね。これまでにも触れてきましたが、文法を理解しておくことの大切さは、学習効果の面でも強調しても強調しすぎることはないくらい大事なんです。「使える英語」を学ぶにしても、文法をきちんと分かっている人が学ぶのと、文法の知識が曖昧な人が学ぶのとでは大きな差がつきますね。海外駐在している方たちを見ていても、英語力を大きく伸ばしている人は日本で英文法をきちんと勉強してきた人だ、といって間違いないように思います。

もちろん例外もありますが、たくさんの学習者を見てきた実感としては、ほぼその通りだと思えますよね。本書の読者のみなさんは、まだ文法力に不安がある方がほとんどだと思います。忙しい社会人になって今さら文法を勉強するのは大変だと思われるかもしれません。でも、実は英文法の「エッセンス」はそんなにむずかしくはないのです。これから 15 ページぐらいで基本はカバーできますので、ここで一緒にしっかり勉強してしまいましょう。この基本が分かると芋づる式に、詳しい文法も分かってきますよ。

英文法 KEY POINT ❶
英語は、まず文を完成させること

質問2 文とは何でしょうか？

さて、英語の文法の大前提として、まず第一に理解しておきたいことがあります。それは、「英語は、まず、最低限、文を完成させること！」です。これが英語の文法の基本に、まずあります。では敬子さん、そもそも文とは何でしょうか？　文を作るのに最低限必要な要素は何でしょう？　みなさんのために確認しておきましょうか。

文ですか？　文とは、英語の場合は、「何が、どうした」という情報がそろっているもののことではないでしょうか。

その通りですね。文に最低限必要なのは、「何が（主語）」と「どうだ・どうした（述部）」がそろっていることですよね。

英語の場合、必ず、主語と述部の両方をそろえて文にしないとダメってことですか？

慣用表現なら、Good morning!（おはよう！）や Will do!（やっとくよ！）のように、そろわなくても大丈夫なものもあるのですが、基本的には主語と述部の両方がないとダメ、と理解しておいてよいと思います。日本語はそうじゃないですよね。「頑張ります」と言ったとしても、「誰」が頑張るのか、聞いてる人が分かるならまったく OK なわけですが、英語だと“I will do my best.”と、「私（I）」をきちんと言ってから、「頑張ります（will do my best）」を言わなければならないですよね。

ちょっと脱線ですが、「常に、ちゃんと主語から文を作らなきゃいけない」というこの感覚。大して重要なことに思えないかもしれませんが、英語のこの感覚ってかなり重要です。私たちは、主語が何かなんてほとんど意識せずに日本語で話していますからね。突然、主語を出せと言われても、とっさに浮かばなかったりします。この違いをよく意識して、自分の中にこの「主語からきちんと文を作る」という感覚を持つだけでも、実は英文を作るのがかなり楽になってくるんですよね。

そうですよね。じゃ、もう一つ例を出して説明しておきましょう。上司が「君のメール読んだよ」と言いたいとします。日本語では「誰が」(これを文法では「主語」といいます)が出ていませんでしたが、英語であればI read your email. のように、必ず、誰が読んだのかを示すI(=主語)を出すことが必須ということですね。

とすると、I read your email. の主語は、I(私)ですね。「私が、どうした」の「どうした」の部分、文法用語では述部といいますが、その「どうした」の部分は、read your email の部分ということになりますね。

そうですね。整理すると次のようになります。

英文法 KEY POINT ❷
文は、主語と述部からなる

質問3 英語では、文はどう作るの？

主語は短くて簡単そうですが、述部が何となく日本語にスッと置き換わらない感じで、むずかしそうですね。

そうですよね。でも、この述部のところが押さえられると、文法の最初の関門突破という感じかもしれませんよ。英文法の肝の一つです。説明しますね。上記の例文の述部を見てください。日本語と英語の違いは、日本語なら「君のメール読んだよ」というのが普通のところを、英語では、「読んだよ、君のメールを」というように、「読んだ」という言葉と、読んだ対象の「君のメール」という言葉の二つの要素の順序が逆になっている点です。

実は、これが英語をむずかしくしている大きな原因なんですね。英語では、「読む」という動作を先に言っておいて、動作の対象の「～を」「～に」などはその後で言う。逆順なんですね。文の要素としては、主語の後にくる「動作・行動」を表す部分を＜述語動詞＞、その動作や行動の「対象・相手」の部分を＜目的語＞といいますから、英語は「主語＋述語動詞＋目的語」の順序、ということになりますね。

もう一つ例を出して、この順序の違いを見ておきましょう。たとえば、日本語では「私は、スパゲティを食べる」といいますね。この場合の順序を見ると、「主語＋目的語＋述語動詞」の順序になっていて、これが日本語では普通ですね。一方、英語では「主語＋述語動詞＋目的語」、すなわち、「私は＋食べる＋スパゲティを」(I eat spaghetti.) の順になります。「目的語」と「述語動詞」の順序が逆転するんですね。日本語の語順で I spaghetti eat. としたら、残念ながら通じないわけです。

「主語＋述語動詞＋目的語」— これが英語の特徴、もっと広くいうと、これが英語やドイツ語、フランス語などのヨーロッパ言語の基本順序なんですね。この部分が根本的に日本語と違うがゆえに、私たちは英語のリスニングやスピーキングに苦労してしまうのです。フランス語やドイツ語を母国語とする人たちは、基本的に英語と語順が近いので、私たちほど苦労はしないようです。中国語もタイ語も英語と基本的に近い語順らしいので、日本人が英語を学ぶよりもずっと有利なようですね。ちなみに、日本語の文法体系は、韓国語・モンゴル語・トルコ語などと同じアルタイ語系といわれていて、これらの言語では「主語＋目的語＋述語動詞」の順で並ぶのだそうです。アルタイ語系の言語を学ぶなら英語ほどの苦労はないのだろうに、残念ですね。整理すると次のようになります。

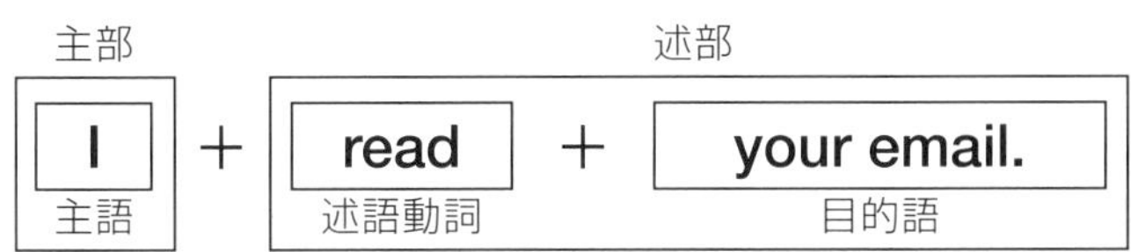

英文法 KEY POINT ❸
「主語→述語動詞→目的語」という順序が絶対

これって、I have a book. とか I like coffee. の語順ですよね。それなら一応、中学１年で学んで知ってはいるんですが、じゃあ、この語順でサッと話せるところまで身についているかと言われると、ちょっと話は別ですよね。英語を話そうとすると、先に口をついて出てくるのが目的語だったりしますよ。たとえば､「これ､教えてくれますか？」と言おうとすると、少し大げさですけど、まずは this が先に出てきてしまって、思わず“This, teach, please.”になってしまったり。ちょっとむずかしいことを言おうとすると、ますますそうなりがちです。

そうですよね。この「述部の語順の違い」はとても重要で、まさに、私たちが身につけたい「英語の感覚」の代表格です。後ほどやる「英語の感覚」を作り込むための実践練習の中でも繰り返し触れます。当たり前のようで、実は感覚として身につけるのが大変な、重要な英語の特徴です。

一口メモ

「文法用語」はあまり気にせず。

35 ページの図の「主語」の上に「主部」という名前が出てきましたが、あまり違いは気にせずに進んでいいですよ。とにかく「何が（誰が）どうした」の「何か（誰が）」の部分が「主部」です。それが一つの単語だったら「主語」、いくつかの単語が集まってできていたら「主部」というだけの違いです。
また、「何が（誰が）どうした」の「どうした」の方が「述部」ですね。そこに登場している「述語動詞」も、なじみのある「動詞」という言い方と何が違うのか気になるかもしれませんが、あまり気にしなくていいです。述語動詞は、その文の「何がどうした」の「結論部分」を作ってる「一番大事なところ（述部）に来る動詞」という意味で、特別に名前がついているだけです。文の他のところに来る動詞と区別して特別扱いしているだけです。

質問4 品詞って何でしょう？

あと一点確認しておきたいのが、品詞です。単語の品詞について少し知っておく必要があります。みなさんは説明できますか？

品詞って、名詞、動詞、副詞、形容詞、前置詞などですよね？　あんまり気にしてないかもしれませんね。

品詞は単語の種類を分類した名前ですが、文の中で品詞を間違えて使うと、ネイティブスピーカーにとっては非常に意味の分かりにくい英語になってしまうようで、下手をするとまったく通じなくなることもあります。

日本のビジネスパーソンが書くメールなどを読むと、品詞のルールが守られていない英文に頻繁に出くわします。意識さえして書けば間違わずに書ける人も多いようですから、この点注意するようにしたいですね。

文を作るときに品詞の使い方がよく分からないという方のために、少しだけポイントを整理しておきましょう。文は、主語と述語動詞と目的語という３つの要素によって成り立っているわけですが、それぞれの要素、すなわち、主語、述語動詞、目的語として使っていい品詞と使えない品詞があります。たとえば、主語と目的語には、名詞しか入りません。当然、述語動詞に名詞は使えません。動詞しか使えませんね。

主語＋述語動詞＋目的語と並ぶ語順と、そこに入る品詞の種類。この二つをきちんと分かっていないといけないわけですね。この関係については、中学校ではあまり意識して学ばなかった気がしますね。

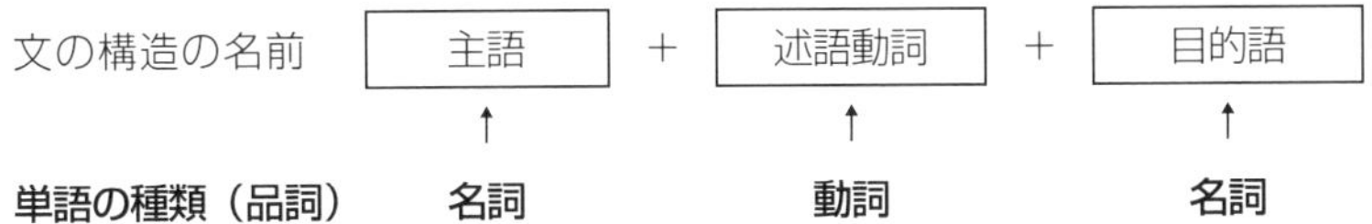

英文法 KEY POINT 4
「主語＋述語動詞＋目的語」に入る品詞は、「名詞＋動詞＋名詞」

ではここで、品詞の知識があいまいな人のために、品詞を簡単に説明しておきましょう。前述のように品詞とは、単語を名詞、動詞、形容詞、副詞など、文の中で果たす役割ごとに分けたグループの名前です。

名詞とは

たとえば、desk（机）、computer（コンピューター）、apple（りんご）、water（水）、I（私）、company（会社）、effort（努力）など、物や人の名前を表す単語がありますが、これを名詞といいます。

動詞とは

run（走る）、speak（話す）、be（いる）、eat（食べる）、do（する）、など動きを表す単語は、品詞としては動詞といいます。この名詞と動詞が、品詞の世界の２大王者です。というのも、この二つが文を成立させるための必要不可欠なビルディングブロックだからです。

他にも品詞はありますが、それらは、単に、名詞と動詞に仕える役割を果たしているだけです。

形容詞とは

たとえば、good（よい）、interesting（面白い）、popular（人気のある）などは、英語では形容詞として、名詞を詳しく説明する役割しか担っていません。名詞がないと存在できないのが形容詞です。

副詞とは

同様に、副詞という品詞は、名詞以外の品詞（たとえば動詞など）がないと存在できません。いってみれば形容詞も副詞も、「宿り木」みたいなもので、名詞や動詞に宿ってそれを詳しく説明する役割を担っています。たとえば、

run fast（速く走る）、speak slowly（ゆっくり話す）、study hard（一生懸命に勉強する）などの、fast（速く）、slowly（ゆっくり）、hard（一生懸命に）などが副詞です。このように名詞や動詞などを詳しく説明することを、文法では「修飾する」といいますが、英語では、形容詞と副詞がこの役割を果たしています。

以上、主な品詞を簡単に説明しました。すぐに覚えられなくても、まずこの時点では文を作るのに最低限必要な＜名詞＞と＜動詞＞が分かっていれば大丈夫です。

質問5 自動詞と他動詞の違いは？

次は、文を完成させる上で大変重要な文法のポイントです。動詞の中に他動詞と自動詞の２種類の動詞がありますが、この違いは何でしょうか？

研修のはじめに、よく参加者のみなさんにこの質問をするのですが、TOEIC®L&Rテスト600点以下だと違いがよく分かっていない方が多いですね。特に多い間違いは、「他を動かす」動詞と「自分が動く」動詞のように、動詞の意味的な違いだとする答えです。日本語の文法で他動詞と自動詞をそのように教わった気もするので、そこから来ているのかもしれませんね。さて、みなさんの答えは？　ヒントは、「述語動詞が他動詞か自動詞かによって、文を完成するやり方が異なります」。では、敬子さん、答えをお願いします。

はい、自動詞と他動詞では、文の完成のさせ方が次のように違うんですね。

自動詞とは

文を完成させる際、述語動詞が自動詞なら、その後に目的語を決して入れてはいけません。たとえば、live（住んでいる）、walk（歩く）、talk（話す）、agree（同意する）などが自動詞で、こういう動詞は、英語のネイティブスピーカーの感覚では主語と動詞だけで文がちゃんと完成するのです。日本語の意味から考えると、talk や agree などは、「〜を話す」や「〜に同意する」など、必ず相手や対象となる目的語がセットで必要に思えますが、英語のネイティブスピーカーの感覚はそうじゃないんですね。

他動詞とは

一方、他動詞は、have（〜を持つ）、need（〜を必要とする）、like（〜を好む）のような動詞で、後ろに目的語の名詞が必ず必要です。逆にいえば、動詞の後ろに目的語としての名詞が来ないと文が完成しない、ということです。

感覚的に説明すると、他動詞というのは後ろに手が出ていて、その手の上に名詞を載せることを要求している感じなのです。たとえば、I like. や I need. でやめてしまうと、「私は、好きだ」「私は、必要としている」ではなくて、「私が好きなのは…」「私が必要としているのは…」という、中途半端に文が終わった感じになるのです。後ろに出ている手の上に名詞を載せてあげてはじめて、文として安定するのです。ということで、I like movies. や、I need the information. のように、他動詞は必ずその後ろに目的語の名詞を入れないと、文は完成しないと心得てください。これは、アメリカの日系企業で英語のネイティブスピーカーに聞いた話ですが、日本人の話す英語で一番気になること、やめてほしいことの一つが、動詞の後ろの目的語を省略することなのだそうです。

敬子さん、ありがとうございました。以上、文法ルールとして自動詞と他動詞という二つのタイプの動詞があることを説明しました。

英文法 KEY POINT ❺
自動詞―これだけで文が成立する
他動詞―後ろに名詞が来てはじめて文が成立する

ちなみに、他動詞と自動詞の見分け方はあるのかとよく聞かれますが、見分け方はありませんので、残念ながら覚えるしかありません。ただ、英語は他動詞中心の発想に思えるので、迷ったときは他動詞と考えて目的語を入れた方が正解の確率は高いかも。一度、英文のサンプルを取って自動詞と他動詞の個数をそれぞれ数えたことがあるのですが、頻度からいえば、よく使われる動詞の60パーセントぐらいは他動詞という感じに思えました。

自動詞と他動詞をしっかり区別するのは英語の文法力の根幹になりますから、辞書を見て時々確認する習慣をつけるといいですよ。動詞に「自」や「v.i.」と書いてあれば自動詞です。また、「他」や「v.t.」と書いてあれば他動詞です。動詞によっては、自動詞と他動詞のどちらでも使えるものもありますが、自動詞で使う場合と他動詞で使う場合とで意味が変わることも多いので、この点も注意して見ましょう。

質問6 文を最低限完成させた後、さらに長くするには？

【文を完成させる】

さて次は、文をさらに長くする方法を簡単に解説しましょう。文を完成させるときに最低限守らなければならないルールは、自動詞なら「主語＋述語動詞」、他動詞なら「主語＋述語動詞＋目的語」の組み合わせでしたね。この形を作れば、まずは文として完璧です。たとえば、I need the data.（私は必要としている、データを）という文は完璧です。

便宜上、K/Hシステムでは、文として最低限必要なものがそろったこの部分を「船」と呼んでいます。ここができれば、この「船」はもう沈む心配のない、文法的にはそれで安心していい完成品です。

では、I need the data. という「船」ができたとしましょう。

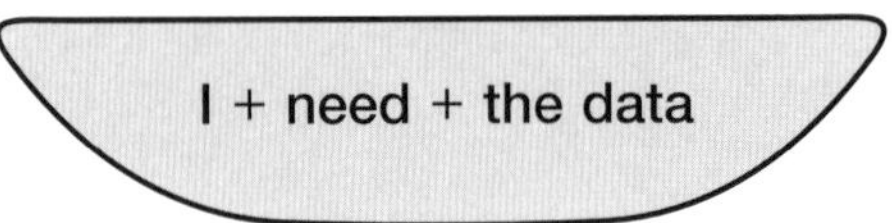

【文を長くする】

さて、次の課題は、この完璧な文 I need the data. にさらに情報を足して長い文にするにはどうしたらいいかです。

この I need the data（データが必要です）という「船」に、「何のためのデータが必要なのか」を説明する情報を足したいとしますね。たとえば、「the meeting（会議）のため」という情報をつけ加えるにはどうするかです。I need the data の述語動詞 need から出ている手にはすでに the data という名詞が載ってしまっているので、the meeting という新しい名詞を載せられる手はもうありません。また、the meeting という名詞自体は他のものと結びつくような手を持っていないので、自分だけではこの船に乗ることはできません。では、どうしたらいいのでしょうか？

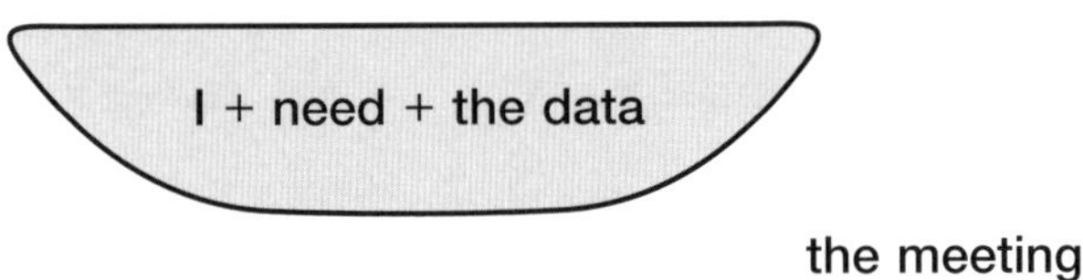

その二つをつなぐ接着剤のようなものがあればいいのでしょうかね？

その通りですね。読者のみなさんも気づかれたと思います。別のいい方をすると、名詞 the meeting の前に、船に引っ掛けるためのフックのようなものを持ってこなければならないというのが文法ルールです。敬子さんは接着剤といってましたね。K/H システムでは、船に引っ掛ける感じ

で「フック」といっていますが、心は同じです。そのフックの役割を果たすのが、「前置詞」と呼ばれている品詞です。どんな単語がありますか？

たとえば、at、on、in、for、with、of などですね。このどれかを選んで the meeting の前に置いて、I need the data という「船」に引っ掛ければ、正しい文になります。文法的にはどれでもいいのですが、たとえば、for を選んだとしたら、I need the data for the meeting.（ミーティングのためにデータが必要です） のようになります。このようにして、名詞の前にフックになる前置詞をつけ、「船」に引っ掛けます。これが、文を長くする方法なのです。

とすると、後ろから前置詞で名詞を引っ掛けていけばいいわけですから、文を好きなだけ長くすることが可能になりますよね。I need the data / for the meeting / by Friday. という具合です。次のようになります。

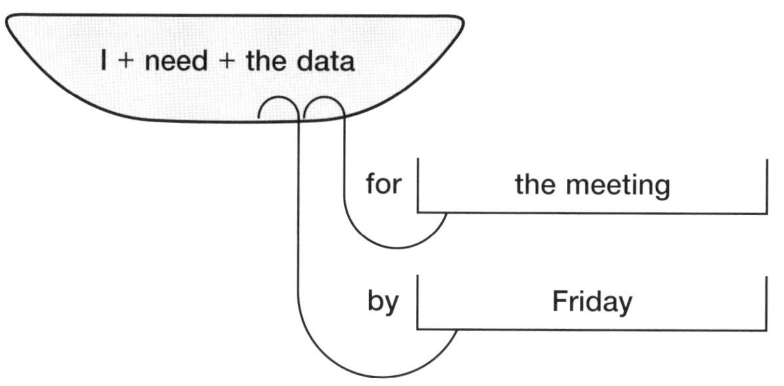

訳：金曜日までにミーティングのためにデータが必要です

英文法 KEY POINT ❻

英文を長くする方法

STEP 1 ● まず「主語＋動詞（＋目的語）」の船を作る

STEP 2 ● 後ろに「フック＋名詞、フック＋名詞」で情報を足していくそれから、よくある質問で、「前置詞をつけながら長くするのは分かるんだけど、どの前置詞をつければいいのかが分からない」というのがありますが、その点はどうでしょう？

それもいい質問ですよね。多くの方が前置詞の使い方で悩んでいますから。まず文法的に考えると、前置詞はどの前置詞を使ってもフックには変わりないので、文法的、つまり構造的には正しい文になります。ただ、意味論的に言えば、前置詞の意味が違えば、文の意味は違ってきます。前置詞の意味については、WEB サイト（http://www.kh-system.com）にも簡単な解説とよい教材の紹介を載せておきますので、参考にしてください。ここではまず何よりも、「文の後ろにフックがなければ名詞がくっつかない」という文法の根本的ルールをしっかり理解しておいてください。

さて、単語だけでなく、別の「文」を文全体で「大きな名詞のかたまり」と考えてフックで引っ掛けることもできます。たとえば、I need the data for the meeting by Friday. という文に、「I talk to John（私はジョンと相談する）の、その前に」という情報を足したければ、I talk to John の前に、同じように前置詞を置けばよいだけです。I need the data for the meeting by Friday before I talk to John という具合です。ちなみに、文法では名詞を引っ張ってきてくっつけるフックを「前置詞」、文を引っ張ってきてくっつけるフックを「接続詞」、と異なる名称で呼んでいますが、機能は同じです。船に別の名詞や文を追加するときのフック、すなわち接着剤の役割を果たしているわけです。

文法用語では、このように後ろに足されてくる情報で、主語＋動詞がそろって「文の形」になっているものを「節」、「文の形」にはなっていないものを「句」と呼んでいます。句のためのフックが前置詞で、節のためのフックが接続詞というふうにいうこともできますね。

2　英文の構造的特徴

ここまで、英語の文法の基本の基本となる部分をおさらいしました。下の図を見てください。文の構造がよく分かりますよね。「まず船を作って、フック＋名詞で情報を足していく」というこの感覚を意識すると、英文が意外に楽に作れるようになります。アメリカの駐在員研修でも、今までとっさにどう文を作っていいか分からなかったという方々が、この法則を意識するようになってから文を作る「コツ」が分かって、英文がずっと作りやすくなったとよくおっしゃいます。

I need the data for the meeting by Friday before I talk to John.

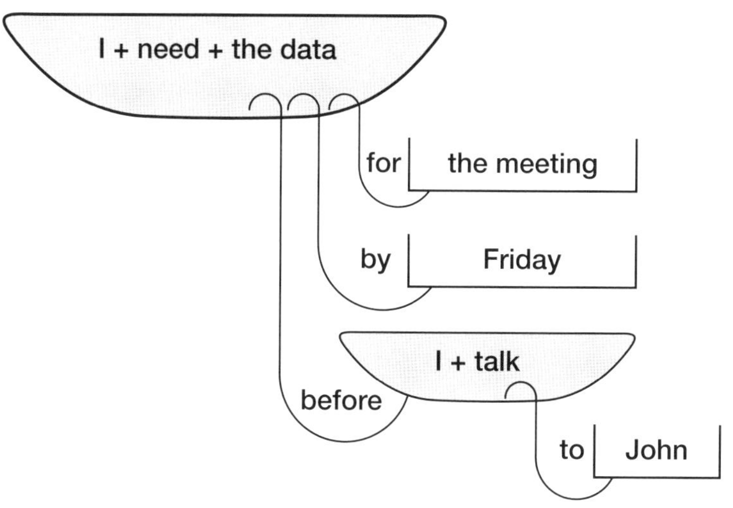

そうですね。「日本語的な発想のまま英語を作ろうとすると、何からはじめていいか分からないで焦ってしまうが、『とにかく、まずは文を完成させよう』と考えて英文を作りはじめると、自然に文が作れる感じになった」といいますね。

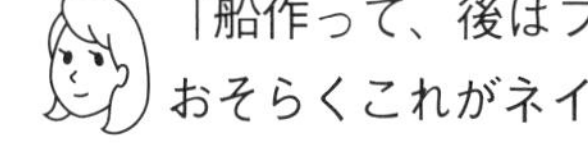

「船作って、後はフックつけて名詞」と、考え方は簡単なのですが、おそらくこれがネイティブスピーカーの「英語の感覚」の基本にある

のではないかと思います。この構造的感覚を身につけることが、リスニング力とスピーキング力の基本になると思います。確かにこれと違う構造の文もあるのですが、何といっても「船＋フックつけて名詞」がネイティブの感覚の基本にある「英語のマクロの感覚」なのだと思います。

英語の学習は「英語の感覚」を身につける意識で学習するのが重要、と第２章で話しましたが、「船＋フックつけて名詞＋フックつけて名詞」（以降「船＋フック＋フック」と略）が「英語の感覚」を構成する一番基本的な要素だと考えていいということですよね？

そうですね。そう考えると英文がとても捉えやすく、取り組みやすくなります。英文を読むとき、聞くときは「この特徴を身につけるぞ！」と思って練習してください。最終的には、話すときにも自然に「船＋フック＋フック」で英語が出てくるようになれば、しめたものです。みなさん、それを目指して頑張ってください。

英文の構造的特徴

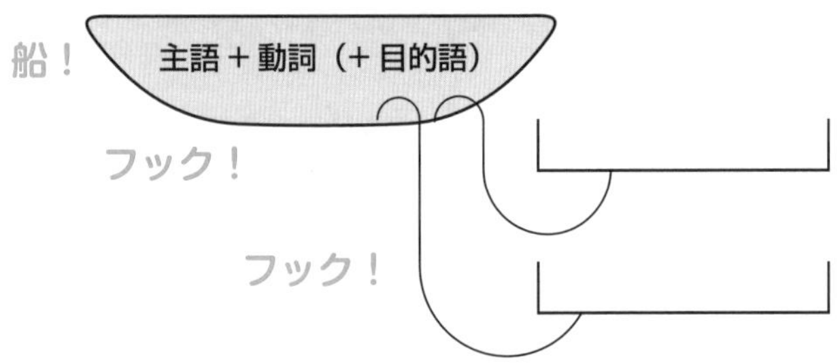

次の第４章では、今学んだ英文法とその構造的特徴をベースに、リアルタイムで聞いて、話せる力をつけるために身につけるべき英語の感覚をさらに見ていきます。今度は、意味の側面に加え、音の側面からも英語の特徴を見ていきます。さらに、第５章からは、こうした「英語の感覚」を作り込むために私たちの英語研修で使っている練習方法を体験していただきます。

コラム#3
学校文法の「5文型」と「船+フック」の関係

中学·高校で英文法を学んだ時に、「5文型」なるものを教わりましたね。K/Hシステムの「船＋フック」の考え方とどう違うのか、という疑問を抱いた方がいらっしゃるかもしれませんので、簡単に説明しておきます。

本書では、まず文（船）を成立させるやり方のパターンとして、二つあると説明しました。

他動詞系— 動詞から手が出ていて、目的語が載って文が完成する
自動詞系— 動詞から手が出ていないので、後ろに目的語なしで文が完成する

「5文型」＝2種類の船 ＋ バリエーション3種

その基本2パターンに、それぞれのバリエーションを加えると5パターンになります。ただ、これも大きく「自動詞系」と「他動詞系」と「(自動詞と他動詞の) ハイブリッド系」と理解すると、非常にすっきりします。自動詞にも、他動詞にも、それぞれ、ちょっとした「離れ業バリエーション」ができる動詞のエリートたちがいるわけです。

自動詞系のバリエーションは、「主語（S）＋述語動詞（V）＋補語（C)」で、主語についてちょっと説明を足す「補語（C)」というのが後ろに加わっています。他動詞系のバリエーションは、「主語（S）＋述語動詞（V）＋目的語（O）＋目的語（O)」で、何と、目的語が二つつきます。最後のハイブリッド系は「主語（S）＋述語動詞（V）＋目的語（O）＋補語（C)」という形で、最後の補語（C）が目的語（O）について説明を足すオシャレなかたちです。こうしたバリエーションの文型については、巻末付録の「文法解説」で説明しますね。

自動詞系	第１文型「主語（S）＋述語動詞（V)」 **第２文型**「主語（S）＋述語動詞（V）＋補語（C)」
他動詞系	第３文型「主語（S）＋述語動詞（V）＋目的語（O)」 **第４文型**「主語（S）＋述語動詞（V）＋目的語（O）＋目的語（O)」
ハイブリッド系	**第５文型**「主語（S）＋述語動詞（V）＋目的語（O）＋補語（C)」

まずは、自動詞と他動詞を理解して、船を仕上げる「二つの基本パターン」を押さえれば、大丈夫です。安心して先に進んでください。

Part 2

WHAT：何を身につけるのか

第3章 :「英語の感覚」の土台作り

第4章：「英語の感覚」として身につけること

1 英文の＜意味的特徴＞

1　英文の＜構造的特徴＞のおさらい

第３章では、英語力のすべての土台になる「英文法のエッセンス」を、ビジネスで最低限必要になるポイントに絞ってレビューしました。簡単におさらいしておきましょう。第３章をスキップした方は、これからの学習のキーになるコンセプトですので、ていねいに見ておいてください。

まず、英語は「文をきちんと完成させる」のが最も基本となる特徴でしたね。日本語だと主語なしで許されてしまうことが多いのに対して、英語は基本的に「主語＋述部」で「何がどうした」をそろえて文として完成させたがる。主語を出すことに意外に無頓着な私たちが最初に意識すべき大事なポイントでした。

✔ 英語は　「まず文を完成させる」

そして、「何がどうした」の「どうした」の部分（述部）に使う動詞のタイプによって、文の仕上げ方が異なるのでしたね。動作の対象の「目的語」が後ろにつくかどうかで違ってきます。

✔ 自動詞か他動詞かを意識して、いずれかで文を仕上げる

主語 ＋ 自動詞

主語 ＋ 他動詞 ＋ 目的語

さらに、他動詞と目的語の「順番」も、英語らしい大事な特徴でしたね。日本語だと「～をどうした」というのが自然な順序ですが、英語は「どうした、～を」とさかさまの順番になるのでした。日本人の私たちにはなかなかなじみにくい英語の特徴です。

文として仕上がった部分を、K/H システムでは「船」と呼んでいます。船を作って、まずはしっかり文の形を完成させたら、さらに加えたい情報を後ろに足していくのが英語の作りでしたね。足したい名詞や文の前に、船に引っ掛けるためのフックをつけてつなげます。

✔後ろに、フックを使って情報を足していく
フック（前置詞）つけて名詞
フック（前置詞）つけて名詞

当然、実際に飛び交っている英語にはいろいろなバリエーションがあるわけですが、英文の構造についてのネイティブスピーカーの「基本的な感覚」をこのよう理解しておくと、英文が捉えやすく、身につけやすくなります。

英語の<構造的特徴>のエッセンス

【船＋フック（名詞）】

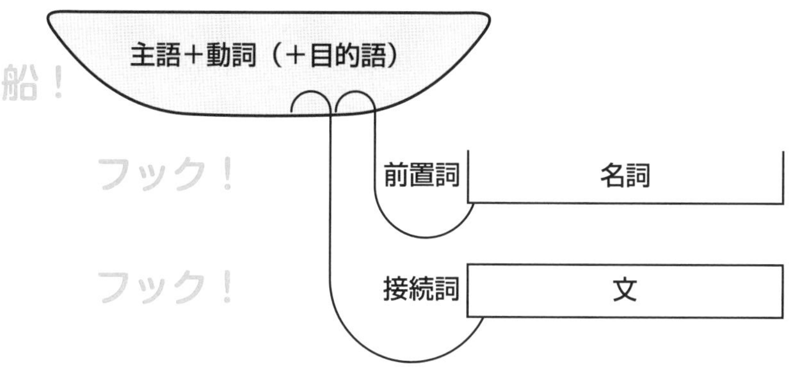

2　構造的特徴ゆえの英文の<意味的特徴>

さて、こういう構造的特徴を持つ英語を、瞬時に、正確に、理解して話せる力を私たちはつけたいわけです。そのために、日本語で育ってきた私たちは、英語のどういう特徴を、何をコツに感覚として身につけていけばいいのか、さらに見ていきましょう。

面白いことにこの「船に、フックで名詞や文を足していく」という構造的な特徴ゆえに、「情報が出てくる順序」にも、とても英語的な特徴が出てきます。英語は「船＋フック＋フック」の構造が特徴だとすると、まず船で「何がどうした」という文を仕上げるわけですね。そうすると、「何がどうした」という文としての「結論的なところ」がトップに来ることになります。そし

てその後に、つけ足したい「細かい情報」がフックで来ることになります。

たとえば、「金曜日までにミーティングのためのデータが必要なんですが」と言いたいとしましょう。まず、この日本語の文を見てみましょう。船にあたる部分はどこですか？　「(私は) データが必要です」のところですよね。文の一番最後に来ています。その前の部分では、スケジュールや目的など詳しいことを言っています。これは、英語の「船＋フック＋フック」の構造でいえば、フックの部分にあたりますね。日本語ではそれが前に来ているわけです。英語なら、まず「データが必要です」と結論をいって船を作ってから、「ミーティングのために」、「金曜日までに」と細かい情報を後ろにフックでつけていきます。対照的ですね。

日本語 「金曜日までにミーティングのためにデータが必要なのですが」

英語 私はデータが必要です ミーティングのために 金曜日までに

情報の出てくる順序がまったく逆なのです。この違いがあるから、私たちには英語がむずかしいわけです。日本語は、文の「どうした」の部分にあたる述語動詞が文の最後に来ますから、「細かい情報を出していきながら、最後に肝心な点に至る」というパターン。それに対して英語は、「肝心なことをまず言ってしまって、その肝心な情報を中心にして、それに関係する詳細情報を追加していく」というパターンですね。簡単にいうと、日本語は、「詳細＋詳細＋結論」というパターンで、英語は逆に、「結論＋詳細＋詳細」で順序が逆の「逆パターン」ということになります。

これが、私たちが「日本語と英語はOSが違う言語」と言っている最大のポイントです。日本語になじみきっている私たちにとって、即座に英語の「結論＋詳細＋詳細」のパターンで話すのは、なかなかむずかしいことです。思わず、詳細から話し出してしまいます。Friday, for the meeting, ... とはじめてしまってから、はたと困ってしまう、といったことがよく起こります。聞き取りも同じで、文の最後まで結論は来ないと思ってつい気を抜いて聞いてしまって、トップに来る結論のところを聞き逃したり、忘れてしまったりします。

この「情報の出てくる順序」の感覚を、英語的なものに変換する、もしくは英語的な感覚を別に作り込む、ということが何よりも重要だと私たちは考えています。これが英語の「構造的特徴」と対になって存在する、英語の「意味的特徴」です。そうすると、「英語的感覚を身につける」というのは、まず、＜構造的な特徴＞である「船＋フック（名詞）＋フック（名詞）」と、＜意味的な特徴＞である「結論＋詳細＋詳細」（以下、「結＋詳＋詳」と略）を自分の言語感覚の中に作り込む作業ということになります。

これまで長期研修を通じて、たくさんの学習者の学習成果やその後の成長を追ってきた中で、この感覚を身につけることの大切さを実感してきました。研修での経験からいえば、徹底的にこの意識で学習すると２カ月（30時間程度）ぐらいで感覚はついてくるように思います。ただし、その後、日本語環境で生活していると、この意識での学習を怠れば、どうしても元に戻ってしまいがちです。英語の環境で仕事や生活をしているのであれば別ですが、そうでない場合には、ある程度継続的に学習して、感覚を維持して、根づかせる必要があります。いずれにせよ、まずは、英語の＜構造的な特徴＞である「船＋フック（名詞）＋フック（名詞）」と、それに対応する＜意味的な特徴＞「結＋詳＋詳」の感覚を身につける練習をすることが肝心です。

この二つの特徴は表裏一体の関係なので、両方を同時に身につける学習方法が効率的だと思います。K/H システムでは、その考え方に沿って学習法を組み立てています。基礎部分は、「第５章：『英語の感覚』を作り込む実践練習の準備」の＜構文分析＞＜構文チャレンジ＞で説明します。ここが、英語学習の最も重要な下準備作業だと K/H システムでは考えていますので、絶対に飛ばさずに読んでください。

「英語の感覚」として身につけたい次のポイントに進む前に、英文の＜構造的特徴＞と＜意味的特徴＞の理解を確認できるように、55ページに練習問題を用意しました。自分で英文の構造を見抜いて、意味の特徴を味わえるように練習してみてください。

「英語の意味の感覚」

1. 英語の< 構造的特徴 >

【船＋フック＋フック】――――船・フック・フック！

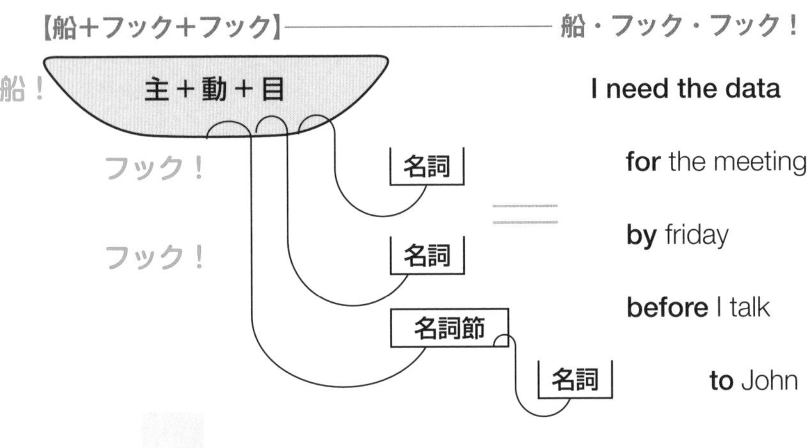

2. 英語の< 意味的特徴 >

【結論＋詳細＋詳細】――――結・詳・詳！

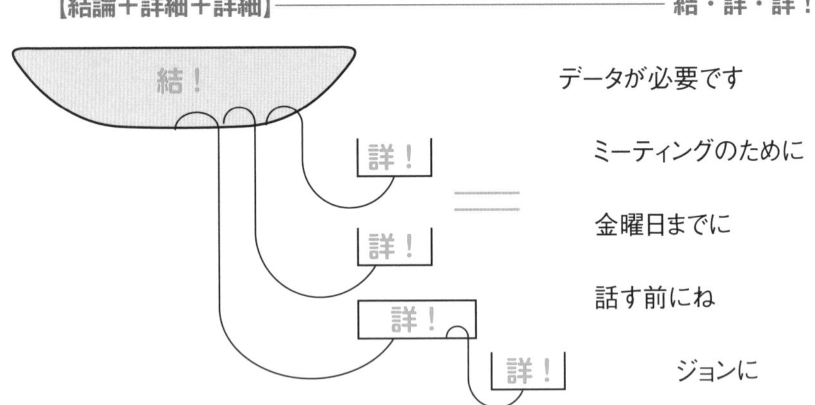

文法練習問題

1．まず、「船＋フック＋フック」で、文の構造を分析

「船＋フック＋フック」の視点で以下のように文の構造を分析しましょう。

2．次に、「結＋詳＋詳」で、意味の順序を味わう

その構造ゆえに、意味で見ると「結＋詳＋詳」になっているのを味わってみましょう。

例：I had lunch with Sarah of KHC Corp yesterday.
訳：私は、昨日、KHC 社のサラさんとランチを食べました。

「船＋フック＋フック」

I had lunch
with Sarah
of KHC Corp
yesterday.

「結＋詳＋詳」

ランチを食べました
サラさんと、
KHC 社の
昨日ね

1. I joined this company as an engineer in April 2015.
2. We can discuss the schedule for the new project this afternoon.
3. I can give you the report on Monday morning.
4. I agree with you about that.
5. We can talk about that issue at the Monday meeting.
6. We have become number one in customer satisfaction in this market.
7. I can make my presentation shorter to leave more time for the Q and A session.

【副詞について】

yesterday にはなぜ必要なはずのフック（前置詞）がついていないのでしょう？ yesterday が名詞であれば、必ずフックである前置詞が必要ですね。ということは、この場合は yesterday は名詞ではないのですね。では何なのでしょうか？ 実は、yesterday はフックが内蔵された、フックが不要な単語になれるのです。このような単語を「副詞」といいます。副詞は名詞以外の何にでもくっついて説明を加えられる宿り木みたいなものでしたね（☞ p. 38）。yesterday や tomorrow もこの「副詞」のグループに入ります。たとえば、I will see you tomorrow. も、tomorrow はフックが不要な副詞になっているのですね。

解答と解説

1. **I joined this company as an engineer in April 2015.**

   私は、2015 年4月にエンジニアとしてこの会社に入りました。

   「船+フック+フック」

   I joined this company
   as an engineer
   in April 2015.

   「結+詳+詳」

   私はこの会社に入りました
   エンジニアとして
   2015 年4月に

2. **We can discuss the schedule for the new project this afternoon.**

   今日の午後、新しいプロジェクトの日程を話し合えますよね。
   (→「話し合えばいいよね／話し合おうか」 といったニュアンス)

   「船+フック+フック」

   We can discuss the schedule
   for the new project
   this afternoon.

   「結+詳+詳」

   我々は日程を話し合える
   新しいプロジェクトのための
   今日の午後

3. **I can give you the report on Monday morning.**

月曜の朝には、レポートをお渡しできますよ。

「船＋フック＋フック」

I can give you the report
on Monday morning.

「結＋詳＋詳」

私はあなたにレポートを渡せる
月曜の朝に

4. **I agree with you about that.**

それについてはあなたに賛成です。

「船＋フック＋フック」

I agree
with you
about that.

「結＋詳＋詳」

私は賛成です
あなたに
それについては

5. **We can talk about that issue at the Monday meeting.**

その問題については、月曜の会議で話せますね。
（→「話し合えばいいよね／話し合おうか」 といったニュアンス）

「船＋フック＋フック」

We can talk
about that issue
at the Monday meeting.

「結＋詳＋詳」

私たちは話せます
その問題について
月曜の会議で

6. **We have become number one in customer satisfaction in this market.**

我々は、この市場で顧客満足度トップになりました。

「船＋フック＋フック」

We have become number one
in customer satisfaction
in this market.

「結＋詳＋詳」

我々はトップになりました
顧客満足度で
この市場で

7. I can make my presentation shorter to leave more time for the Q and A session.

質疑応答にもっと時間を残せるように、私のプレゼンを短くできますよ。
(→「短くしてもいいですよ／短くしましょうか？」 といったニュアンス)

「船+フック+フック」

I can make my presentation shorter
to leave more time
for the Q and A session.

「結+詳+詳」

私は私のプレゼンを短くできます
もっと時間を残すために
質疑応答のために

2 英語の<音とリズムの特徴>

1 「英語の感覚」のもう一つの柱 ― 音

K/H システムでは、「英語を聞き取れない」という問題を考えるとき、それをまず「意味」の側面と「音」の側面に分けて、別々に問題をブレークダウンして対策を打つアプローチを採っています。日本語と英語はコンピューターの OS が異なるようなもので、私たちは英語の OS の特徴をよく理解して、「英語の感覚」として身につけていく必要がある。そのために必要な視点と学習方法を学んでいることは、ここまで説明してきた通りです。その日本語と英語の OS の違いは、意味の側面だけでなく、音の側面にも同じように存在して、OS の違う私たちの苦労の原因となっています。

前のセクションでは「英語の感覚」として、まず英語の構造と意味の側面にフォーカスしました。このセクションでは、音の側面にフォーカスします。日本語の OS と異なる英語の音の感覚を身につけるために、まず<英語の音とリズムの特徴>を、次の三つの視点から学びます。

① 英語のリズムの特徴
② 英語の母音と子音
③ リエゾン（音の連結）

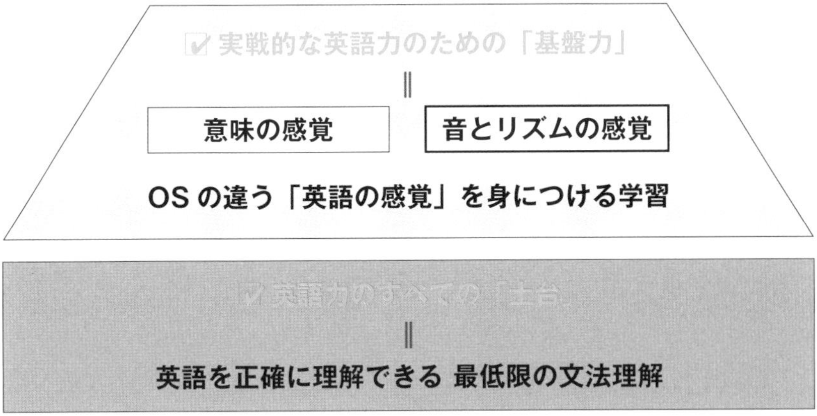

☑ 実戦的な英語力のための「基盤力」
‖
意味の感覚　音とリズムの感覚
OS の違う「英語の感覚」を身につける学習

☑ 英語力のすべての「土台」
‖
英語を正確に理解できる 最低限の文法理解

【本書での「音」の側面の扱い方】

音の側面については、本書の次のステップとなる書籍、『究極の英語学習法 K/H システム 基本編』で丁寧に取り上げています。また、理屈さえ分かってしまえば、英語の発音の練習ができる市販本も数多くあります。本書の対象レベルの学習者には、まず何よりも英語の構文と意味の側面にフォーカスした学習が重要です。そのため本書では、音の側面については、比較的簡単に学習していきます。

2　英語の<リズムの特徴>

英語が聞き取れない原因の一つは、私たちが思っている発音と、実際のネイティブスピーカーの発音が違っていることですね。研修の聞き取り練習での実際の話なのですが、events（行事）という単語がありますね。この単語の発音をみんなは「イベンツ」だと思っているわけです。それが教材で実際のネイティブスピーカーの話の中で出てくると、「ベンツ」としか聞こえないんですね。それで、「何で自動車のベンツがこの文脈で出てくるんだろう？」と困惑してしまうんです。英文を見れば知っている単語なのに、音では「知っている単語」だと認識できなかったということです。これほどもったいないことはありません。

では、なぜ認識できないのでしょうか。理由はいろいろ考えられるのですが、まず根本原因は、「ストレス・タイミング」といわれる英語のリズムの特徴をしっかりと身につけていないことにあるように思えます。日本語のリズムは「シラブル・タイミング」といわれ、「ストレス・タイミング」とは根本的に違うんですね。

英語の音の特徴１ 拍がずっと少ない

「ストレス・タイミング」を簡単に説明しましょう。たとえば、次の英文を声に出して普通に読んでみてください。

I need the data from you by the end of the day today.

日本語的な読み方では、「**アイ・ニード・ザデータ、フロムユー、バイ・ディ・エンド・オブ・ザデイ、トゥデイ**」というふうに、傍点のある音を一つずつ大切に読んでしまいがちです。言い換えれば、母音の入る音（「音節」といいます）すべてを同じようにしっかり読んでいるのです。このような発音の仕方を「シラブル・タイミング」といって、音節（シラブル）一つ一つに拍を入れて発音するのが特徴です。それに対して英語は、次のように大きく太字にしたところの音にだけ拍が入ります。

I **nee**d the **da**ta from **you** by the **e**nd of the **da**y to**da**y.

それ以外の母音には拍が入らないので、6拍で話すことになります。日本語的な読み方が25拍以上くらいですから、かなり少なくなることが分かります。このように、何かしら強調するところにだけ拍を入れて、その他は弱く、拍を入れずに発音するのを「ストレス・タイミング」といいます。英語はこのようなリズムの特徴を持っています。

もう少し詳しく見ていきましょう。今度は、まず単語単位で見てみます。McDonald'sは、日本語発音では、「**マ・ク・ド・ナ・ル・ド**」とだいたい全部にしっかり拍を入れて「**タ・タ・タ・タ・タ・タ**」と発音します。英語では、拍を入れるのは一カ所だけで、次のようになります。6拍が、1拍に減ります。

Mc**Do**nald's

[m k **ダ** ヌル z]

英語は拍が入るところが日本語よりもはるかに少なく、「どこに拍が入っているか」でできる「波の形」で、意味をまずは捉えようとする感覚があります。そのため、相手の思っているリズムで発音しないと通じないことが多いですね。一つ一つの音節を全部、しっかり強く発音したのでは、逆に通じないことがよくあります。また、拍を入れるところを間違うと、私たちが驚くほど聞き取ってもらえないのも、ここに原因があります。

複数の単語を組み合わせたフレーズでも、同じことが起こります。I think は、［アイ・シンク］ではなく、［アィ**ス*イ**ンk］が近いでしょう（ス*はこの場合 [th] の音）。

I **thi**nk

[ə **thi**nk]

このように単語の中の拍が減るだけでなく、単語ごと拍が入らなくなってしまうこともあるわけです。60ページの例文でも、I、the、from、by、the、of などにはまったく拍が入りませんでしたね。

英語の音の力をつけるには、まず、この「少ない拍で作られる、英語らしい躍動的なリズム」の感覚を意識することからスタートするといいと思います。音の聞き取り力をあげるための一番根本的なコツであるとともに、スピーキングでも意識したい点です。自分が話す英語に不安があればあるほど、どうしても日本語的に一つ一つ音を置いていく感じになってしまいます。そうすると、ネイティブスピーカーが意味をとる大事なヒントにしている英語らしい「ストレス・タイミング」のリズムが消えてしまい、必ずといっていいほど聞き返されてしまいますね。

英語の音の特徴2 リズムは強弱で作られる

英語の次の特徴は、リズムが「力の強弱」でできていることです。拍の入るところと入らないところのコントラストを、力の「強い・弱い」の圧力の違い（ストレス）で表します。これを「ストレス・アクセント」の言語といいます。それに対して日本語は、「強い・弱い」ではなく、基本的に声の「高い・低い」のコントラスト（ピッチ）で表すため、「ピッチ・アクセント」の言語といわれます。

拍（ストレス）の入るところは、拍を際立たせようとするからかもしれませんが、しっかりと、音節のトップから切れ味よく響かせます。「強く弾く」、または「小太鼓を軽く叩く」ような感じで、軽く鋭く、一点集中で力を「パシッと当てる」感覚です。
対照的に、拍の入らない他の部分はすっかり力が抜けて、弱くなります。言い換えれば、弱い部分の発音は強く弾いた後の惰性で出している音という感じです。圧力の波形で表すと次のようになります。

I **nee**d the **da**ta from **you** by the **e**nd of the **da**y to**da**y.

実は、英語の聞き取りができない大きな理由の一つがここにあります。日本語は音の高低の差はつくものの、一応、どの音節にも拍が入ってある程度しっかりと発音してくれる言語です。ところが英語は、音の強弱でリズムを刻んでいるため、すべての音が均等に強い音で聞こえてくることは期待できないのです。日本語を聞き取るときと同じつもりで、「全部はっきり言ってもらえる」と思って聞いていると、大げさに言えば、次のようにしか聞こえない状態になってしまいます。

? nee? ? data ? you ? ? en? ? ? day ? day.
(I need the data from you by the end of the day today.)

すべての音節を、ある程度しっかり発音する日本語に慣れきっている私たちは、ある一定の強さ（声の圧力）の範囲内ですべての単語の音が聞こえてくるという「想定」と、「当然の期待感」で聞いてしまう耳になっているわけです。そういう「音の感覚（OS）」が入ってしまっているからですね。

図で説明すると次ページのようになります。力の強弱を表す圧力計の図だと思ってくださいね。日本語で話すときの圧力の範囲を二つの線で示しました。日本語だと、だいたいその強さの範囲内でしっかり言ってもらえるわけです。そこに英語の強弱のリズムで話されたときの波形を入れてあります。下の線から外にはみ出てしまった波の部分が、慣れない私たちにはボヤーッとした音にしか聞こえないのです。日本語と同じくらい力を入れてはっきり言ってくれているところは耳が捉えるけれど、日本人の私たちには想定外なほど力が抜けて弱くなる部分については、なかなか耳が聞き取ってくれないわけです。

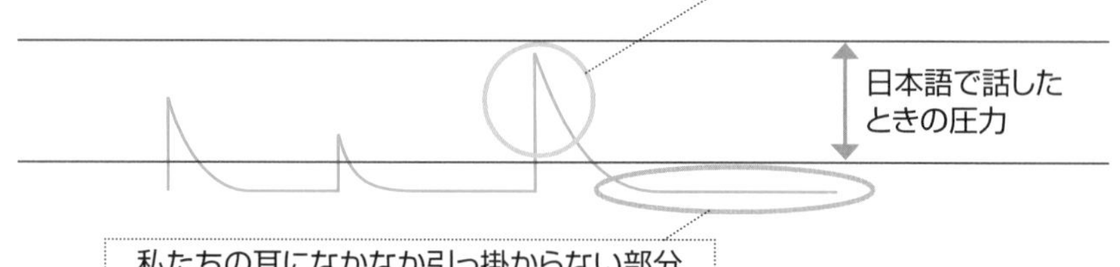

さて、残念ながら、注目すべきは、下の線から外にはみ出ている部分の多さです。「拍の数が日本語よりもはるかに少ない」というのが英語の音の第一の特徴でしたよね。ということは、拍の入らない、音の弱い部分がやたらと多いということです。私たちには聞こえないところばかりになるということです。だから聞き取りでは、日本語の強さの範囲の帯の中に入ってきた、わずかに「聞こえた音」と「聞こえた単語」だけで推測することになってしまう。帯の外に外れた弱いところは、せっかく知っている、見れば分かる単語なのに聞き取れない、というもったいないことになるわけです。

この「英語の強弱のリズム」を意識して、その感覚を自分の中に作り込んでいくことの重要性が見えてきたかと思います。日本語の感覚で思っているよりもはるかに「弱い音」に対しても、しっかりアンテナを張ってくれる耳になるように、感覚を変えていく必要があるわけです。

以上が、強弱でメリハリをつける英語のリズムの特徴でした。
ここで、拍（ストレス）の入る音節と、拍が入らない音の弱い音節の特徴を、もう少し詳しく見ておきましょう。

1） ストレスの入る音節の音

たとえば、McDonald'sの発音を例に取りましょう。ストレスがDoに入ることは分かりますね。では、どこから強く発音するのでしょうか？ Dからですか？ それとも o からでしょうか？

日本の英語の教科書などでは、アクセント記号（ ′ ）は、o の上に書いてあったと思いますから、o を強く発音するんじゃないかと思いますよね。母音の上にアクセント記号が入っているので、McDOnald's のように「ドオー」と［オ］を強く発音してしまいがちです。しかし、実は、音節トップの子音の D から一極集中で Do（ダ！）と弾くように発音するのが英語の発音です。子音から強く弾いて、あくまでもその余韻で母音を発音する感覚です。跳び箱の踏み切り板でポンッと踏み切った後のように、後は力を抜いてゆうゆうと、たっぷりめに母音を発音すると英語らしくなります。とても「伸び縮み感」のある英語らしいリズムがこれで生まれます。

2） ストレスの入らない音節の発音の仕方

では、ストレスの入らない残りの音節の母音どうなるのでしょうか？　実は、ストレスの入らない母音はすべて弱くなり、曖昧母音に近くなります。特に、ネイティブスピーカーが速く話せば話すほど、ストレスの入らない音節が多くなり、音もいっそう曖昧母音になってしまいます。では、「曖昧母音」とは、具体的にどんな音なんでしょう？

「曖昧母音」と呼ばれる母音は、口にも、口の周りにも、舌にも、まったく力を入れずに怠慢に声を出した時に出る音だと思ってください。［ア］なのか［オ］なのか［ウ］なのか［エ］なのか［イ］なのか分からないし、聞き方によってはどの音にも聞こえる、「曖昧な音」なので曖昧母音と呼ばれています。英語の発音記号で書くと [ə] になります。研修などで参加者のみなさんに説明するときは、次のようにやっています。

まず、みなさんに椅子の背にもたれて、ダラ～とリラックスして座ってもらいます。それから、「お風呂にザブ～ンと入ったと思ってください」と指示します。「その時、リラックスして『アァ～』や『ウゥ～』など、喉から声にならないような声が出ますよね。そのときの音が曖昧母音ですよ」と説明しています。これで研修では分かってもらえるのですが、読者のみなさんはどうでしょうか？　実は、お風呂で『アァ～』と出す音は、喉の奥から出て来る音なんですね。その発声の仕方が、「お腹から声を出す」という英語の発声の特徴ともマッチするので、発音がとても英語らしくなるという副次効果もあるんです。

ということで、英語では、ストレスの入らないところは、「曖昧母音」になってしまいます。「曖昧母音を発音する」という感覚ではなく、力が抜けることで自然にこの「とても曖昧な母音に収束してしまう」ということなのです。「はっきりと強く言ってくれるところ（拍）は少なくて、ほとんどのところが力が抜けて（弱）、曖昧な母音に変わってしまう（曖昧母音化）」のですから、OSが違う私たちは苦労するわけです。

それでは、英語の<リズムの特徴>を簡単にまとめてみましょう。

（1）日本語よりも拍の数が少ない
（2）力の強弱で拍を刻む（日本語的な音の高低ではない）
（3）強い音節は子音から弾くようにストレスが入る
（4）弱いところは曖昧母音化してしまう

まず、この仕組みと私たちのOSとの違いをよく理解して、<英語のリズムの特徴>を身につける練習をしましょう。

一口メモ

【拍の入らないところの「正しい発音」】

アメリカ人も訛りを直す（アメリカではアクセント矯正と言っているようです）ために発音コースに通うことがあるそうです。そういう研修では、文全体に発音記号を入れる練習で、講師は「拍の入らないところ」はすべて [ə] と書いて教えていました（米国連邦政府農務省が提供している社会人プログラム）。また、一単語単位で発音を矯正することもしますが、何よりも文の中での拍の位置、拍の入る音節の発音、拍の入らないところの音の変化などについて学習します。文全体の強弱のリズムと、そのリズムの中での音を重視する意識があるようです。一音・一単語単位の発音にフォーカスした発音矯正だけでは、なかなか日本人の発音がネイティブスピーカーに聞き取ってもらいやすい自然な発音にならないのも、こうした文のリズムの中での自然な音にフォーカスした学習が必要だからなのかもしれませんね。

3　英語の<音の特徴>

英語の音は、母音と子音に分けられますが、そもそもこの二つの違いは何なのでしょうか？それが分かると学習のアプローチも考えやすいと思います。

母音とは　[i]、[e]、[ɑ]、[ɔ]、[u] などです。
子音とは　[p]、[t]、[d]、[k]、[n] などです。

さて、この二つのグループの特徴の違いは何でしょうか？グループごとに、２回程度発音してみてください。

いかがですか？　分かりましたか？　母音は、息が口の中で舌や唇などにまったく遮断されることなく出てくる音です。一方、子音は、舌や唇などで息が一度遮断されることで出る音です。

1）英語の母音

では、まず母音について説明しましょう。具体例をあげた方が分かりやすいので、まず日本語の［イ］、［エ］、［ア］、［オ］、［ウ］の５つの音で、母音がどう作られるかを説明しますね。［イ］と［オ］という二つの違う母音はどのように作られるのでしょうか？　考えたことありますか？　一度、［イ］と［オ］を発音して口の中の動きを確認してみてください。

口の周りの動きが違いますね。ではもう少し詳しく実験してみましょう。口の周り（頬や唇など）は固定して［イ］と［オ］の音を出してみましょう。どうにか出せますよね。実は、［イ］と［オ］の違いは、口の中の舌の動きにポイントがあるようなのです。音声学的には、舌の最も高い位置が口の中のどこに来るかによって母音の音が変わるのだそうです。口の奥の方が低くなれば［オ］、高くなれば［ウ］になります。舌の最も高い位置が前の方に来ると［イ］、前の方でそのまま低くなると［エ］や［ア］になります。

日本語の母音の発音５つは舌の位置で決まるといいましたが、舌の位置は「絶対にこのポイントでなければならない」というデジタルな話ではなく、だいたいの位置で大丈夫なのです。アナログ的なんですね。そのアナログ的な「だいたいこんな感じ」という母音の音を聞いて、私たちは頭の中で５つ母音のうちのどれかにデジタル的に分類しているのです。言い換えれば、各人が作る［イ］の音は完璧に同じわけではないけれど、聞き手がその母音を頭の中で［イ］の音に仕分け（デジタル化）しているのです。その仕分けする棚が日本語の場合は５つあるので、いろいろな人のさまざまな母音の音を、その５つのうちのどれかの棚に仕分けしてしまうんですね。言ってみれば、舌も口の形も人それぞれに違い、訛りもあるので、実際に発せられる音には無限のバリエーションがあるにもかかわらず、聞いている私たちは、脳の中で「５つの抽象的な母音」（仕分け棚）にデジタル変換して聞いているということなのです。

この点を理解しておくと、日本語ではたまたま［イ］、［エ］、［ア］、［オ］、［ウ］の５つの仕分け棚を作ったけれど、英語も同じ仕分け棚を使っているとは限らないことがよく分かります。当たり前のことなのですが、この点を忘れてしまっていると、英語の母音を無意識で日本語の５つの仕分け棚で整理してしまうという間違いを犯しやすいのです。

英語の母音について少しだけ触れましょう。私たちが５つに仕分けてしまう母音の音を、英語では 20 前後の母音に仕分けしています。多いですね。たとえば、pat（軽く叩く）、putt（パットを打つ）、pot（なべ）。これらはすべて、日本語の感覚だと［ア］という一つの母音の棚に入れられてしまいます。ところが英語では [æ]、[ʌ]、[ɔ] という別々の仕分け棚に入る、別の音なのです。［ア］だけをとってみても、日本語で一つだった棚が、英語ではさらに細かく３つの仕分け棚に分かれているのです。

ここで重要なのは、「棚が違う」イコール「意味も違う」という点です。日本人の仕分け棚のままで聞いていると、意味の異なる単語を聞き分けられないことになるのです。聞き取りのためには、日本の OS にない新たな棚を、自分の感覚の中に作り込まねばなりません。スピーキングでも、拍の入らないところは「曖昧母音」になるにしても、拍の入るところの母音は正確に発音しないと、意味を誤解させたり迷わせたりすることになります。

リスニングのためにも、スピーキングのためにも、以下の視点で正しい英語の母音の音を身につけておくことはとても重要です。

1．英語の母音にどんなものがあるかを、まず理解する
2．英語の母音の音を意識して英語を聞く、話す練習をする

英語の母音の音については、英語の発音の本などが多く市販されていますので、それも参考にしてください。

2）英語の子音

英語の子音は、[t]、[p]、[s]、[k]、[d]、[b]、[z]、[g]、[n]、[m] などなどたくさんありますが、最も大切なポイントを一つだけ紹介しましょう。前にも書いた通り、喉から出てきた息が遮断されることにより作られた音が子音です。どんな音の子音になるかは、口のどこで・どのように息が遮断されるかによって決まります。[t] の音は、舌先が歯茎の裏について息をブロックするときに出る音ですし、[p] は、両唇を結んで息を遮断するときの音です。

「ブロックするときの音」といいましたが、実は、正確には「息がブロックされること」がポイントなのです。音が出るかどうかは二の次なのです。たとえば、it という単語の発音は、[i] という母音で出てきている息の流れを、舌先を歯茎の裏につけて遮断すればいいのです。息を遮断すれば [t] の責任は終了で、実は「音を出す必要」はないのです。in も同様で、[n] も息の流れを遮断すればOK。[n] は、[t] とほぼ同じの位置に舌先がつきますが、ただ、息を遮断したときに、その息が少し鼻に抜けて鼻にかかった音になります。杏仁豆腐の［あんにん］のはじめの［ヌ］のような音が [n] の音です。ではあと一つ。up も同じルールで発音してみてください。「アップゥ」と［ゥ］が出てきてはダメですよね。唇を結んで息を遮断したら [p] の音の責任は終了。息が漏れて音が出ても、出なくてもかまわないのです。

以上が、英語の子音の特徴でした。子音は、口のどこかで息を遮断すれば、それで責任終了。これが次に学ぶ「リエゾン」に大きく関係します。

3）英語のリエゾン

子音の特徴が大きく関係しているのが、リエゾンです。リエゾンとは、単語と単語の音がつながってしまう現象です。たとえば、in a car（車の中で）という三つの単語を例に取りましょう。学校では、一単語ずつ大切に「イン・ア・カー」と発音していたのではないでしょうか。実は英語では、ほぼ必ず in と a がつながって、ina（インナ）となってしまいます。in の語尾の子音 [n] で舌が歯茎についたら、それで責任終了で音を出す必要がないので、そのまま次の単語に移って音がくっつくのです。それが「リエゾン」です。では、下の例はどうなると思いますか？　音がつながる感じを分かっていただくために、カタカナで書いてみます。太文字がリエゾン部分です。

「as an engineer」　**アザ**ン**ネ**ンジニア
「as an accountant」　**アザ**ン**ナ**カウンタント
「on a business trip」　**オ**ン**ナ**ビズネストリップ

子音同士のリエゾンもあります。たとえば、want to do は、「ワント・トゥー・ドゥー」と発音しがちですが、実際には want の [t] と to の [t] がくっついてしまいます。want の [t] は子音ですから、舌先を歯茎につけて息を遮断すれば責任終了でしたね。そのまま次の to の [t] に行けばいいので、舌を外さずに、そのままで OK。[t] が二つある分、ちょっとねっちりと長めにくっついて、「ワンッットゥー」という感じになります。

英語の音の特徴３ 大きなまとまりで、音がくっついてしまう

英語ではこのように、ある程度の意味のまとまりで、いくつもの単語が音としてくっついてしまいます。これも、英語の聞き取りをむずかしくしている原因の一つです。「リエゾン」の仕組みに慣れておかないと、「単語の切れ目」が分からないために、またもや、「見れば分かる英語が聞き取れない」というもったいないことになります。音の練習では、英語のリズム、母音に加えて、このリエゾンも意識して、しっかりと感覚を作っていきましょう。

英語の<音とリズムの特徴>

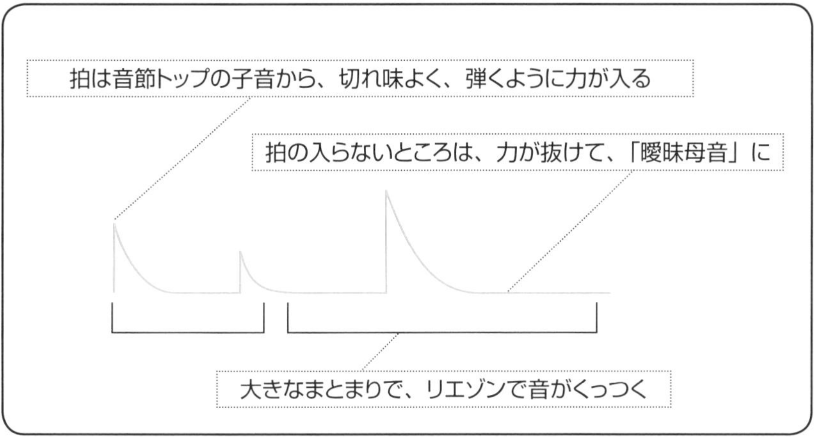
拍は音節トップの子音から、切れ味よく、弾くように力が入る
拍の入らないところは、力が抜けて、「曖昧母音」に
大きなまとまりで、リエゾンで音がくっつく

✔ 日本語よりも　**拍がずっと少ない**
✔ かつ　**リズムは強弱で作られる**
✔ しかも　**大きなまとまりで、音がくっついてしまう**

はっきり言ってくれるところの方が少なくて
ほとんどのところが：
音が弱く
音が曖昧になって
音がくっつく

3 おまけ：使える＜構文パターン＞を増やす

1　実戦力をあげる＜構文パターン＞

本章では、日本語のOSで育った私たちがまず身につけるべき「英語の感覚」は、何よりも「船＋フック＋フック」と「結＋詳＋詳」の感覚だということを学びました。音の面でも同じように英語のOSの特徴を見てきました。

最後にあくまで「おまけ」として、意味の方でもう一歩先の視点を紹介しますね。実戦で、瞬時に、正確に、英語を理解し、話すためには、英語で頻出して、かつ私たちが苦手とする文のパターンを身につけておくことが肝要です。こうした「身につけると得する文のパターン」をK/Hシステムでは＜構文パターン＞と呼び、集中的にパターン練習して身につけます。

大きなかたまりで、中を入れ替えて自在に使える＜構文パターン＞をたくさん身につけておくことが、聞き取りやスピーキングの瞬発力を高め、実戦力を高めます。ここでは、そうしたパターンの代表格を一つ紹介します。

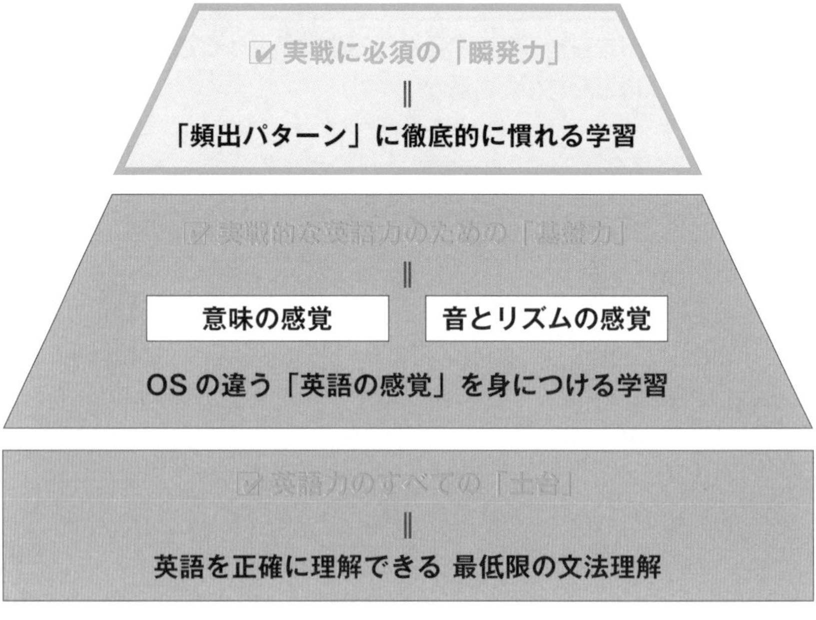

☑ 実戦に必須の「瞬発力」
‖
「頻出パターン」に徹底的に慣れる学習

☑ 実戦的な英語力のための「基盤力」
‖
意味の感覚　音とリズムの感覚
OSの違う「英語の感覚」を身につける学習

☑ 英語力のすべての「土台」
‖
英語を正確に理解できる 最低限の文法理解

ここで紹介するのは、「名詞＋修飾節」のパターンです。このパターンは日本語と情報の順序が逆になります。たとえば、「K/H システムで真剣に英語の勉強をしている社会人」と日本語では言いますが、英語ではこれが、「社会人、英語を勉強している、真剣に、K/H システムで」の順序になります。日本語だと「詳細＋概」だったのが、英語では「概＋詳細」の順になっていますね。文全体の大きな構造も、英語は「結＋詳＋詳」で日本語と逆でしたが、こうして、文の中にもまた逆の順番（“逆順”）のかたまりが入ってくるわけです。かなり英語力の高い人でも聞き取りで苦労するパターンです。英語力を伸ばすには、この「文の中に入ってくる“逆順のかたまり”」の感覚を身につけておくことが非常に重要なのです。

この“逆順パターン”で最も典型的なのが、「関係代名詞」の構文です。関係代名詞は英語には本当によく出てきます。実戦的な英語力としてはかなり鍵になる感覚なので、余力が出てきたら、ぜひ身につけましょう。

2 <名詞＋修飾節> の“逆順パターン”

この「名詞＋修飾節」パターンを簡単に説明しますね。

日本語との感覚的な違いをまず認識しておきましょう。日本語では「愛知県で車を作っている会社」と言うのが自然ですが、英語では、メッセージの中核（コア、結論）になっている名詞を先にポンと出します。この場合は、「会社」ですね。その後に、その会社ってどんな会社なのかを説明します。「会社、それって車を作っているんですよ、愛知県で」という感じです。英語にすると、「a company that manufactures automobiles in Aichi Prefecture」となります。「名詞＋修飾節」の形になっているこの文を、「関係代名詞」の構文といいます。関係代名詞の構文は、「名詞＋修飾節」のパターンの最も典型的なもので、「概＋詳細」の感覚をよく体現しています。関係代名詞を身につけておくのはとても重要なのです。

みなさんは、関係代名詞と聞いただけで拒絶反応がありませんか？　この拒絶反応はTOEIC®L&Rテスト600点以下だと、多くの方が感じられているものだと思います。でも、関係代名詞の作り方を分かっておくことは重要なので、どこかで覚悟して勉強しておいてくださいね。学校で教わったときはむずかしく感じたかもしれませんが、そんなにむずかしいものではないのでご心配なく。ここでも簡単に、そもそも関係代名詞とはどんなものなのかを説明しておきますね。

1）関係代名詞の簡単な説明

英語は、「まずは、文を完成させる」ということを第３章２－１ (p. 32) で学びましたね。なのでまず、次のような簡単な文を作って言ったとします。I work for a company（私は、会社で働いています）。それを聞いた人は、「会社ってどんな会社かな？」と、当然疑問を持ちますよね。話し手が察して「『その会社って』、愛知県で自動車を作っているんですよ」と、詳細をつけ加えるとします。この「つけ加える」ところを英語にすると、まずは、『その会社って』のところを、「それって」という感じで代名詞のthat（またはwhich）で言ってしまいます。次に、その「それって」を主語にして船を作って文にすればいいのです。つまり、代名詞のthatを主語にして、that manufactures automobiles in Aichi Prefectureと続けて文を作るわけです。まとめると、英文は次のようになります。

〝それって〟

I work for a company / that manufactures automobiles in Aichi Prefecture.

thatはa companyを言い換えただけの代名詞です。この代名詞が、次の文を前の文とつなげて一つにする連結器の役割も果たしているので、文法用語としては、「連結代名詞」という意味で「関係代名詞」という名称をつけたのでしょうね。「その会社」（that）は、ここでは後ろに足した文の主語になっていますから、もちろん、二つの文にして、I work for a company. That manufactures automobiles in Aichi Prefecture. としても、まったく問題ありません。

あと一つ例をあげましょう。I like the idea.（そのアイデアいいね）とだけ言うと、みなさんが心の中で、「アイデアってどのアイデア？」と当然、思いますね。話し手がそれを察して、「アイデアって、君が昨日ミーティングで話していたやつね」と、詳細をつけ加えるとします。これを英語にすると、the ideaをまずは、代名詞that（またはwhich）を使って「それって」と言っておいて、that you discussed in the meeting yesterdayと続けます。thatはthe ideaを言い換えただけの代名詞ですね。文全体としては次のようになります。

I like the idea / that (which) you discussed in the meeting yesterday.

さっきの例と一つだけ違っているのは、the ideaのことをいっている代名詞が、後ろに来る文の主語ではなくて、discussしたこと、つまりdiscussの目的語になっていますよね。後ろの文の目的語を前に持ってきて連結器として使った形になっているわけです。これも同じように二つの文にすると、今度は、I like **the idea**. You discussed that (which) in the meeting yesterday.となります。

ここまで、二つの例文を使って関係代名詞の構文を説明してきました。ちなみに、関係代名詞の構文は、文に文（節）がくっついている形なわけですから、次ページのようにスラッシュ（/）を入れると二つの文に分けられます。thatは、後ろにくっつけた文の主語になったり、目的語になったりできるんですね。でも、関係代名詞でくっつけた文も常にきちんと文として完成しているのが特徴です。

I work for **a company** / that (which) manufactures automobiles in Aichi Prefecture.
[主語　動詞　目的語]

I like **the idea** / that (which) you discussed (　) in the meeting yesterday.
[目的語　主語　動詞]

関係代名詞を使って名詞の a company や、the idea などを後ろから説明する「名詞＋修飾節」の構造は、英語として典型的なパターンであると同時に、日本語の感覚と「情報の出てくる順序」が逆なために、私たちが最も不得意とするものの一つです。にもかかわらず、この「名詞＋修飾節」の形は英語に本当によく出てきます。実戦的な英語力をつけたいなら、絶対に身につけておくべき感覚です。英語学習で身につけるべきものは常に二つなんですね。「意味の出てくる順序の感覚」とそれを表す「構文パターン」です。今回はまず、情報の順序が“逆順”の「名詞＋修飾節」のパターンの代表格として、関係代名詞の構文パターンを紹介しました。

以下の６つの例で、「名詞＋修飾節」のパターンの「概＋詳細」の感覚を確認してください。

概＋詳細	英語の感覚を表した日本語
a product that meets the needs of the customer	**製品**、それって、顧客ニーズに合ってるやつ
someone who has a background in sales	**誰か**、誰かって、セールスの経験ある人
one of the companies that are leading this industry	**会社の一つ**、それって、業界をリードしてるところ
the work that I do at this company	**仕事**、それって私がこの会社でやっていること
the first thing that I would like to do	**はじめのこと**、それって私がやりたいこと
the important thing that we need to remember	**重要なこと**、それって、覚えておくべきこと

番外編コラム

連結器が透明になっていい場合

ここで「からめ手」を一つだけ。本質的なことではありません。分からなければ今のところは無視してくださいね。先ほどの二つ目の例文のように、that（which）が後ろの文の目的語になっている場合は、透明になって（書かなくとも、または言わなくとも）いいというルールがあります。that は存在するのですが「透明」だという考え方です。次のようになります。

（1）I work for a company / **that** manufactures automobiles in Aichi Prefecture.
S V O

（2）I like the idea / that you discussed in the meeting yesterday.
O S V

（1）の文は、that が主語（S）なので透明にはなりませんね。（2）の that は discussed の目的語（O）なので、透明になってもいい、つまり that と言わなくてもＯＫなのです。もちろん、透明にならずにそのまま that と言っても構いません。どちらでもＯＫです。

「概＋詳細」感覚の典型的パターン「名詞＋修飾節」。その代表格である関係代名詞の構文パターンを図にすると、以下のようになります。後ろにくっつく文の［S+V+O］のうちのＳ（主語）かＯ（目的語）が直前の名詞と同じなので、「それって」という感じで代名詞が関係代名詞となって連結器の役目を果たすんでしたね。

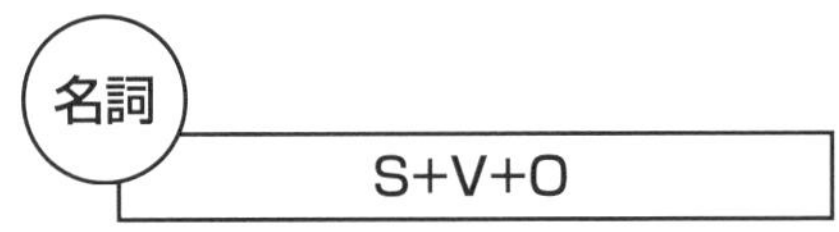

2） その他の「概＋詳細」の例

もちろん、名詞の後に「前置詞＋名詞」が来たり、「名詞＋動詞 -ing」「名詞＋ to 動詞」が来たりすることもできます。他にもいろいろなバリエーションがありますが、心はすべて「概＋詳細」の感覚です。

こうしたバリエーションの例を、次ページに少しだけあげておきますね。

概＋詳細	英語の感覚を表した日本語
a meeting with the supplier on the quality issue	**会議**、業者さんとの、品質問題についてのね
a business person studying English with us	**社会人**、私たちと一緒に英語を勉強しているね
an issue discussed in the last meeting	**問題**、前回のミーティングで討議したやつね
a train to arrive at Tokyo Station at 9 p.m.	**列車**、午後9時に東京駅に到着する予定のね

注：名詞を後ろから修飾する形としては関係代名詞が本家なので、これができればその分家である名詞＋①動詞 -ing（現在分詞）、名詞＋②動詞 -ed（過去分詞）、名詞＋③ to 動詞（不定詞）なども、ロジカルに理解できます。こうした形の文法解説は、付録の「文法解説」を参照してください。（☞ p. 272）

第４章では「英語の感覚」として、意味の側面では、<英文の根本的な感覚>である「船＋フック＋フック」と「結＋詳＋詳」を見てきました。さらに「おまけ」として、<身につけると得するパターン>としては、「概＋詳細」感覚のパターンの代表格である「関係代名詞の構文パターン」を例にあげて見てきました。他にもいろいろな英語的感覚と構文パターンがあります。これだけでは物足りない学習者のために、次のステップとしてあと二つだけ、<構文パターン>を WEB サイトでも紹介しています。（☞ http://kh-system.com）

それでは、学習のプライオリティーとして以下を頭に置いて、次章から、感覚を身につけるための実践練習をしていきましょう。

プライオリティー１　英文の根本的な感覚

感覚　「結＋詳＋詳」　＝ 構造　「船＋フック＋フック」

プライオリティー２　文のバリエーションや文の中の「かたまり」の感覚

感覚　「概＋詳細」　＝ 構造　「名詞＋修飾節」

「名詞＋関係代名詞の節」

身につけようとしている感覚をしっかり意識して徹底的に練習することで、英語の実戦力をあげていきます。

Part 3

HOW：
いかに身につけるか

第5章：
「英語の感覚」を
作り込む
実践練習の準備

第6章 ：「英語の感覚」を
作り込む実践練習

1 HOW：「英語の感覚」をどう身につけるの？

1　どう身につけるのか（HOW）

第3章・第4章では、実戦的な英語力をつけるために、「英語の感覚」として何を身につけるべきか（WHAT）を見てきました。この章では、こうした「英語の感覚」を、どう身につけるのか（HOW）を実践的に紹介します。

本書のK/Hシステムの学習では、一つの英語の素材を使って、「英語の感覚」を身につけるための学習法を体験していただきます。下の図の右の箱のステップに沿って、意味と音の側面で別々にOS変換の作業をして実戦的な「基盤力」作りをし、最後に意味と音を合わせてスピーキングにつなげていきます。

この第5章では、その学習サイクルの中でも最も重要な<構文分析>の正しいやり方をまずたどっておきます。

第5章：土台作り

最重要ステップ
<構文分析>の
正しいやり方を確認！

→

第6章：実践練習
1．<構文分析>
2．意味の感覚を作り込む
3．音の感覚を作り込む
4．スピーキングにつなげる

これからの作業の流れと、それぞれの作業の目的を整理しておきます。

第5章 実践練習のすべての「土台」

作業：

利用する英語素材：3つの例文

<構文分析><構文チャレンジ>の正しいやり方

目安：20～40分

学習ステップの中で、絶対にスキップしてはならないのが<構文分析>です。この作業で、学習に使う英語の構文と意味を正しく理解しておきます。これをせずに感覚的に英語を身につけようとすると、正確で、応用の利く英語力が効率よく身についていきません。ただ、<構文分析>といっても、K/Hシステムでの<構文分析>は、読み書きのための机上の分析に終わらず、実戦的な英語力を身につける学習に直結した、実践的な作業です。最後に<構文チャレンジ>で仕上がりを確認します。この二つの作業は、「英語の感覚」を身につけるための学習の成否の鍵を握る重要な作業です。そのため、まず第5章で、その正しいやり方を一度一緒に確認しておきます。それをベースに、第6章の実践練習では、独力で学習に挑戦してもらいます。

第6章 「英語の感覚」を作り込む実践練習

作業：＋一部

利用する英語素材：プレゼンテーションの導入部分1分

土台作り

1. <構文分析><構文チャレンジ>

目安：45～90分

ここから、実践練習です。大きく5つのステップで学習します。まず、重要な土台作りとして、学習する英語の<構文分析>を自分で行います。文法・構文、意味の解説などが見られるワークシートを使います。少しむずかしい文については、音声に詳しい実況解説が入っています。

実戦的な英語力のための「基盤力」作り

2．英語の **意味の感覚** ― 音だけで、文頭から意味をつかむ練習

🕒目安：20～40分

ここからが、音だけが頼りの実戦で、リアルタイムで正確に英語が使える「実戦力」を身につけるためのOS変換の練習です。まずは「意味の感覚」。第４章で学んだ英語の「意味的特徴」を意識して、「結＋詳＋詳」で文頭から意味をつかんでいく感覚を強化するための聞き込み練習をします。

3．英語の **意味の感覚** ―「イメージ」をしっかり残す練習

🕒目安：20～40分

慣れない順序で情報の出てくる英語を文頭からリアルタイムで聞き取っていく練習に加えて、さらに、聞き取った意味を頭にしっかりと残せるようになるための練習をします。

4．英語の **音とリズムの感覚**

🕒目安：60～90分

次は音の側面のOS変換の練習です。第４章で学んだ英語の「音とリズムの特徴」を意識してシャドーイングなどの作業をすることで、英語独特の「強弱のリズムと音の変化」の感覚を自分の中に作り込んでいきます。

アウトプットにつなげる

5．「英語戻し」

🕒目安：30～60分

意味と音の両面で強化してきた「英語の感覚」を、スピーキング力に生かす作業で仕上げます。

2 <構文分析><構文チャレンジ>の正しいやり方

1 <構文分析><構文チャレンジ>とは

ここからはK/Hシステムの研修セッションを一緒に体験していただくために、再度、国井・橋本の二人によるトレーニングセッションの形で進めます。

さて、この章では、「英語の感覚」を身につける実践練習のステップの中でも、特に重要なステップのやり方を確認します。「実践練習で使う英文の構造と意味を、まず正確に理解しておく」という、土台作りのステップです。第3章・第4章で学んできた「英文法のエッセンス」と「英文の特徴」を学習に応用します。簡単に第3章と第4章で学んだことを整理しておきます。

英語の構造的特徴　**船＋フック＋フック！**

1. 英語の文は、まず中核となる「船」を作る
　　他動詞と自動詞で作り方が違う
2. その後ろに「フック＋名詞（or 節）」で情報を足していく

英語の意味的特徴　**結＋詳＋詳！**

1. 構造的特徴ゆえに、結論的な情報がはじめに来る
2. その後ろから、結論を説明する詳細情報が足されて来る

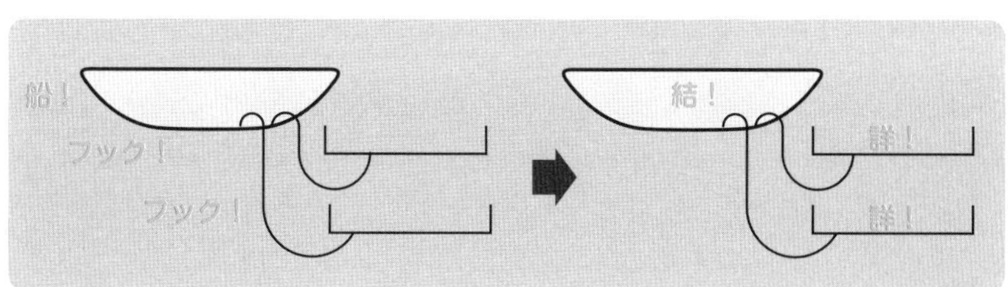

どんな英語も正確に理解できるようになるには、まだ他にもいろいろな文法の知識を身につけていく必要があります。ただ、英語の構造と意味の特徴をこのように捉えることで、英語のルールの「コア」がまずすっきりと見えるようになります。その意味で、この視点を持つことではるかに効率よく、効果的に、学習をスタートすることができるんですよね。

そして何よりも、机上だけでなく、聞く、話すの実戦力に即、つながる文の理解の仕方だというのが最大の利点です。この意識で英文を捉える習慣がつくと、意味の骨格を捉える力が早くついて、比較的に簡単な文であればかなり正確に理解することができるようになります。スピーキングでも、何とか意思の伝わる正しい文を作って話すのが楽になってきます。また、いろいろな英語を覚えて身につけるのがずっと楽になるばかりでなく、はるかに応用が利く形で身につけられるようになります。

そうですね。それから中長期的には、この「船」と「フック＋名詞」の基本的な考え方を理解しておくと、さらに進んだ文法の学習も、よりシンプルに、楽に理解できるようになると思います。本書でも紙面の許す限りで少し進んだ文法の説明も入れておきますね。そこで興味が出てきたら、余力のある範囲で少しずつ分かりやすい文法書なども開いて、楽しみながら文法の理解を広げていってくださいね。

大事なことですね。K/H システムでは、英文一つ一つについて、この「船＋フック＋フック」「結＋詳＋詳」の視点から分析して**構文と意味の両方**を理解しておくことを、**＜構文分析＞**と呼んでいます。教材を学習するときにまずはじめに行う、非常に重要な基本作業と位置づけています。

それでは「英語の特徴」に沿って、文の構造と意味を理解する＜構文分析＞の実際の作業に入りましょう。英文をしっかり納得しておくこの作業も、すべて、実戦での聞き取りやスピーキング力の向上、さらには、本格的な英語力への飛躍のための、基盤力作りの作業です。この目的意識を常に忘れず、学習に取り組んでくださいね。

2　＜構文分析＞＜構文チャレンジ＞の実践練習

それではははじめましょう。きちんと理解しておくことが極めて大切なので、必ず、一つ一つ理解して納得しながら進んでください。最終的には、新しい英文を独力で＜構文分析＞できるようになることを目指して練習してくださいね。

次の３つの文を使って練習します。

(1) I thank everyone for the great effort on this project.
（このプロジェクトでの多大な努力に対し、みなさんに感謝します）

(2) I need the estimate from you before I discuss the plan with Japan.
（その計画を日本側と議論する前に、あなたから、見積もりが欲しい）

(3) We will discuss the issue with John when he returns from Japan.
（ジョンが日本から戻ったら、この問題を彼と話しましょう）

0　立体構文トランスクリプトの説明

まず、構文分析のツールとして、「立体構文トランスクリプト」を紹介します。上の３つの英文であれば、次のページのようになります。

この「立体構文トランスクリプト」は文法理解のためだけではなく、意味の正確な理解や、英文を覚えて身につけるときにも欠かすことのできないK/Hシステムの学習ツールです。そこで、少し長くなりますが、まずは「立体構文トランスクリプト」の考え方と見方を説明しておきますね。

見ていただくと分かりますが、「立体構文トランスクリプト」の大きな特徴は、「船」と「フック+名詞（or 節）」ごとに改行して、文の構造を視覚的に分かりやすくしてあることです。文をそこでやめても、文として成立するところで改行しています。面白いことに、改行した行は常にフック（前置詞・接続詞）からスタートしていますね。さらに情報をつけ足す意思の表れにも見えます。

立体構文トランスクリプト

(1) I thank everyone for the great effort on this project.

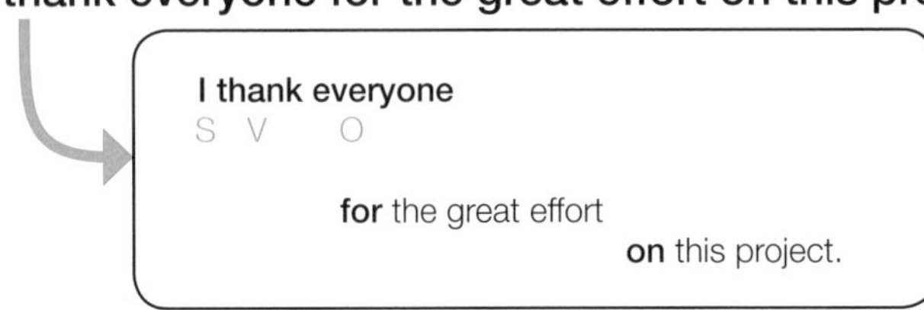
I thank everyone
S V O
for the great effort
on this project.

(2) I need the estimate from you before I discuss the plan with Japan.

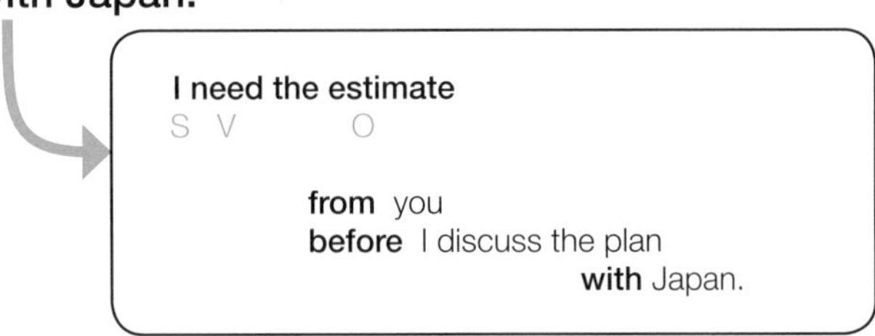
I need the estimate
S V O
from you
before I discuss the plan
with Japan.

(3) We will discuss the issue with John when he returns from Japan.

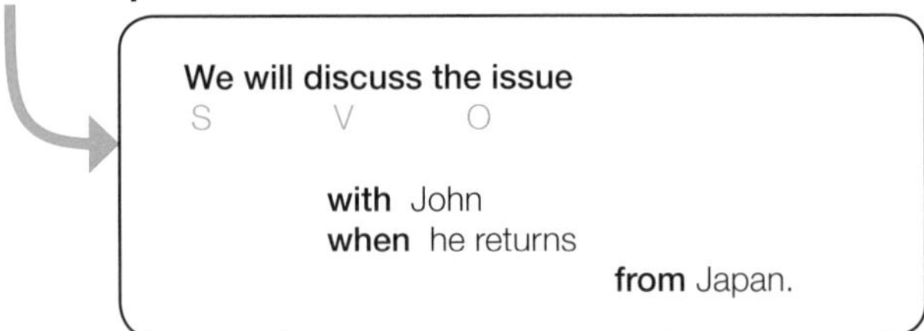
We will discuss the issue
S V O
with John
when he returns
from Japan.

３つの英文の立体構文トランスクリプトのうち、まずは一つ目の I thank everyone for the great effort on this project. の英文を見てください。「船」と、「フック＋名詞」の「かたまり」で、立体的に書かれていますね。まずそれを確認してください。

はじめの行、I thank everyone で船ができていますね。船ができた時点で文を終えても、文法的には文として完成していますね。だからそこで改行して、次の「フック＋名詞」、for the great effort は次の行に置いてありますね。ちなみに、前の船に引っ掛かって説明している情報だということで、大事なものに「従属」している感じで、右にずらして置いてありますね。次の on this project も、最初の船ではなくて、直前の effort に引っ掛かって説明しているので、改行して、さらに右にずれたところからはじまっていますね。

まとめると、立体構文トランスクリプトの見方は次のようになります。

立体構文トランスクリプトの見方

(1) 文を終えていいところで改行してある

➡ 船が完成したら、改行

➡「フック＋名詞（or 節）」が完成するたびに、改行

(2) 位置で関係が分かる

➡ 前の部分を説明しているなら、右にずれている

➡ 前の部分と同格なら、縦に並んでいる

以上のような考え方で文を整理しているのが、立体構文トランスクリプトです。一直線に書かれている英文であっても、文をこのように構造的に捉えるクセをつけると、英語学習の効果も、英語力自体も、数段あがるんですね。最終的には、音で一直線に飛んでくる英語も、こんなふうに立体的な構造を見抜いて聞ける力が欲しいんですね。ネイティブスピーカーや英語のできる人たちは、実はリアルタイムで無意識に、こんなふうに「英語の立体的な構造」をしっかり追って、英語を聞き、話しているのだと思います。

まずは見ながらでも、このように英文が捉えられるようになってくると、英文をすぐに覚えられるようになるし、構造が少々複雑であっても、確信を持って、正しく理解できる英語力が次第についてきます。

例文１ <構文分析>の実況中継

1 構文の分析

I thank everyone for the great effort on this project.

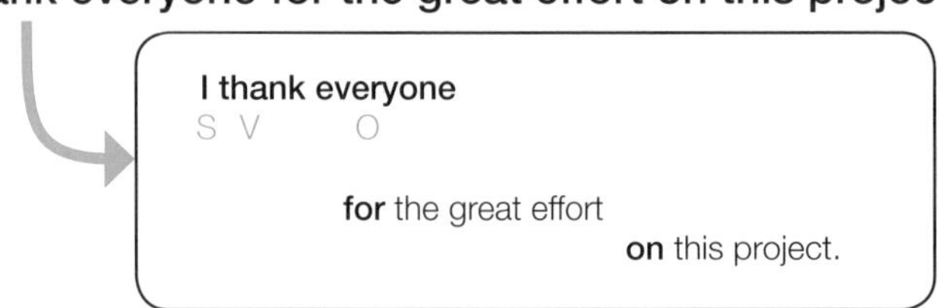
I thank everyone
S V O
for the great effort
on this project.

では、ここからは<構文分析>の模擬体験をしてみましょう。最初の文、I thank everyone for the great effort on this project. の文は、敬子さんと私とでやってみますが、その後の２文は、みなさんでやっていただきますよ。

まずは、1 回英文を読んで意味を確認しておきます。敬子さんお願いします。

I thank everyone for the great effort on this project.「このプロジェクトでの多大な努力に対し、みなさんに感謝します」こんな意味ですね。

次に、構造を分析してみます。敬子さんお願いします。

まず、「船」を見抜きますね。主語が I（私）ときて、述語動詞が thank。「私は感謝する」ですね。thank は他動詞だから後ろに目的語を載せるための手が出ていて、何に感謝するかの目的語が everyone（みなさん）で次にくっついてるんだな、と納得。ということで、全体としては、主語＋述語動詞＋目的語の形で I thank everyone だな。文はこれで完璧だから、これで船が完成。ここで文が終わってもいいはずだけど、この文はさらに後ろに足されているぞ、と考えて、フックを期待しながら次に移ります。

まずフックの for が来て、それが名詞句の the great effort を引っ張ってきてて、for the great effort（あなたの大きな努力に対して）となってる。これが、さっきの船の「あなたに感謝する」にフックで引っ掛かっているんだな。そういえば、[thank ＋人＋ for 〜] で「〜に関して人に感謝する」という決まった言い方なんだったよなと、イディオムを思い出す人は思い出し、逆に、知らなくても「あれ、これってセットで来るのかもな」と仮説を立てられると最高です。

さて、この for the great effort で文が終わってもよいのだけれど、さらに effort を詳しく説明する句が来ているな。on this project だから、on という前置詞のフックで引っ掛けて、this project という名詞がついているんだな。on は「〜の上」という意味でよく使われるから、ここでは「プロジェクトの上での努力」、つまり「その分野での」的な感じで on が使われてるんだろうな。

ということで、「I thank everyone（みなさんに感謝します）、が船。それにフックがついて、for the great effort（大きな努力に対して）。どこでの努力かというと、on this project（このプロジェクトでの）」ということになるな、と考えます。

2 意味の分析

はい、ご苦労さまでした。これで、<構文分析>は終わりです。
構文を分析した後は、意味の順序を確認しておきます。音の世界でサッと聞き取れる、サッと話せる実戦力につながる形で、文を正確に理解するステップですよ。構造の理解をベースに、情報の出てくる順序を味わっておきましょう。

まずは、I thank everyone なので「みんなに感謝しますよ〜」で、はっきりとまず「感謝するよ」の結論を言っていますね。次が、for the great effort なので、「何に感謝するのか」の詳しい情報として、「すっごい努力に対してだよ」という流れ。さらに、次がon this projectだから、これは何についての努力かを詳しく説明していて、「このプロジェクトに対しての努力にだよ」と足してくれているんですね。ということは、文を見ながら確認してみると、スピーカーは「みんなに感謝してるよ！／（何に対してかというと）すっごい努力にね／（何の努力かというと）このプロジェクトでの」というふうに、典型的な「結＋詳＋詳」の順序で情報をくれていますね。これが英語の意味の出て来る順序なんだな、と味わっておきます。それを分かった上で、「要は、みんながこのプロジェクトをすごく頑張ったことにお礼を言っているんだな」と納得しておきます。

しかし、「みんなに感謝してるよ！／すっごい努力にね／このプロジェクトでの」の順で自然に文が聞けたり、言えたりって、なかなか違和感があって、簡単じゃなさそうですね。

でもこの順序って、日本人も「慌てているとき」に、結構こんなふうに言っちゃったりするときがありますよね。「みんな、ありがとね！頑張ってくれて、今回のプロジェクト！」。これなんですよね。英語の順序って。慌ててるから、まず結論から言っちゃって、慌てて詳しい情報を後づけ。

なるほど、本当ですね。案外、僕たちの感覚の中にもあるのかもしれませんね。「慌てて、結論から！　詳しいことは、後づけ」ですね。「将来はこの順序で英語が口をついて出てくるようになりたいな～」と思いながら、意味分析をしておくのが大事ですね。

最後に、「大きなかたまりで、この順序で、情報が足されるんだ」という感覚で文を理解して、聞いて、話す習慣づけに、下のストレートの英文に、意味の「まとまり」でスラッシュを入れておきましょう。

I thank everyone for the great effort on this project.

そして、スラッシュを入れた「意味のまとまり」ごとに、「ここで結論！感謝してるよ！」、「次に、何に感謝してるかを、努力にね！って言って」、「さらに、このプロジェクトでのね！で詳しい情報を足す」といったように、納得しておきます。

I thank everyone / for the great effort / on this project.
感謝するよ、みんな / すごい努力にね / このプロジェクトでのさ
結！ 詳 詳

さ、ここまでで＜構文分析＞が終わりました。ステップを整理しますね。

＜構文分析＞

1 構文を分析する

1．1回読んで、文と意味を確認
2．「船＋フック＋フック」の視点から、構文に納得

2 意味を分析する

3．「意味のまとまり」でスラッシュを入れる
4．「結＋詳＋詳」をヒントに、意味の出る順序に納得

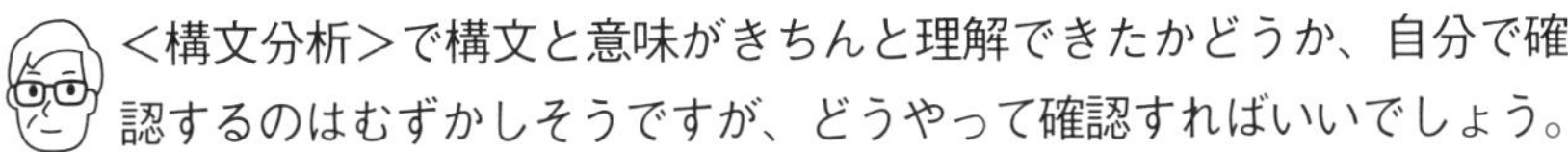

＜構文分析＞で構文と意味がきちんと理解できたかどうか、自分で確認するのはむずかしそうですが、どうやって確認すればいいでしょう。

そうですね。多くの学習者は確認の仕方が分からないようですね。意味が分かったのでそれでいいだろうと思ってしまうことが多いと思います。文の構造と、意味の出てくる順序に納得できているかどうか確認するのに、K/H システムでは＜構文チャレンジ＞という作業をやってもらっています。自分に対して、「この文の構造と意味の順序を本当に理解しているか？」と問う（チャレンジする・挑戦する）わけです。

どうすればいいのですか？

まず、ステップ①では、構造の特徴である「船＋フック＋フック」の視点で構文を意識しながら英文を読みます。次に、ステップ②では意味の特徴である「結＋詳＋詳」の視点で意味を意識しながらもう一度英文を読んで、意味を頭に刻みつけます。

ステップ③はテキストを見ずに、理解した英文の意味を日本語で言います。それができたら、次は、その日本語の意味を英語で言うべく、「船＋フック名詞」の作りを意識しながら、自分で英文を組み立てて言ってみます。きちんと構文分析ができていると驚くほど正確に、意味も英文も言えるものなのです。

＜構文チャレンジ＞

まず、英文を見ながら、ゆっくりでいいので、後戻りせずに、

ステップ①　構文（「船＋フック＋フック」）を意識して、英文を読む

ステップ②　意味と順序（「結＋詳＋詳」）を味わって、英文を読む

今度は、顔をあげて（英文を見ずに）

ステップ③　理解した意味を「日本語」で言ってみる

ステップ④　文の構造と意味の順序を手掛かりに、「英語」に戻す

では、敬子さん、具体的にやってみてもらえますか？　お願いします。

ステップ①　構文を意識して、構文分析をしている感覚で英文を読む

はい、まずは、「船＋フック名詞」の視点で構文を分析しながら英文を読みます。I thank everyone / for the great effort on this project.

ステップ②　意味と、意味の出て来る順序を味わいながら英文を読む

次は、「結＋詳＋詳」の視点で、意味と情報の順序を味わいながら、英文を読みます。

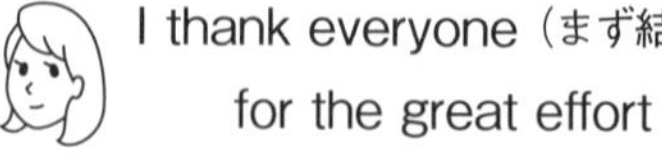

I thank everyone（まず結論で、みんなに感謝してるよ、OK!）

for the great effort（何にかっていうと、努力に対してね）

on this project.（何のかっていうと、このプロジェクトでのね）

なるほどね。

ステップ③ 顔をあげて、「日本語」で意味を言ってみる

次は、顔をあげて、読んだ英語の意味が分かっているか確認しましょう。ここからは、英文は見ないこと（もし、見ないとできないようであれば、再度、＜構文分析＞のステップに戻ってやり直しですよ）。では、理解した内容をまずは日本語で言ってみますね。「このプロジェクトについてのみなさんの大きな努力に対して、私は感謝します」。

もちろん、「私はみなさんに感謝します。その大きな努力に対して、このプロジェクトでのね」のように、英語的に情報の出てくる順序で言ってもOKですよね。実は個人的には、この英語的な順序で言う方が、英語の順序感覚が養われるのと、英語にも戻しやすいので、好きなんですよね。特に、初期の学習にはお勧めだと思います。慣れてきたら、どちらの順序でも構いません。

私も、そう思いますね。それから、「メッセージを理解する」という意味では、自分に最もなじんだ、よそ行きでない言葉で理解しておいた方がメッセージが腹に落ちますよね。関西出身の人なら、自分の感覚になじみやすい関西弁を使って意味を味わうとすると、「みんなに感謝してる、すごい努力してくれたん、このプロジェクトで」という感じでしょうか。

なるほどね。私なら、江戸っ子だから「べらんめえ調」になっちゃいますね。さて、自分の言葉で意味がきちんと言えたら、次が最後の仕上げのハイライトです。次の作業ができれば＜構文チャレンジ＞は成功で、「構文分析ができていた」と確認できたことになります。

ステップ④ 文の構造と意味の順序を手掛かりに、「英語」に戻す

すでに頭に焼きつけてあるメッセージ、「私はみなさんに感謝します、このプロジェクトで努力してくれたことについて」を、主語は？　述語動詞は？というように自問自答しながら、英語で作っていきます。では、

顔をあげて英文は見ずに、文法ルールに従って、自分で文を組み立てていっている気持ちで、英文を言ってみてください。敬子さん、お願いします。

はい、やってみます。「主語」はIで、「述語動詞」がthank、他動詞だから目的語が来てeveryone。これで船（文）完成、"I thank everyone"。次に感謝している内容が来るから、まずは、forでフックをつけて、the great effort。さらに、the great effortを説明して、フックのonでthis project。もう1回やると、I thank everyone for the great effort on this project.

みなさんも、同じ意識でやってみましょうか。
どうぞ。まずは、主語は？　述語動詞は？　目的語は？

はい、ここで　I thank everyoneと文が完成しましたね。次は、フックで「大きな努力」と情報を足します。どうぞ。どの分野でのeffortかというと？

はい、よくできました。仕上げに、構文意識は持って、同時に「結＋詳＋詳」も意識して、全文を2回ほど言ってみましょう。みなさんで、はいどうぞ。

そうですね。確認すると、
I thank everyone / for the great effort / on this project.

はい、これで＜構文分析＞ができていたかを確認する＜構文チャレンジ＞のステップは終了です。もし、英文が正しく作れなかったら、はじめの構文分析からやり直す必要がありますが、みなさんならたぶん大丈夫だったでしょう。最後に、スピーキング力をあげたければ、次のステップも入れるといいですよ。ただし、初級者レベルの学習では、必須のステップではありません。

ステップ④プラス　「意味のかたまり」は一息でなめらかに、英語に戻す

これは、＜構文チャレンジ＞が成功した後にやるとよい練習です。初級者レベルでは無理にやらなくてもよい、中上級向けのステップですが、スピーキング力強化につながるよい練習なので紹介しておきます。

意味のかたまりの「ブロック」である、「船」、そして「フック名詞」、「フック名詞」を、それぞれ一息で、なめらかに一気に言います。「かたまり」と「かたまり」の間は、少したっぷりスペースを空けても大丈夫です。焦らずに、次の「かたまり」が一気に言える準備を、この「ポーズ」の間にしておいて、次の「かたまり」を一息で言うようにします。

それから、研修で最近やっているのですが、「かたまり」を一息で言うと同時に、両手の親指と人差し指で囲むようにして長方形を作って、「かたまり」ごとにパシ！と「このかたまりでメッセージこれ！」、「このかたまりでメッセージこれ！」と、体でも意識するようにします。「かたまり」感覚を効果的に強化できるようです。これも必ずやるとよいので、一緒にやってみましょう。

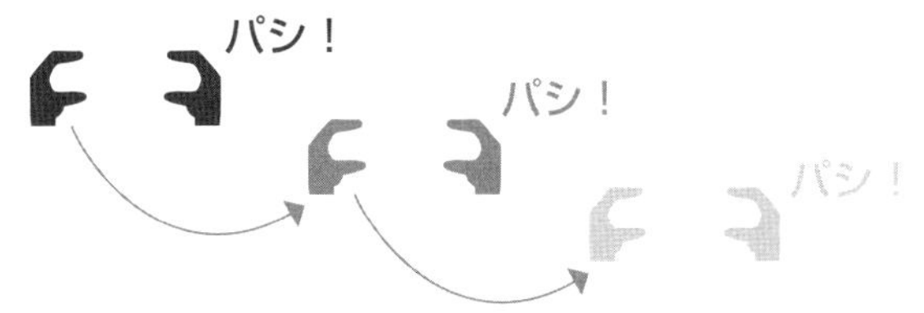

では、国井さん、やってみてください。

はい。 I thank everyone / for the great effort / on this project.

私は、箱３つでしたね。「かたまり」ごとに、少し下におろして、右にずらしながらやりました。立体構文トランスクリプトみたいですね。それから、フックの感じを意識するために、箱を作った後に、右手の人差し指で引っ掛けるジェスチャーを軽くしてから、次の箱を作りました。これって、手で箱

を作って、列車の車両をつなげていってるイメージですよね。手で作るそれぞれの車両の位置が少しずつ右下にずれて立体的になってはいますけど、それぞれの車両が意味の「かたまり」で、それがつながって列車全体で一つの文になる感じです。

いい感じですね。では、またやってみましょう。構文を意識しながらも、「かたまり」で情報を足していっている感じです。「かたまり」は一息で言うようにして、「かたまり」と次の「かたまり」の間では少々「ポーズ」をとっても大丈夫ですから、落ち着いてやってみましょう。ネイティブも、かたまりの間は次に何を言うかを一瞬、考えている「間」があったりして、その方が自然なくらいです。では、2回繰り返して話してみてください。まずは、国井さんがやって、その後で、みなさんがやってみてください。

I thank everyone / for the great effort / on this project.

はい、以上が＜構文分析＞と、その確認作業の＜構文チャレンジ＞でした。

例文2 ＜構文分析＞の実況中継

1 構文の分析

I need the estimate from you before I discuss the plan with Japan.

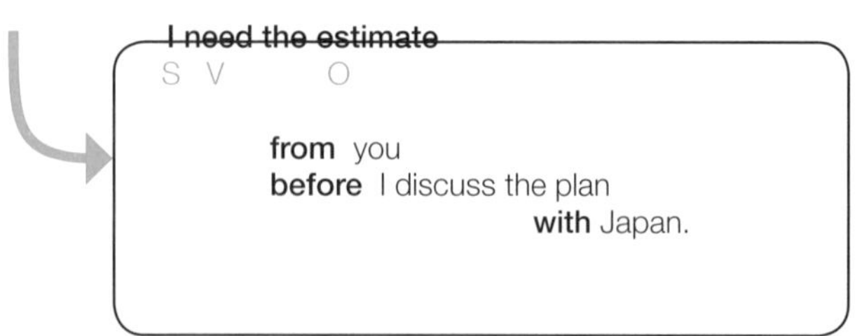
I need the estimate
S V O
from you
before I discuss the plan
with Japan.

では、二つ目の例文で＜構文分析＞の実践練習をして慣れましょう。まずは、英文を一度読んで、ざっと意味を確認しておいてくださいね。これは、まず当然やっておきます。その上で、構文の分析に入ります。

まずは、「船＋フック名詞」の船を確認しますよね。
主語が？ I で、述語動詞が？ need、これは他動詞だから？ 目的語が the estimate。意味は「私は、見積もりを必要としている」で、I need the estimate. これで文は完成。

次は、「船＋フック名詞」の「フック名詞」を分析しますね。
船の後ろに名詞をつけるなら前置詞がいるから、from you（あなたから）。これで、I need the estimate from you（私は見積もりを必要としている、あなたからね）。さらに、「フック＋節（文）」が来て、before I discuss the plan with Japan（プランについて日本と話す前に）。あっ、discuss は他動詞なんですね、そのまま後ろに目的語が来ていますね。そこでフックの後ろの文が完成して、後ろにまた「フック名詞」が with Japan で来てますね。

2 意味の分析

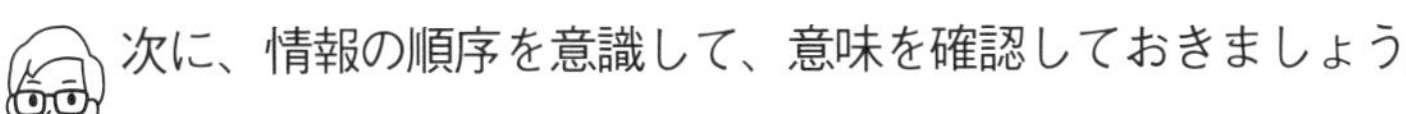

次に、情報の順序を意識して、意味を確認しておきましょう。

まずは、I need the estimate なので「私は見積もりが必要だ」で、はっきりとまず「必要なんだ」の結論を言っていますね。次が from you で、「誰からか」の詳しい情報で、「君からね」、という流れ。さらに、次が before I discuss the plan だから、これは「いつ必要なのか」の詳しい情報を文で足していて、「プランを話す前にね」。そこに、with Japan で「話すって、誰とか」という詳しい情報を「日本とね」と足してくれたんですね。ということは、文を見ながら確認してみると、スピーカーは「見積もりが必要だな！／（誰からかというと）君からね／（いつかというと）プランを話す前にね／（誰とかというと）日本とさ」というふうに「結＋詳＋詳」の順序で来ていますね。

ちなみに、意味の「まとまり」としては、「I need ＋もの＋ from you」で「ちょうだいね」という決まった表現なんで、これを知っていて、これが「ひとかたまり」と理解した方が情報のまとまりが見えやすいなら、それでもいいですよ。後半の I discuss the plan with Japan も同様に、discuss the plan とくれば、もう当然、「誰と」の情報が来るのが見えているから、セットで「かたまり」と思った方が情報のまとまりがなじむと思えば、それで捉えてもいいですよ。

そうですね、構文がしっかりと分かっている前提でですが、意味のまとまりで文にスラッシュを入れるとすると、人によって、多少違いはあってもよさそうですね。では、下の二つのどちらでもいいので、情報の順序を味わっておきましょう。これで、＜構文分析＞終了です。

I need the estimate / from you / before I discuss the plan / with Japan.
見積もりがいるからね ／ 君から ／ プランについて話す前にさ ／ 日本と。
結！ 詳 詳 詳

I need the estimate from you / before I discuss the plan with Japan.
見積もりいるからね（ちょうだいね）／ プランについて日本と話す前にさ。
結！ 詳

例文2 ＜構文チャレンジ＞の実況中継

ステップ①

それでは、＜構文チャレンジ＞で確認してみましょう。
まず、「船＋フック名詞」を意識して英文を読んで、文の構造を頭に焼きつけます。先ほどやったように手で箱を作りながら、体も使って構造を確認していくのもいいですよ。どうぞ。

I need the estimate / from you before I discuss the plan with Japan.

ステップ②

次に、意味の順序を意識して英文を読みます。どうぞ。

I need the estimate from you（まず結論で、見積もりちょうだいね、OK）/ before I discuss the plan（いつかというと、計画について話す前にね）/ with Japan.（って誰とかというと、日本と）
なるほど。

ステップ③

では、ここから顔をあげて。まず、日本語で意味を確認します。

「見積もりがいるからね、プランの話をする前に、日本と」大阪弁なら、「見積もりくれなあかんわ、プラン話す前に、日本と」

ステップ④

これを、文を見ずに英語にするんでしたね。まずは構文を意識して。

I need the estimate / from you
before I discuss the plan / with Japan.

最後に、構文と同時に「結＋詳＋詳」も意識して、文を作ってください。これで＜構文分析＞の確認作業は終了です。

I need the estimate / from you /
before I discuss the plan / with Japan.

ステップ④プラス

おまけで、仕上げに、「かたまり」は一息で。2回どうぞ。

I need the estimate / from you /
before I discuss the plan / with Japan.
もう少しメッセージの「かたまり」を大きくして二つにしてみますね。

I need the estimate from you /

before I discuss the plan with Japan.

例文3 ＜構文分析＞に挑戦！

それでは、最後の文です。

We will discuss the issue with John when he returns from Japan.

今度は30秒ぐらいで、みなさんご自身で＜構文分析＞してみてください。その後で、きちんとできているかどうかの確認として、＜構文チャレンジ＞を一緒にやってみましょう。

では、30秒間の＜構文分析＞です。どうぞ。

はい、30秒です。できましたか？　こんな感じに分析できましたか？

We will discuss the issue　（問題を話し合おう）
S　V　O
with John　（John とね）
when he returns　（John が戻ったときにさ）
from Japan　（日本からね）

例文3 ＜構文チャレンジ＞に挑戦！

では、＜構文分析＞ができたかどうかの確認ステップですね。

まず、構文を意識して英文を読むんでしたね。ゆっくりでいいですから、自分が納得できるスピードで、しっかり構造を確認しながら。まず、みなさん、それから敬子さん、どうぞ。

We will discuss the issue / with John when he returns from Japan.

次は、「結＋詳＋詳」で、意味の順序を意識して読むんでしたね。

まず、みなさん、それから敬子さん、どうぞ、読んでください。

We will discuss the issue（まず結論で、問題を話そう、OK!）/ with John（誰とかっていうと、ジョンとね）/ when he returns（いつかっていうと、彼が戻ったらね）/ from Japan.（どこから、日本から）

さて、ここからは、顔をあげるんでしたね。顔をあげて、英文を見ずに日本語で意味を確認。みなさん、それから敬子さん、どうぞ。

「問題を話しましょう、ジョンと、彼が戻ってきたらね、日本から」。大阪弁なら、「この問題話そうや、ジョンと、あいつ戻ってきたら、日本から」

最後に、構文を意識して英文を見ずに英語に戻す。みなさん、どうぞ。もう1回、今度は「結＋詳＋詳」も意識して。はい、みなさん、それから敬子さん、どうぞ。

We will discuss the issue with John / when he returns from Japan.

これで、確認OKです。
最後におまけで、「かたまり」は一息で、スピード感を持って英語に戻して仕上げてみましょう。手も使って構造を描きながら、構造に対する意識を強化します。みなさん、どうぞ。

We will discuss the issue with John / when he returns from Japan.

はい、お疲れさまでした。以上が、「英語の感覚」を身につける実践学習の第1ステップである＜構文分析＞と＜構文チャレンジ＞のやり方でした。少しはステップにもなじんで、感覚もつかめたでしょうか。

この大事なステップの正しいやり方が分かったところで、次の章から「英語の感覚」を作り込むための具体的な教材を使った学習法に入りましょう。

まとめ：<構文分析>→<構文チャレンジ>のステップ

<構文分析>

1 「船＋フック＋フック」をヒントに、構文を分析

コツ　手を使って文の構造を立体的に描きながらやるとよい

2 「結＋詳＋詳」をヒントに、意味の出る順序を味わう

コツ　1．意味の「まとまり」でスラッシュを入れておく
　　　2．自分のよく使う普段の言葉に砕いて、意味を理解しておく
　　　3．文頭から意味をつかむ下地を作るつもりで

<構文チャレンジ>

まず、英文を見ながら、ゆっくりでいいので、繰り返しをせずに、

ステップ①　構文（「船＋フック＋フック」）を意識して、英文を読む

ステップ②　意味の順序（「結＋詳＋詳」）を味わって、英文を読む

コツ　1．はじめて読む英文のつもりで読む
　　　2．意味を頭に刻みつけながら、次の意味の「かたまり」に進む

今度は、顔をあげて（英文を見ずに）

ステップ③　理解した意味を「日本語」で言ってみる

コツ　1．英語の情報の順序でやると、英語の感覚が身につく
　　　2．「訳す」と思わず、自分の普段の言葉で理解した内容を言ってみる

ステップ④　文の構造と意味の順序を手掛かりに、「英語」に戻す

コツ　1．意味の出てくる順序を思い出しながら、構文を意識して話す
　　　2．もとの英文か、それに近い英文ができたら合格！
　　　　（構造が分かっていれば、忘れた単語は日本語のまま置いて OK）
　　　3．ステップ③・④で正確に言えない場合は、＜構文分析＞に戻る

Part 3

HOW：
いかに身につけるか

第5章：「英語の感覚」を
作り込む実践練習の準備

第6章：
「英語の感覚」を
作り込む実践練習

1 実践練習の全体像

1　本書の教材（1 分強）– プレゼンテーション導入部分

やっと本書で使う学習教材の紹介ができるところまで来ました。長かったですよね。道のりは長かったんですが、これで、これからの作業に必要な理解の土台をしっかり作れたと思います。この土台があれば、これから体験する学習法も、目的意識を外さずに自分の力や得意不得意に合わせた工夫を加えながら、柔軟に応用してもらえると思います。それでは、これから学ぶ K/H システムの導入教材を紹介しましょう。

本書では、K/H システムの導入教材を使って、その学習法を体験してもらいますが、実は、どんな教材を使っても構わないのです。教材の内容よりも、どのように学習するかを体験してもらうのがポイントです。とはいっても、学習効率のよい教材の方が好ましいので、今回は、数ある K/H システムの教材の中から、みなさんのレベルで少し頑張ればすぐにできそうで、かつ自分で使う場面もイメージしやすい教材を一つ選びました。むずかしすぎて学習効果があがらない「パニック・ゾーン」に入ることなく、落ち着いて学習できると思います。

*「パニック・ゾーン」については、「コラム #4」（p. 116）を参照

教材は、英語のプレゼンテーションの導入部分で、約 1 分強です。ご自分の英語力やニーズに合わせて選べるように、少しスピードの速いバージョンも、本書の音声の最後に入れてあります。この教材を使って 4 時間程度学習していただければ、一通り K/H システムの学習サイクルを通れるようにしてあります。一緒にサイクルを通ることで、K/H システム学習法のだいたいのやり方と考え方は分かっていただけると思います。

この教材は、プレゼンの冒頭の Thank you, John, for your kind introduction. からはじまって、Please also feel free to ask questions anytime during my presentation. で終わる 9 つの文からなっています。プレゼンのボディー（本論）がはじまる直前までの、イントロ部分の英語が学

べます。このセクションの終わりに、教材の英文全文と教材内容のまとめを掲載してあります。ただし、教材の英文については、この後一緒に学習していきますから、今の時点でよく分からなくてもご安心を。

ということは、この教材の英語を学んでしまえば、少なくともイントロ部分は、自然な英語でプレゼンをできるようになりますかね？

そう単純にはいかないですけどね。話す目的も主題もプレゼンによって違いますから。ただし、そこで使われている表現を利用することはできますよね。「構文パターン」も利用できますし、「話の流れ」そのものも、そのまま使えます。たとえば、まずは「司会者に紹介してくれたお礼」をいって、次に「主催者に準備してくれたお礼」をいって、最後に「聴衆に来てくれたお礼」をいうという話の流れは、英語圏では常識的なパターンですから、そこに使われている表現とともに、そういう「話の流れ」のパターンも覚えておけば、自分でプレゼンするときに使えますよね。

プレゼンすることが多い方々には便利そうですね。

ただし、それはあくまでも付加的なメリットですよね。ここで学びたいのは、「英語の感覚」を作り込む方法ですからね。

そうでしたね。でも、「たった９つの文から何が学べるのかな？」と疑問を持つ人もいると思うのですが。

確かに、数としてはたったの９文ですよね。でも、実戦的な英語力に必要な要素を、効率よく学習できるように工夫してあります。まず、重要な文法の要素が、負荷が高すぎない形で組み込まれています。一文ずつ＜構文分析＞していく中で、文法的に不安な部分が体系的に見つけられるようになっています。

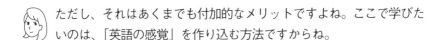

英文法は一朝一夕で身につけられるものでないとはいえ、基本的な項目について、分かっているもの、いないものが把握できれば、効率のよい対策が立てられますよね。本書は文法解説が趣旨ではないので、すべてはカバーできませんが、紙面の許す限りで重要項目については適宜、簡単な解説をしています（付録の「文法解説」も参照）。ぜひそれらを参考に、市販の分かりやすい参考書もひも解いて、ご自分の余力に合わせて、興味を持って少しずつ文法理解のすそ野を広げていくきっかけにしてください。

次に、たった9つの文からも、英語の構造の特徴「船＋フック（名詞）＋フック（名詞）」と、そこから生じる、英語の意味の出てくる順序の特徴「結＋詳＋詳」を、意識的に感覚に入れていく学習がスタートできます。これが、音だけが頼りの実戦で、リアルタイムに正確に英語を処理できる「基盤力」になるんでしたね。この「英語の基盤力」のもう一つの柱が、「英語の音とリズムの感覚」でした。これも、9文とはいえ、意識的に学習すればかなりコツがつかめます。この分野についても、ステップ・バイ・ステップで練習のやり方を説明しています。

K/H システムの学習法とは、まず何よりもこうした「英語的な感覚」を身につけるための「OS 変換の学習」でしたね。右の図の灰色のところです。本書では、こうした目的の学習を助ける練習用トラックも用意しています。

というわけで、9つのセンテンスを使って、「英語の感覚ってこんな感じなんだ」、「こういう意識で練習すれば力がついていきそうだ」と一度感じてもらえれば、みなさんの今後の学習に役立ててもらえるのではないかと考え、この教材を作りました。

英文だけを見ると、TOEIC®L&R テスト（以下 TOEIC）600 点以上の方々には一見簡単そうに思えるかもしれませんが、実はそうでもありません。「身につけるべきもの」をしっかり意識した練習をすることが重要です。その単語、その文だけを身につけるのが目的でなく、「英語の特徴」「英語の感覚」を身につけようとしていることを忘れないように学習してください。その意識さえあれば TOEIC900 点台の人でも、適度な学習負荷のかかる「ラーニング・ゾーン」に入る学習ができ、成果も感じられます。K/H システムのやり方を一度は体験しておくことで、これからの学習方法に厚みが出ますので、簡単な教材でも、その意識で一度学習しておくと、必ずプラスになるはずです。

TOEIC500 点前後の方々のために、ニュアンスも含めて語句解説を丁寧に作ってありますから、単語を調べる手間や時間が節約できます。その分、「英語の感覚」を身につける練習に時間をかけられます。

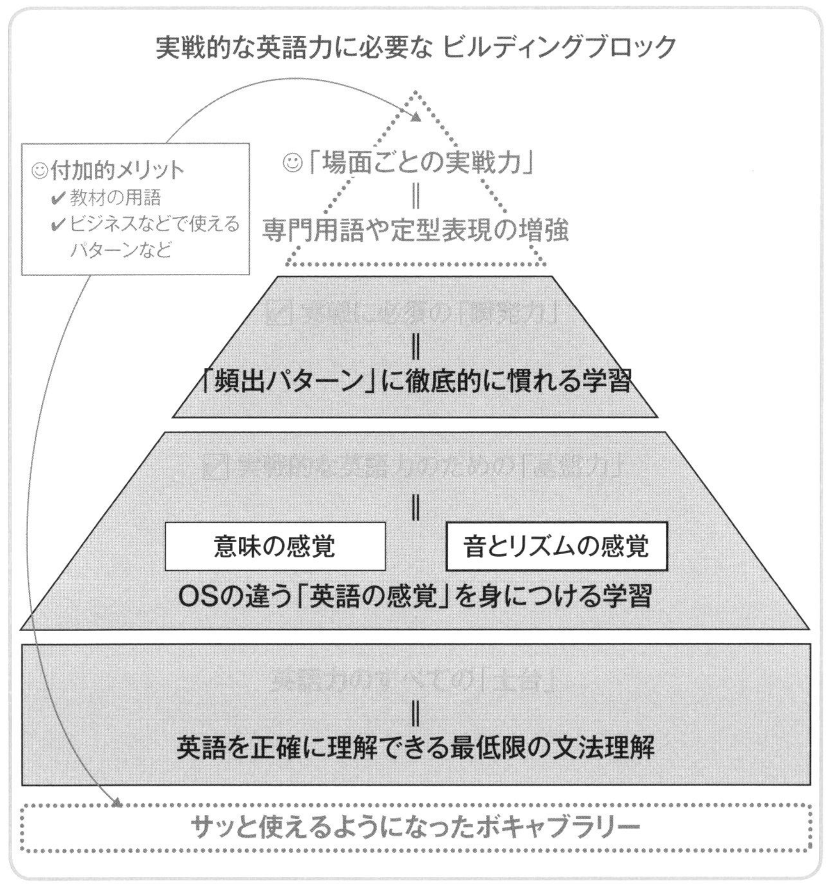

教材の英語（プレゼンテーションの導入部分）

Thank you, John, for your kind introduction.
Good morning, everyone.
First of all, thank you for taking time out of your busy schedule to come to this meeting.
I would also like to thank John and his staff for all the preparation for this event.

I am very happy to have this opportunity to talk to you today.
In my presentation, I am going to give you an overview of the new ordering system which will be implemented next year.
The purpose of my presentation is to show you the great benefits and the exciting new possibilities that we will have with this system.

I will try to make my presentation short, so that we can have a lot of time left for the Q and A session.
Please also feel free to ask questions anytime during my presentation.

注）ネイティブスピーカーが、会話の中で自然に行う英語の「短縮」により、8行目のIn my presentation, I am going to ... は、In my presentation, I'm going to ... に、13行目のI will try to make ... は、I'll try to make ... と発音していますが、この本では「短縮」しない形で記載しています。

本書の学習教材の内容

目的：K/H システムの学習サイクルと学習の視点を理解する
題材：プレゼンテーションの導入部分（イントロ）
長さ：1 分 10 秒前後（スロー・スピード）
（ナチュラル・スピードは 1 分弱）
所要学習時間：4時間（目安）— TOEIC®L&R テスト 500 点前後の人の場合
文の構成：9 つの文
短い文（10 ワード以下）2 文
やや長い文（11 ワード～ 20 ワード）4 文
長い文（21 ワード以上）3 文
文法の構成：文の構造を形作る基本的文法を網羅
船部分　・自動詞系（S+V、S+V+C）
・他動詞系（S+V+O、S+V+O+O）
・ハイブリッド系（S+V+O+C）
フック部分・前置詞と接続詞
・to 不定詞
・動詞 -ing（動名詞、現在分詞）と -ed（過去分詞）
・関係代名詞
身につく「英語の感覚」：
発音・リズム：スタンダードなアメリカ英語のリズム感と発音
基本的な文の作り：「船＋フック（名詞）＋フック（名詞）」と「名詞＋修飾節パターン」
意味の順序：「結＋詳＋詳」と「概＋詳細」
ビジネス・テンプレート：プレゼンテーションの導入部分
・お礼をする対象と順序＆その表現
・プレゼンの趣旨と目的を説明＆その表現
・質疑応答のやり方を前もって説明＆その表現

2　本教材を使った学習サイクル

それでは、教材を使った「学習サイクル」を説明します。

☑ 学習サイクル

ステップ①　各文の**＜構文分析＞**と**＜構文チャレンジ＞**

ステップ②　意味——音だけで**文頭から意味を理解**する意識で聞き込む

ステップ③　音——英語の**「音とリズム」の特徴**を意識した**シャドーイング**

ステップ④　**「英語戻し」**

簡単にいえば、教材ごとに「この４つの学習ステップを繰り返す」のが学習の手順です。その心は、まず、ステップ①で英文の「知的理解」をしておいて、あとは、ステップ②と③で「感覚に刷り込むための繰り返し練習」をする、という点にあります。その練習を終えたら、同じ教材を利用して、ステップ④でスピーキング力強化練習までしてしまおうという意図です。

この学習法の究極の目的は、まずは「英語の感覚」を身につけることですから、その意識をしっかりと持って、この学習ステップで学んでください。万が一、①〜④のすべてを行うのがむずかしい場合は、①と③の二つのステップをきちんとサイクルとして回していけば、英語力はあがってきます。①と③は絶対に外せない学習ステップだと考えてください。

そうですね。ただ、①と③に絞るのは、あくまでも、忙しくてすべてのステップを行うのがむずかしい場合のみと考えてくださいね。特に、英語力の基盤がしっかりしている中上級者（TOEIC®L&R テスト 700 点以上）だと、②と④もやって、①〜④のすべての学習ステップでサイクルを回した方が、ご自分でこれまでやってこられた学習と違う効果が本当に感じられると思います。では、学習サイクルをもう少し詳しく説明しますね。

✔ 土台作り

1. <構文分析><構文チャレンジ> 目安：45～90分

各文の<構文分析>と、その仕上げを確認する<構文チャレンジ>をするこのステップは、「英語の感覚」を身につける実践学習のための必須の準備作業でしたね。そのために、第5章で丁寧にやり方をたどりました。この二つの作業に、今度は独力で挑戦してもらいます。文法・構文、意味の解説などが見られるワークシートを使います。少しむずかしい文については、音声に詳しい実況解説が入っています。

✔ 実戦的な英語力のための「基盤力」

2. 英文の 意味の感覚

✔ 音だけで、文頭から意味をつかむ力 目安：20～40分

ここからが、音だけが頼りの実戦で、意味を瞬時に理解するための「基盤力」を作り込んでいく、OS変換の練習ステップです。まずは「意味の感覚」を作り込む練習をします。具体的には、音を聞きながら構文を正確に追う意識で聞き込む練習と、「結＋詳＋詳」を意識して文頭から意味をつかんでいく意識で聞き込む練習をします。

✔「イメージ」をしっかり残す練習 目安：20～40分

さらに、聞き取った意味を頭にしっかりと残せるようになるための練習をします。

3. 英語の 音とリズムの感覚 目安：60～90分

次は音の側面のOS変換の練習です。第4章で学んだ英語の「音とリズムの特徴」を意識して、英語独特の「強弱のリズムと音の変化」の感覚を自分の中に作り込んできます。音読、リテンション、シャドーイングなどの練習ツールを実践的に体験します。

✔アウトプットにつなげる

4.「英語戻し」

目安：30～60分

最後に、意味と音の両面で強化してきた「英語の感覚」を、スピーキング力に生かす作業、「英語戻し」で仕上げます。これは、一文ずつ意味を思い出しながら、英語的な情報の順序「結＋詳＋詳」を道しるべに、英語の構造の特徴である「船＋フック＋フック」を意識して、自分で英文を作ってみる作業です。話の流れだけを書いたメモを用意しておいて、後は「結＋詳＋詳」と「船＋フック＋フック」を意識して文を作りながら話す、プレゼンにすぐ応用できる練習も体験しましょう。

今までの研修の経験からいっても、ステップをきちんと踏んで学習すれば、「英語戻し」までそんなに苦労せずにできますよ。

TOEIC[®]L&Rテスト500点前後の人でも大丈夫なんですよね。私たちもびっくりするんですが、言葉って、その仕組みと意味をきちんと本人が理解していると、ちゃんと身につくんですね。だからこそ、K/Hシステムの英語研修で強調してきたのが、アウトプットの練習をする前に、必ず＜構文分析＞と＜構文チャレンジ＞をすることなんです。この重要性は、常に口がすっぱくなるほど繰り返しています。シャドーイング（英語を聞きながら、自分でその英語を口に出してついていく）をする際も、K/Hシステム研修では＜構文分析＞と＜構文チャレンジ＞が必須の準備作業になっています。研修の参加者で「英語戻し」ができない人たちは、ほとんど例外なくここを飛ばしてしまっています。

「そりゃ、これだけ同じ教材で作業をやり込めば、英文を覚えちゃうからできるだろうけど、たった9文の教材を覚えたって意味あるのかな」と、逆にこんな疑問をもつ学習者の方がいるかもしれないですね。

それもよくある疑問ですね。確認しておくと、＜構文分析＞と＜構文チャレンジ＞をしっかりやって、その上で音とリズムが100パーセント正確になるまでシャドーイングを繰り返せば、確かに、英文は自然と覚えてしまいます。重要なのは、「英語戻し」のときに、覚えてしまっているものをつるつると出すのではなく、意識的に「英語の感覚」を身につけようとして、「結＋詳＋詳」や「船＋フック＋フック」の法則を味わいながら、「自分で英文を作っている感覚」ですることなんです。その学習意識さえあれば、学習効果はあがります。

そうですね。ステップ④に限らず、すべてのステップで重要なのは、何も考えない「繰り返し作業」、何も考えない「丸暗記」、何も考えない記憶頼りの「アウトプット」に絶対にならないように！　ということ。そのために、常に、絶対に、意識したいことは：

- ✓ **「船＋フック＋フック」「結＋詳＋詳」「英語の音とリズムの特徴」を、自分の中に作り込むためにやっていることを、常に、絶対忘れない！**
- ✓ **毎回、「はじめて見る英語」、「はじめて聞く英語」のつもりで作業をする！**
- ✓ **毎回、実戦で、外国人を目の前にしているつもりで練習する！**

<構文分析>と<構文チャレンジ>の正しい視点とやり方は、第５章で説明しました。それを実践できれば、本書で説明する英語学習法を半分以上マスターしたといっていいぐらいです。

第５章で一緒に学んだことを土台としてしっかり意識して、この後の教材を使った実践練習にチャレンジしてください。次のページに、学習サイクルをまとめています。詳しい内容ややり方については、実際の作業の中で説明しますので、安心して全体像を見ておいてください。

教材を使った学習サイクル

✔ 土台作り

ステップ①　各文の<構文分析>と<構文チャレンジ>

第６章２（p. 123）

作業用ワークシートを使って、自分で実践練習の下準備をします。

1. 「船＋フック＋フック」で構文を分析
2. 「結＋詳＋詳」で意味と情報の順序を分析
3. <構文チャレンジ>で仕上がりを確認

✔ 実戦的な英語力のための「基盤力」

意味の感覚

ステップ②　音だけで文頭から意味を理解する聞き込み

✔ 文頭から意味を正確に追う力をつける　第６章 3-2（p. 160）

構文を追いつつ、「結＋詳＋詳」を意識して、「大きな意味のかたまり」ごとに文頭から意味を理解していく感覚をつけていきます。

・構文意識の聞き込み
・「結＋詳＋詳」意識の聞き込み

補助輪ステップ　スラッシュ・リーディング

✔ 意味を頭に残し、納得する感覚をつける　第６章 3-3（p. 184）

さらに、日本語とまったく違う順序で聞き取った情報を、頭にしっかりと理解（イメージ）として残せるようになるための練習をします。

補助輪ステップ　文の最後で、「なるほどね」で保存！
補助輪ステップ　手でイメージ化を手伝う
補助輪ステップ　同時通訳‘風’作業

音の感覚

ステップ③ 「音とリズム」に忠実な 100%シャドーイング

第６章４（p. 199）

音が弱く、曖昧になって、つながってしまう、「弱」が基調の英語独特の「強弱のリズムと音の変化」の感覚を、自分の中に作り込んで、実戦で正確に聞き取れる耳を作っていきます。

・シャドーイング

補助輪ステップ 音読

補助輪ステップ リテンション

アウトプットにつなげる

ステップ④ 「英語戻し」

第６章５（p. 233）

伝える意味にフォーカスして、「結＋詳＋詳」の情報の順序を道しるべに、「船＋フック＋フック」の構造をしっかり意識して、自分で英文を作る感覚を作っていきます。

補助輪ステップ 論旨のメモを見ながらの英語戻し

コラム#4 学習ゾーン

「Comfort Zone」、「Learning Zone」、「Panic Zone」

「Comfort Zone」、「Learning Zone」、「Panic Zone」という考え方を聞いたことがありますか？ 学習の視点として大変重要なので覚えておきましょう。

「コンフォート・ゾーン（Comfort Zone）」とは、教材や練習が簡単すぎて、すでに持っている力で楽にこなせてしまう状態をいいます。この状態で学習しても、スキルの強化につながりません。

「ラーニング・ゾーン（Learning Zone）」とは、教材や練習方法は少し負荷が高いが、一生懸命頑張ればどうにかなるレベルです。このゾーンが、一番学習成果があがります。

「パニック・ゾーン（Panic Zone）」とは、要求されるレベルが高すぎるゾーンです。そのゾーンで練習しても、パニック状態になり、学びにつながりません。

学習者が「パニック・ゾーン」に入ってしまうと、いくら学習をしてもあまり身につきません。何を学ぶのかの意識を持って、それに集中するだけの余裕がなくなってしまうからです。とにかく焦っている、または諦めている状態です。たとえば、ある教材を選んで学習するときに、知らない語彙がたくさんあり、文の構造も分からず、スピードも速ければ、その教材で練習をしようにも、焦ってしまって何も身につきません。ましてや、諦めの境地になってしまうと、何も引っ掛かってきません。

この場合の対策としては、自分に適した教材を選ぶということはもちろんですが、しっかりした下準備をすることで「ラーニング・ゾーン」に持って来られることが多いです。前もってじっくりと「単語の意味を調べて、各文の文構造を分析して、構造と意味をきちんと納得しておく」ことです。その下準備作業をしっかりしておくことで、同じ教材でも「ラーニング・ゾーン」で学習ができるようになります。

3　＜構文分析＞作業用ワークシートの使い方

さて、学習サイクルの最初のステップとなる＜構文分析＞で、学習に使っていただく「作業用ワークシート」の説明をしておきましょう。

第３章の「簡単文法レビュー」でも触れましたが、何よりも大事なことなので繰り返しておきますね。英語を身につけるための学習でまずしなければならないのは、学習する英文の構造を文法的にしっかり理解しておくことです。「主語」、「述語動詞」、「目的語」、「句（前置詞＋名詞）」や、主節にくっついている別の文である「節」などの関係を、きちんと理解して、納得しておくことが重要です。これが、「英語の感覚」を作り込む作業のための土台になるのでしたね。

✔ 英語学習で最も重要な下準備

必ず、学習教材の英文を

1. まずは文法的にしっかり理解しておく！
2. その上で、「船＋フック＋フック」で構造に納得しておく！
3. その上で、「結＋詳＋詳」で意味の順序に納得しておく！

これをしっかりやっておくことで、「英語の感覚」を作り込む学習が、上滑りでない、納得感のある学習になり、力の伸びも違ってきます。教材の英語や表現の身につき方も違います。また、こうした＜構文分析＞を繰り返し行う中で、英語の構造に慣れていき、無意識でも正確に英語を読める、聞き取れる、話せる、書けるなど、実戦的なレベルでの文法・構文力がついてきます。

この重要な＜構文分析＞の作業を進めやすくするために用意したのが、「作業用ワークシート」です。１文ごとに見開き２ページで学習ができます。次のページからの解説をよく見て、ワークシートを使って、実践作業のステップ①＜構文分析＞と＜構文チャレンジ＞を、しっかりと行ってください。

見本　作業用ワークシート 左ページ

1. Thank you, John, for your kind introduction.

ジョン、ご親切なご紹介をありがとうございます。

▶立体構文トランスクリプト

L1.　Thank you, John,
　　　V　O

L2.　　for your kind introduction.

立体構文トランスクリプト：
その文の構造「船＋フック＋フック」が確認できます。

▶英語順日本語

L1.　ありがとうございます、ジョンさん

L2.　　（何について？）ご親切なご紹介を

英語順日本語：
英語の意味的特徴「結＋詳＋詳」が確認できます。フック（ここではfor）の意味的な役割が分かるよう、（　）に意味を書いてあります。

構文と意味の順序にしっかり納得できているかな？

☑ 確認用　<構文チャレンジ>

英文を見ながら

□ステップ

□ステップ

□ステップ

れが確実にできてから、ステップ4に進む）

顔をあげて英文を見ずに

□ステップ④　文の構造と意味の順序を手掛かりに、「英語」に戻す！

☑　確認用 <構文チャレンジ>：
<構文チャレンジ>の作業ステップです。ステップに沿って、「構文」「意味」の両面でチャレンジ作業を行い、この文の<構文分析>がしっかりできていることを確認します。

作業用ワークシート 右ページ 見本

☑ 文法項目確認表

単語	品詞		名詞　動詞　形容詞　副詞
構造	船（文型）		SV　SVC　SVO　SVOO　SVOC
	フック	前置詞 接続詞	in on at to of by for with from about during when if before* after* until* unless although so that and but so
	準動詞	to 不定詞 分詞など	名詞的用法　形… 動名詞　現在分…
	節		名詞節 …
ニュアンス	時制		過去形　現在…
	助動詞		can　w…
	仮定法		could　wo…
	冠詞		a / an　the

☑ **文法項目確認表**
理解しておく必要がある文法項目を整理してあります。その文に出てきている文法項目に色がついているので、文法的に正しく理解できているか確認できます。この表の見方と項目については、次ページでさらに詳しく説明してあります。

文法解説

船 Thank you	動詞 thank から文がはじまっていますが、ここは主語 I が省略された形です。thank you はよく使う決まり文句になっ… ても OK と… ただし、I … は間違って…
名詞 Thank you, John	目的語の y… 呼びかけて… しょう。
前置詞 for	for は後ろ… て、「向かいたい対象への方向」を示すイメージです。ここでは、Thank you の後に for 以下で「感謝する内容」を情報として足しています。for のフックの後ろは、名詞句 your kind introduction が足されています。

文法解説
学習する文について、文法的な詳しい解説をしています。また、その文の構文と意味の解説はもちろん、その文に含まれている応用の利く「表現・構文パターン」の解説やコミュニケーションの視点からの解説も織り込んでいます。

☑ 文法項目確認表の詳細項目の見方

一番左側の３つの項目が、文法項目の大きな柱です。その中でもまずは、「単語」と「構造」の分野をしっかり理解しておくことが特に重要です。

単語	品詞	名詞　動詞　形容詞　副詞
構造	船（文型）	SV　SVC　SVO　SVOO　SVOC
	フック　前置詞 接続詞	in　on　at　to　of　by　for　with　from　about　during wh… …that an… …える
	準動詞　to 不定詞 分詞など	…文
	節	…節
ニュアンス	時制	…了形
	助動詞	
	仮定法	could　would　should　might
	冠詞	a / an　the

構造：
文の骨格を作る要素を４つの分野（船・フック・準動詞・節）に分けて整理してあります。文の骨格に関わるものなので、４つの分野のどこかの理解が曖昧なままだと、英語力の基盤の大事なところが不安定なままになってしまいます。理解に不安がある分野がある場合は、必ず確認しておきましょう。

ニュアンス：
文の骨格が決まった後、意味のニュアンスを決める項目です。右にあげてある「時制」、「助動詞」、「仮定法」、「冠詞」の４つの項目を理解しておくと、英語のニュアンスの基本が分かります。「ニュアンス」の分野の中で、特に重要な項目（たとえば「時制」や「仮定法」）は、付録の「文法解説」に簡単な説明がありますので、読んで勉強しておくとよいでしょう。ワークシートの「📖　文法解説」にも追加的な解説がありますので、参考にしてください。

☑ 文法項目確認表の詳細項目の見方

品詞：
品詞の種類（「名詞」、「動詞」など）を具体的にあげています。色がついている品詞（この文の場合は名詞、動詞、形容詞）は、そのワークシートで学習する文に含まれている品詞の種類を示しています。

船（文型）：
「船」の作り方の基本的な考え方は、第3章「簡単文法レビュー」で説明しています。そこではまず、述語動詞（V）が自動詞の場合と他動詞の場合の2種類の船の作り方を説明しましたが、このチャートには、そのバリエーションを含めた5つの文型の項目があります。5文型については第3章の「コラム #3」（p. 47）と付録の「文法解説」をご参照ください。

単語	品詞		名詞				
構造	船（文型）		SV	SVC	SVO	SVOO	SVOC
	フック	前置詞	in on				
		接続詞	when if				
			and bu				
	準動詞	to 不定詞	名詞的				
		分詞など	動名詞				
	節		名詞節				
ニュアンス	時制		過去形				
	助動詞		can				
	仮定法		could	would	should	might	
	冠詞		a / an				

フック：
船の後ろに、名詞を引っ掛ける場合のフックは「前置詞」、文を引っ掛ける場合のフックは「接続詞」と呼ばれます。数ある前置詞と接続詞のうち、主なもののみ表に掲載しています。使い方や意味が分からなければ、簡単な文法書などで確認しておきましょう。WEB サイトにも簡単な説明があります。（☞ http://kh-system.com）

準動詞：
準動詞について理解しておくことは、英語力のステップアップには必須です。準動詞については、付録の「文法解説」に詳しい説明があります。

節：
「船」以外で、「文のかたち」になって文に組み込まれているものです。文の中で果たしている役割によって、節の種類が区別されています。文の中で主語（＝名詞）や目的語（＝名詞）になっている場合は「名詞節」、名詞を修飾している場合は「形容詞節」（この代表格が「関係代名詞」とも呼ばれるものです）。それ以外は、すべて「副詞節」と呼ばれます。「副詞節」は動詞や文全体を修飾しています。節についての理解が曖昧な場合は、付録の「文法解説」で確認してください。

コラム#5

関西弁で英語を理解する意味

第５章の＜構文分析＞の学習で、意味の理解を確認するとき、「関西弁」での理解にこだわっていたのには、理由があります。実は、ポイントは関西弁にあったのではなく、「自分が最もよく使う普段の言葉」で、自分の理解を言ってみようとすることにあります。それが東京の下町の言葉であろうと、栃木弁であろうと、九州弁であろうと、それは問題ではありません。これは、「訳す」という意識の呪縛を破って、「英語を理解している感覚」に近づこうとするプロセスなのです。「言葉」という意識が薄く、自分の中で最も自分の「感覚」に近い「普段の言葉」、「自分の発想にある言葉」による理解まで深めておくことで、「英語を“理解する”感覚＝英語を英語で理解している感覚」に近い理解の仕方になってきます。

１０年以上、大阪でも企業研修をしているのですが、関西の方々はこれが大変上手だという印象を持っています。「要は、～やって言うてんねんやろ」と、自分の腹にストンと落として理解できるから、英語が自分の発想とリンクして、自分の使える言葉になりやすいようです。英語を「自分の普段の言葉」にリンクさせて理解することは、K/H システムで「やまと言葉落とし」と呼ぶ練習テクニックと軌を一にするものです。本書が対象とする初中級レベルの学習者の方には、「やまと言葉落とし」を学習の必須ステップとしては強調しませんが、もし興味と余裕があれば、「自分の普段の言葉」で英語を理解することを意識して学習してみてください。

ちなみに、その際、それが「できるかどうか」にポイントを置きすぎないように。その意識だと、すぐ意識すること自体をやめてしまう、といったことになりがちです。「やろうとする！」がポイントだということを忘れずに。感覚を作り込む類いの学習はすべて、この「やろうとする！」がポイントです。感覚を身につけるというのは、すぐにすべてができるようになる類いのことではありません。「やろうとする」を繰り返して積み重ねていくことで、「できるようになっていく」ものだということを忘れずに。

2 実践練習 ①
各文の<構文分析>と<構文チャレンジ>

1 <構文分析>と<構文チャレンジ>の学習ステップ

それでは実践練習の最初のステップ、<構文分析>と<構文チャレンジ>の作業をはじめます。1文ごとのワークシートを使いながら、学習を進めていきます。まず学習の手順を、以下に簡単に書いておきます。

それぞれのステップでワークシートのどこを、どう使うとよいかについては、次の見開き2ページの図でも説明しています。作業時間の目安もあります。

ワークシートを使った学習手順

1. **課題の英文**―もちろん一度、課題の英文を読んでおいてください。
2. **文法項目確認**―右のページに行って、この英文で何が学べるのかを確認します。たとえば、課題文に含まれる文法項目を見て、「この色がついている文法項目がこの文で身につけられるんだな～。どこで登場するのかな?」などと、楽しい気持ちでいましょう。不安な文法項目には丸をつけて、意識化しておきましょう。
3. **文法解説**―下に行って、文法項目の解説も読んでおいてください。その英文に関する文法の不安が解消されると思います。文法に不安がなくても、文法解説はぜひ読んでください。表現の応用の仕方やコミュニケーションの視点など、いろいろ学べます。大事なところには、マーカーで必ず線を入れながら読みましょう。
4. **<構文分析>→<構文チャレンジ>スタート！**―左のページに戻って、いよいよ課題文の<構文分析>をスタート。「船＋フック＋フック」「結＋詳＋詳」が分析しやすいように、立体構文トランスクリプトになっています。

   最後は、<構文チャレンジ>で仕上げます。ページの下の図にある4つのステップを確認しながら、作業をしてください。できたステップに✔マークを入れていけるようになっています。

ワークシートを使った学習手順

1. Thank you, John, for your k

ジョン、ご親切なご紹介をありがとうござい

① 最初に一度、英文と意味を見ておく　約1分

▶立体構文トランスクリプト

④ いよいよ、左ページで　約5分
<構文分析>→<構文チャレンジ>！

L1.　Thank you, John,
　　V　O

L2.　　for your kind introduction.

<構文分析>

構文を分析
✔「船＋フック＋フック」をヒントに

意味の出る順序を確認
✔「結＋詳＋詳」をヒントに

▶英語順日本語

L1.　ありがとうございます、ジョンさん

L2.　　（何について？）ご親切なご紹介を

<構文チャレンジ>

意味に納得できているか確認
✔「結＋詳＋詳」をヒントに

構文に納得できているか確認
✔ 意味の順序を手掛かりに、しっかりと構文を考えて文を作れるか

構文と意味の順序にしっかり納得できているかな？

☑ 確認用　<構文チャレンジ>

英文を見ながら

□**ステップ①**　構文（「船＋フック＋フック」）を意識して、英文を読む！

□**ステップ②**　意味の順序（「結＋詳＋詳」）を味わって、英文を読む！

顔をあげて英文を見ずに

□**ステップ③**　理解した意味を「日本語」で言ってみる（これが確実にできてから、ステップ④に進む）

□**ステップ④**　文の構造と意味の順序を手掛かりに、「英語」に戻す！

☑ 文法項目確認表

❷❸ 次に、右ページで下地作り　約5分
この文で、何が学べるか確認！

単語	品詞		名詞　動…
構造	船（文型）		SV　S…
	フック	前置詞 接続詞	in　on　at　to　of　by　for　with　from　about　during when　if　before*　after*　until*　unless　although　so that and　but　so　　* 前置詞と接続詞のどちらにもなりえる
	準動詞	to 不定詞 分詞など	名詞的用法　形容詞的用法　副詞的用法 動名詞　現在分詞 (-ing)・過去分詞 (-ed)　分詞構文
	節		名詞節　形容詞節（関係代名詞）　副詞節
ニュアンス	時制		過去形　現在形　未来形　現在進行形　現在完了形
	助動詞		can　will
	仮定法		could　would
	冠詞		a / an　the

☑ **文法項目確認**
課題の文に含まれる文法項目を確認できます。理解が不安な文法項目には○などをつけておいて、余力ができたら、文法書などでちょっと調べてみましょう。

✂ 文法解説

船 Thank you	動詞 thank から文がはじまっていますが、ここは主語 I が省略された形です。thank you はよく使う決まり文句になっているので、例外的に主語の I が省略されても OK と…た だし、…間 違って…
名詞 Thank you, John	目的語…呼 びかけ…。
前置詞 for	for は…、「向か…で は、Thank you の後に for 以下で「感謝する内容」を情報として足しています。for のフックの後ろは、名詞句 your kind introduction が足されています。

📖 **文法解説**
文法に不安があってもなくても、ぜひ、ここは読みましょう。文法の解説に加え、表現の使い方やコミュニケーションの視点など、いろいろなことが学べます。大事なところにマーカーで必ず線を入れながら読みましょう。

確認：＜構文分析＞＜構文チャレンジ＞の学習ステップ

＜構文分析＞

1「船＋フック＋フック」をヒントに、構文を分析

▶コツ　手を使って文の構造を立体的に描きながらやるとよい

2「結＋詳＋詳」をヒントに、意味の出る順序を味わう

▶コツ　1. 意味の「まとまり」でスラッシュを入れておく
2. 自分のよく使う普段の言葉に砕いて、意味を理解しておく
3. 文頭から意味をつかむ下地を作るつもりで

＜構文チャレンジ＞

まず、英文を見ながら、ゆっくりでいいので、後戻りをせずに、

ステップ①　構文（「船＋フック＋フック」）を意識して、英文を読む！
ステップ②　意味の順序（「結＋詳＋詳」）を味わって、英文を読む！

▶コツ　1. はじめて読む英文のつもりで読む
2. 意味を頭に刻みつけながら、次の意味の「かたまり」に進む

今度は、顔をあげて（＝英文を見ずに）、

ステップ③　理解した意味を「日本語」で言ってみる

▶コツ　1. 英語の情報の順序でやると、英語の感覚が身につく
2.「訳す」と思わず、自分の普段の言葉で理解した内容を言ってみる

ステップ④　文の構造と意味の順序を手掛かりに、「英語」に戻す！

▶コツ　1. 意味の出てくる順序を思い出しながら、構文を意識して話す
2. 元の英文か、それに近い英文が作れたら合格！
（構造が分かっていれば、忘れた単語は日本語のまま置いて OK）
3. ステップ③・④で正確に言えない場合は、＜構文分析＞に戻る

おまけ

ステップ④＋α　最後の仕上げに、スピードアップ！

▶コツ　1.「かたまり」の中はなめらかに、一息で
2.「かたまり」と「かたまり」の間はポーズが入って OK
3. 2 回くらい繰り返して、自分でしゃべっている感覚を目指す

このようにして、すべての文を同じ学習ステップでやっていきます。

「何となく分かる、だいたい分かる」レベルの理解で英語を勉強してしまうのと、「しっかり構造や意味に納得している」レベルの理解で学習するのとで、いかに「手応え」と「力の伸びの実感」が違うかを感じてもらいたいと思っています。だからこそ、このステップを踏むことが非常に大切ですので、面倒くさいようでも、一文ごとにワークシートを使ってじっくり学習してみてください。学習の感覚がついてしまえば、本当に手を抜いて大丈夫なところと、しっかりやっておいた方が結局は自分の英語の伸びにつながるところの違いも、分かるようになってくると思います。

最後に、一点だけ重要な点を。これから＜構文分析＞する９つの文で、仕事で必要な英文法がほぼ網羅できます。＜構文分析＞をする過程で基本的な英文法をすべて理解してもらうことも本書の大きな目的ですので、文法解説もしっかり読んでください。

では、頑張ってください！

2　＜構文分析＞と＜構文チャレンジ＞の実践練習

それでは、学習ステップをたどりながら、自分で＜構文分析＞と＜構文チャレンジ＞に挑戦してください。次ページから、一文ごとのワークシートになっています。途中で、1回休憩が入りますよ。

学習する教材の英文トランスクリプトを再度掲載しますね。音声で、私たちと一緒に学習できる英文は太字にしてあります。

学習教材全文

L1: Thank you, John, for your kind introduction.

L2: Good morning, everyone.

L3: **First of all, thank you for taking time out of your busy schedule to come to this meeting.**

L4: **I would also like to thank John and his staff for all the preparation for this event.**

L5: I am very happy to have this opportunity to talk to you today.

L6: In my presentation, I am going to give you an overview of the new ordering system which will be implemented next year.

L7: **The purpose of my presentation is to show you the great benefits and the exciting new possibilities that we will have with this system.**

L8: **I will try to make my presentation short, so that we can have a lot of time left for the Q and A session.**

L9: Please also feel free to ask questions anytime during my presentation.

1. Thank you, John, for your kind introduction.

ジョン、ご親切なご紹介をありがとうございます。

▶立体構文トランスクリプト

L1. Thank you, John,
　　V　O

L2.　　　　　for your kind introduction.

▶英語順日本語

L1. ありがとうございます、ジョンさん

L2. （何について？）ご親切なご紹介を

構文と意味の順序にしっかり納得できているかな？

☑ 確認用 <構文チャレンジ>

英文を見ながら

□ステップ① 構文（「船＋フック＋フック」）を意識して、英文を読む！

□ステップ② 意味の順序（「結＋詳＋詳」）を味わって、英文を読む！

顔をあげて英文を見ずに

□ステップ③ 理解した意味を「日本語」で言ってみる（これが確実にできてから、ステップ④に進む）

□ステップ④ 文の構造と意味の順序を手掛かりに、「英語」に戻す！

☑ 文法項目確認表

単語	品詞		名詞　動詞　形容詞　副詞
構造	船（文型）		SV　SVC　SVO　SVOO　SVOC
	フック	前置詞 接続詞	in　on　at　to　of　by　for　with　from　about　during when　if　before*　after*　until*　unless　although　so that and　but　so　　*前置詞と接続詞のどちらにもなりえる
	準動詞	to 不定詞 分詞など	名詞的用法　形容詞的用法　副詞的用法 動名詞　現在分詞（-ing）・過去分詞（-ed）　分詞構文
	節		名詞節　形容詞節（関係代名詞）　副詞節
ニュアンス	時制		過去形　現在形　未来形　現在進行形　現在完了形
	助動詞		can　will　shall　may
	仮定法		could　would　should　might
	冠詞		a / an　the

📖 文法解説

船 Thank you	動詞 thank から文がはじまっていますが、ここは主語 I が省略された形です。Thank you はよく使う決まり文句になっているので、例外的に I が省略されても OK ということで、通常、I は省略されます。もちろん、I thank you と主語の I を入れても、文法的には間違ってはいません。I 以外の主語であれば、当然、きちんと入ることがほとんどです。
名詞 Thank you, John	目的語の you と同格で、名詞 John が並んでいます。呼び掛けで、挿入として入っていると考えればよいでしょう。
前置詞 for	for は後ろにプラスのもの、価値があるものなどが来て、「向かいたい対象への方向」を示すイメージです。ここでは、Thank you の後に、for 以下で「感謝する内容」を情報として足しています。for のフックの後ろは、名詞句 your kind introduction ですね。

2. Good morning, everyone.

みなさん、おはようございます。

▶立体構文トランスクリプト

L1. Good morning, everyone.

▶英語順日本語

L1. おはようございます、みなさん

構文と意味の順序にしっかり納得できているかな？

☑ 確認用 <構文チャレンジ>

英文を見ながら	□ステップ①	構文（「船＋フック＋フック」）を意識して、英文を読む！
	□ステップ②	意味の順序（「結＋詳＋詳」）を味わって、英文を読む！
顔をあげて英文を見ずに	□ステップ③	理解した意味を「日本語」で言ってみる（これが確実にできてから、ステップ④に進む）
	□ステップ④	文の構造と意味の順序を手掛かりに、「英語」に戻す！

☑ 文法項目確認表

単語	品詞		名詞	動詞	形容詞	副詞	
構造	船（文型）		SV	SVC	SVO	SVOO	SVOC
	フック	前置詞 接続詞	in on at to of by for with from about during when if before* after* until* unless although so that and but so　　* 前置詞と接続詞のどちらにもなりえる				
	準動詞	to 不定詞 分詞など	名詞的用法　形容詞的用法　副詞的用法 動名詞　現在分詞 (-ing)・過去分詞 (-ed)　分詞構文				
	節		名詞節	形容詞節（関係代名詞）			副詞節
ニュアンス	時制		過去形	現在形	未来形	現在進行形	現在完了形
	助動詞		can	will	shall	may	
	仮定法		could	would	should	might	
	冠詞		a / an	the			

文法解説

名詞 Good morning, everyone.	決まった挨拶の表現なので、名詞だけで終わっています。挨拶の後、聴衆へ呼び掛けて、そのまま名詞 everyone が来ています。

3. First of all, thank you for taking time out of your busy schedule to come to this meeting.

まず、お忙しい中、この会議にご出席いただき、ありがとうございます。

▶立体構文トランスクリプト

L1. (First of all,)

L2. thank you
V O

L3. for taking time

L4. out of your busy schedule

L5. to come

L6. to this meeting.

▶英語順日本語

L1. まずはじめに

L2. みなさんに感謝します

L3. （何について）時間を取ってくれたことについて

L4. （どこから）あなたの忙しいスケジュールから

L5. （何のために）来るために

L6. （どこに）この会議に

構文と意味の順序にしっかり納得できているかな？

☑ 確認用 <構文チャレンジ>

英文を見ながら

□ステップ① 構文（「船＋フック＋フック」）を意識して、英文を読む！

□ステップ② 意味の順序（「結＋詳＋詳」）を味わって、英文を読む！

顔をあげて英文を見ずに

□ステップ③ 理解した意味を「日本語」で言ってみる（これが確実にできてから、ステップ④に進む）

□ステップ④ 文の構造と意味の順序を手掛かりに、「英語」に戻す！

☑ 文法項目確認表

単語	品詞		名詞	動詞	形容詞	副詞	
構造	船（文型）		SV	SVC	SVO	SVOO	SVOC
	フック	前置詞	in on at to of by for with from about out of				
		接続詞	when if before* after* until* unless although so that and but so　* 前置詞と接続詞のどちらにもなりえる				
	準動詞	to 不定詞	名詞的用法 形容詞的用法 副詞的用法				
		分詞など	動名詞 現在分詞 (-ing)・過去分詞 (-ed) 分詞構文				
	節		名詞節	形容詞節（関係代名詞）			副詞節
ニュアンス	時制		過去形	現在形	未来形	現在進行形	現在完了形
	助動詞		can	will	shall	may	
	仮定法		could	would	should	might	
	冠詞		a / an	the			

📖 文法解説

副詞 First (of all)	First (of all) は単に副詞で、文の中核である船の部分の thank you に引っ掛かっています。ちなみに、副詞というのはフックを内蔵している品詞で、文や動詞などに直接くっつくことができるんでしたね。同じ仲間に形容詞があり、これもフック内蔵型の品詞ですが、名詞にしかくっつくことができません。逆に、副詞は名詞以外のすべてにくっつくことができます。
動名詞 taking time	taking time（時間を取る こと）は、動詞を名詞化した、いわゆる「動名詞」で、これがフックである前置詞 for の後ろに、名詞としてついてきています。動詞に ing をつけるだけで、「～すること」という名詞になります。ただ、動名詞は名詞化されてはいるものの、動詞の特徴は維持されます。他動詞 take は目的語を取るので、ここでは time が目的語に来ています。
前置詞 out of	「～の中から」という意味のフックです。フックの後ろには、名詞句 your busy schedule がついています。
to 不定詞 to come	come は動詞なので、そのままでは文にくっつけることができません。ここでは、動詞 come の前に to をつけて、「～するために」という目的を表す副詞（いわゆる「to 不定詞」の副詞的用法）の形でくっつけています。

4. I would also like to thank John and his staff for all the preparation for this event.

またジョンさんとスタッフのみなさんにも、今回のイベントのための
もろもろの準備にお礼を申し上げたいと思います。

▶立体構文トランスクリプト

13

L1. I would (also) like to thank ┌John and his staff
S V O

L2. for all the preparation

L3. for this event.

▶英語順日本語

L1. 感謝いたします、ジョンさんとスタッフのみなさんに

L2. （何について）すべての準備に関して

L3. （何のための）このイベントのための

構文と意味の順序にしっかり納得できているかな？

☑ 確認用 ＜構文チャレンジ＞

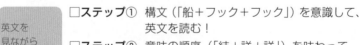

英文を見ながら

□ステップ① 構文（「船＋フック＋フック」）を意識して、英文を読む！

□ステップ② 意味の順序（「結＋詳＋詳」）を味わって、英文を読む！

顔をあげて英文を見ずに

□ステップ③ 理解した意味を「日本語」で言ってみる（これが確実にできてから、ステップ④に進む）

□ステップ④ 文の構造と意味の順序を手掛かりに、「英語」に戻す！

☑ 文法項目確認表

単語	品詞		名詞	動詞	形容詞	副詞	
構造	船（文型）		SV	SVC	SVO	SVOO	SVOC
	フック	前置詞	in on at to of by for with from about during				
		接続詞	when if before* after* until* unless although so that and but so　　* 前置詞と接続詞のどちらにもなりえる				
	準動詞	to 不定詞	名詞的用法　形容詞的用法　副詞的用法				
		分詞など	動名詞　現在分詞 (-ing)・過去分詞 (-ed)　分詞構文				
	節		名詞節	形容詞節（関係代名詞）			副詞節
ニュアンス	時制		過去形	現在形	未来形	現在進行形	現在完了形
	助動詞		can	will	shall	may	would like to
	仮定法		could	would	should	might	
	冠詞		a / an	the			

文法解説

仮定法 would like to ...	動詞 thank の前に来る would like to ... は、「〜したい」という意味です。would like to 全体で、述語動詞の前に来る can や will のような助動詞みたいなものだと思ってください。その方が実戦的に英語をとらえるには、分かりやすいでしょう。このタイプの助動詞には、need to、want to、try to などがあります。 ちなみに、would like to の would は仮定法で、「〜するとすれば」というバーチャルな世界を描いています。ここでは like to ...「〜をしたい（〜をすることを好む）」の前に would がつくことで、「〜させていただけるとしたら〜をしたい」という仮想世界の話にしているわけです。これによって、直接的でなく、一歩引いた響きになるため、より丁寧な言い方になっています。
副詞 also	フック内蔵型の、いわゆる「副詞」です。「〜も」の意味で like にくっついています。文に割り込みで入っていますが、文法的にはなくても問題ありません。
形容詞 all	フック内蔵型で、名詞だけにくっつくことができる「形容詞」です。ここでは、名詞 the preparation の前についています。
前置詞 for	前にも登場した前置詞 for ですね。後ろに「プラスのもの、価値があるもの」などが来るのでしたね。ここではダブルで for が使われ、それぞれ「感謝する内容」と、「準備の目的」の情報を足しています。

コラム#6
仮定法の世界

文 #4 の would like to の解説でも少し触れましたが、仮定法の考え方をここでもう少し説明しておきましょう。仮定法というのは、主節の述語動詞の前に助動詞 would、could、might、should などが使われているときを指します。意味としては、今と同じような世界が別にあと一つあったとして、「その世界だったら、〜するだろうなぁ（would)、〜できるだろうなぁ（could)、〜するかもしれないなぁ（might)、〜当然するだろうなぁ（should)」と言っているだけだと思ってください。つまり、would like to というのは、「もし〜という状況であれば、〜したいですね」という意味で、「あくまでも、もし〜であればという仮想世界での話をしているんだよ〜」と相手に言っている響きになります。直接的に「〜したいです！」とは言っていないために、より柔らかいトーンの、丁寧な響きになります。

また、「もし〜であれば」という仮想世界の部分は、「もし、どうであれば」なのか、という具体的な内容については、文法のレベルからだけでは判断はつきません。if ....（もし〜ならば）の節がついて説明されていれば別ですが、if 節がついていなければ、文脈や常識で考えるしかありません。ただ、would like to が使われるほとんどの場合は、単に「もしよろしければ」や、「もし許されるのであれば」という仮想世界を言ってるだけで、そういう非常に定型的な遠慮のニュアンスだと考えて、ほぼ間違いないでしょう。

途中休憩

ちょっと、一休み。ここまでやってみて、いかがだったでしょうか？　ステップを飛ばさずにできましたか？　やっているうちに単なる暗記に走ってしまうこともよくありますから、それも注意が必要ですよ。研修でそういうケースによく出くわしますね。

一つの教材を繰り返し練習することになりますから、どうしてもステップを飛ばしたり、目的意識を忘れて暗記しようとしてしまったり、という落とし穴にはまりやすいかもしれませんね。たとえば、どんなケースがよくありますか？

<構文チャレンジ>のステップ①で、「学習する英文を、まずは構文を分析しながら声に出して読むこと」となっていますよね。このステップでは、その英文を目で追って、じっくり構文を理解しながら読むはずなのに、「何となく、もう覚えていそうだから」ということで先走って、目線をあげて英文を思い出しながら言ってしまうケースがよくあります。このステップでは、後戻りせずに、「はじめて読む英文のつもりで読む」ことで、「音だけの世界で、構文を見抜いて文の構造に納得しながら英語を聞く」ことを、文を見ながらまず疑似体験しているわけです。ステップ②も同じですね。後戻りせずに読みながら、「音だけの世界で、文頭からしっかりと意味をつかんでいく」ことを、まずは文を見ながら疑似体験しているわけです。意味のある目的を持った、大事なステップなのです。研修でこのようなケースを見かけた場合は、「それでは狙った効果が薄まってしまいますよ」とアドバイスしています。

別のケースもありますね。<構文チャレンジ>のステップ③で、「まずは日本語で意味を言ってみる」という作業がありますね。ここでよく出るコメントが、「読んでいるときは分かったつもりなのに、いざ言おうとすると忘れてしまって思い出せない。どうしたらいいでしょう」、というものです。これが起こる原因としては、二つ可能性があります。まず、そもそも文の構造や意味の理解がまだあやふやなのであれば、<構文チャレンジ>をいったんやめて、そもそもの仕込みの<構文分析>自体をもう一度やる必要がありますよね。

もう一つが、実は、＜構文チャレンジ＞の中の一つ前の、ステップ②に原因があることが多いんです。英文をただ上滑りに読んでしまって、構文や意味の順序をしっかり意識して「文の意味に納得する」というモードで読めていなかったという場合なんです。理解や納得の仕方は人それぞれ多少は違うにしても、ポイントは、自分が本当に理解・納得して、「自分のメッセージ」かのごとくに腹に落ちているレベルにまで、英語の意味の理解を引っ張り込む必要があります。

英語を読んで理解するときに、自分で「納得感」のあるレベルにまでかみ砕いて理解する必要があるということですね。とすると、＜構文チャレンジ＞の前の＜構文分析＞の段階ですでに、自分の普段使う言葉とリンクさせて意味を理解しておくといいということになりますね。そうすれば、＜構文チャレンジ＞でも、理解が腹に落ちるから忘れにくいですよね。

たとえば、次の文 #5、I am very happy to have this opportunity to talk to you today. を例にとって説明しますね。これなら、＜構文分析＞して、まずは「私はとてもうれしいです、この機会を持ってね、(どんな機会かというと)、お話しする、あなたにね、今日」と意味も分析するわけですが、これだとまだ頭に残りにくいですよね。もっと腹に落とす工夫をするとしたら、「いやぁ、ありがたいっすね、こんな機会を頂いて、みなさんに今日説明できるなんて」と少し気持ちも込めた理解まで落とし込むといいですよね。

まぁ、その日本語は国井さんの言い方でしょうから、ピンとこない人も多いかもしれませんけどね。でも要は、自分の気持ちを込められるくらいの言い回しまでかみ砕いて理解をしておくと、イメージがしやすく頭に残りやすい、というのがコツですかね。

大阪出身の敬子さん、大阪の人なら、どうなるんですか？

そうですね。プレゼンでこんなに砕けた言い方はしないですけど、メッセージという意味でなら、「うれしいわ、こんな機会もろて、みん

なに説明させてもらえんの」とか？　ちょっと、極端にしてみましたけど！

一つ誤解のないように確認しておくと、「頭に残りやすい」と言っているポイントは、次の学習ステップがやりやすくなるのが究極の目的ではないですよね。「頭に残りやすい」聞き取り方を工夫するのは、まさに、「実戦で音だけを頼りに、OS が違う英語の文を、文頭から理解して『なるほど！』と思える力をつけなきゃならない」、そのためですから、目的を絶対に忘れずにあらゆる作業をしてくださいね！

「自分の普段の言葉」、「自分の発想にある言葉」にかみ砕いて英語を捉える習慣が身につくと、はじめて触れる英語を読んでも、聞いても、そのモードで理解しようとするので、「意味」が頭に残りやすくなります。さらには、自分の中で、「自分が発想するときの言葉＝自分の感覚」と英語がリンクして身についているので、スピーキングでも身につけた英語がサッと出やすくなります。いわゆる「英語を英語で理解している」感覚や、「自分の言葉として英語が話せる」感覚に近づくための、大事なコツなのですね。

英語の伸びが早い人には、いつも「使うぞ！　使うぞ！」と思っていて、自分が使っている場面を常にイメージして、あらゆる作業をやってしまうタイプの人が多いんですね。こういうタイプの人も、自然に、英語を「自分の言葉、自分の発想」と常にリンクさせてしまうんでしょうね。だから、「使える」身につき方に自然になるんだろうな。

そうそう、そうですよね。「使うぞ！　使うぞ！」とか、「自分が使っているつもりで練習！」という意識って、かなりキーですよね。外国の人たちが他の言語を身につけるのが早いのも、結構、そこが鍵になっていそうな気がしますよね。

では、コーヒーでも飲んでから、ぼちぼち残りの５つの文に取り掛かりましょうか。少しずつ英文が長くなりますから、じっくり腰を落ち着けて、そこで使われている文法・構文を理解しながら進めてください。

5. I am very happy to have this opportunity to talk to you today.

本日は、みなさんにお話しする機会を得られて大変うれしく思っています。

▶立体構文トランスクリプト

L1. I am (very) happy
S V C

L2. to have this opportunity

L3. to talk

L4. to you

L5. today.

▶英語順日本語

L1. 私はとてもうれしいです

L2. （どうすることになって）この機会を持てることになって

L3. （何の機会）話すためのね（機会）

L4. （誰に）みなさんに

L5. （いつ）今日

構文と意味の順序にしっかり納得できているかな？

☑ 確認用 <構文チャレンジ>

英文を見ながら

□ステップ① 構文（「船＋フック＋フック」）を意識して、英文を読む！

□ステップ② 意味の順序（「結＋詳＋詳」）を味わって、英文を読む！

顔をあげて英文を見ずに

□ステップ③ 理解した意味を「日本語」で言ってみる（これが確実にできてから、ステップ④に進む）

□ステップ④ 文の構造と意味の順序を手掛かりに、「英語」に戻す！

☑ 文法項目確認表

単語	品詞		名詞　動詞　形容詞　副詞
構造	船（文型）		SV　SVC　SVO　SVOO　SVOC
	フック	前置詞 接続詞	in　on　at　to　of　by　for　with　from　about　during when　if　before*　after*　until*　unless　although　so that and　but　so　　* 前置詞と接続詞のどちらにもなりえる
	準動詞	to 不定詞 分詞など	名詞的用法　形容詞的用法　副詞的用法 動名詞　現在分詞（-ing）・過去分詞（-ed）　分詞構文
	節		名詞節　形容詞節（関係代名詞）　副詞節
ニュアンス	時制		過去形　現在形　未来形　現在進行形　現在完了形
	助動詞		can　will　shall　may
	仮定法		could　would　should　might
	冠詞		a / an　the

文法解説

船 I am very happy	いわゆる SVC（第 2 文型）で、自動詞系の船のバリエーションです。be 動詞は「存在する」という意味で、文としては I am（私は存在する）で完成していますが、その直後に、「補語（C）」といって、主語に関する情報を補ってくれる名詞、または形容詞がじかにつく形です。I am happy を直訳すると、「私は存在します、幸せな状態で」という意味になります。very は副詞で、happy を修飾しています。
to 不定詞 to have this opportunity	「～な気持ち！」と気持ち・感情を表す形容詞の後から、「～することになって」と理由を説明する形です（いわゆる to 不定詞の副詞的用法）。ここでは、形容詞 happy（うれしい！）の後ろに、to have this opportunity（この機会を持てて）という理由が副詞的に来ています。気持ちを表す glad や sorry などの形容詞も同じ形を取ります。I am glad to hear that.（うれしい！それを聞けて）など。
to 不定詞 to talk	一つ前の名詞 opportunity を説明する「to 不定詞」です（いわゆる形容詞的用法）。「話すための（機会）」という意味になります。
副詞 today	時間を表す単語（today、yesterday、tomorrow）は、副詞と名詞のどちらにもなります。ここではフックがついていないことから、フック内蔵型の副詞であることが分かります。

6. In my presentation, I am going to give you an overview of the new ordering system which will be implemented next year.

私のプレゼンテーションでは、来年導入される新しい発注システムの概要をご説明したいと思います。

▶立体構文トランスクリプト

L1. In my presentation,

L2. I am going to give you an overview
S V O O

L3. of the new ordering system

L4. which will be implemented

L5. next year.

▶英語順日本語

L1. 私のプレゼンテーションでは

L2. みなさんに、概要を、お伝えします

L3. （何の）新しい発注システムのね

L4. （それって）導入されることになっているやつね

L5. （いつかというと）来年に

構文と意味の順序にしっかり納得できているかな？

☑ 確認用 ＜構文チャレンジ＞

英文を見ながら

□ステップ① 構文（「船＋フック＋フック」）を意識して、英文を読む！

□ステップ② 意味の順序（「結＋詳＋詳」）を味わって、英文を読む！

顔をあげて英文を見ずに

□ステップ③ 理解した意味を「日本語」で言ってみる（これが確実にできてから、ステップ④に進む）

□ステップ④ 文の構造と意味の順序を手掛かりに、「英語」に戻す！

☑ 文法項目確認表

単語	品詞		名詞	動詞	形容詞	副詞	
構造	船（文型）		SV	SVC	SVO	SVOO	SVOC
	フック	前置詞	in　on　at　to　of　by　for　with　from　about　during				
		接続詞	when　if　before*　after*　until*　unless　although　so that and　but　so　　＊前置詞と接続詞のどちらにもなりえる				
	準動詞	to 不定詞 分詞など	名詞的用法　形容詞的用法　副詞的用法 動名詞　現在分詞（-ing）・過去分詞（-ed）　分詞構文				
	節		名詞節	形容詞節（関係代名詞）			副詞節
ニュアンス	時制		過去形	現在形	未来形	現在進行形	現在完了形
	助動詞		can	will	shall	may	be going to
	仮定法		could	would	should	might	
	冠詞		a / an	the			

文法解説

船 I am going to give you an overview ...	他動詞の船のバリエーション、いわゆるSVOO（第4文型）の形。述語の動詞giveは、他動詞の中でも目的語を二つ取る特殊技ができる動詞で、「誰々に、何々を」の順で目的語を取ります。よって、give you an overviewは、「あげます、あなたに、概要を」という意味になります。 be going toはすでに予定で決まっている未来を言うときに使う助動詞と考えておきましょう。
関係代名詞 the new ordering system which will be implemented next year	the new ordering systemに、関係代名詞whichが引っ掛けてあります。関係代名詞がある場合、関係代名詞の直前で文を区切って、二つの文に分けて＜構文分析＞するのがコツです。この文なら、the new ordering systemの後ろで切って、which以下が別の文だと考えます。whichはその直前のthe new ordering systemの代名詞なので、後ろの文はthe new ordering system（=which）will be implemented next yearになります。 まとめると、この文は、実は二つの文からなっていて、①「発注システムの概要を話します」、②「その発注システムは、来年導入されます」から成り立っています。文頭から意味を取るときは、... of the new ordering system（新しい発注システムの）、which（で、それって）will be implemented（導入されることになってるんですよ）と捉えると分かりやすいでしょう。

また、第４章で学んだように、これは、情報としては「概＋詳細」という順序でパッケージになっている英語らしい構文パターンの代表でしたね。

the new ordering system

which will be implemented next year

副詞 next year	名詞 year の前に next がついて、next year は副詞として使われます。副詞なので、前に前置詞は不要です。last year、this year なども同様です。

文 #6 と文 #7 の重要な構文パターン

「名詞＋修飾節」（＝「概＋詳細」）の構文パターン

概！ 名詞 ＝常に後ろが来るのを覚悟！
詳！ 修飾節

前ページ文 #6 と次ページ文 #7 には、第4章で説明した、英語で最も重要な構文パターン「名詞＋修飾節」が組み込まれていますね。特に #7 では非常に立体的な形で出てきます。

the great benefits and the exciting new possibilities
that we will have / with this system

この「概＋詳細」の感覚を身につけるぞ、と意識しながら<構文分析>と<構文チャレンジ>をしてください。以下にも、このパターンの例文を5つあげますので、<構文分析>をした後に、「概＋詳細」の感覚を身につけるぞと念じながら声に出して読んでみましょう。

(1) Have you received **the email** / **(that)** I sent you / on April 1?
Eメール、受け取っていただけたでしょうか、私が送ったやつ、4月1日に。

(2) I'm calling about **the order we placed on April 1**.
注文について電話しているんですが、私たちが入れたやつですが、4月1日に。

(3) I'd like to talk about **the project I'm working on**.
お話ししたいと思います、プロジェクトについて、私が取り組んでいる。

(4) I work for **a company that manufactures electronics**.
ある会社に勤めています、電子機器を製造している。

(5) We need to find **a supplier that has a good maintenance program**.
サプライヤーを探さないと、よいメンテナンス制度のある。

本当は、こんなふうに、パターンで英語をたくさん読む、聞く、声に出して発音する繰り返し練習(パターンのノック)をたくさんするといいのです。K/Hシステムではこうした強化教材をたくさん作っているので、興味のある方はWEBサイト（☞ http://kh-system.com）をご覧ください。

7. The purpose of my presentation is to show you the great benefits and the exciting new possibilities that we will have with this system.

このプレゼンテーションの目的は、みなさんに、このシステムで得られる大きな利点とワクワクするような新しい可能性をお見せすることです。

▶立体構文トランスクリプト

L1. The purpose ——→ is to ...(L3)
L2. S | of my presentation
L3. └→is to show you ┌the great benefits
V C └and the exciting new possibilities
L4. that we will have
L5. with this system.

▶英語順日本語

L1. 目的（は）
L2. |（何なのかというと）私のプレゼンテーションの
L3. └→ は、みなさんにお見せすることなんです ┌大きな利点と
└面白い新たな可能性をね
L4. （それって）私たちが得られたやつです
L5. （何でかというと）このシステムで

構文と意味の順序にしっかり納得できているかな？

☑ 確認用 ＜構文チャレンジ＞

英文を見ながら

□**ステップ①** 構文（「船＋フック＋フック」）を意識して、英文を読む！

□**ステップ②** 意味の順序（「結＋詳＋詳」）を味わって、英文を読む！

顔をあげて英文を見ずに

□**ステップ③** 理解した意味を「日本語」で言ってみる（これが確実にできてから、ステップ④に進む）

□**ステップ④** 文の構造と意味の順序を手掛かりに、「英語」に戻す！

☑ 文法項目確認表

単語	品詞		名詞	動詞	形容詞	副詞	
構造	船（文型）		SV	SVC	SVO	SVOO	SVOC
	フック	前置詞	in on at to of by for with from about during				
		接続詞	when if before* after* until* unless although so that and but so　　* 前置詞と接続詞のどちらにもなりえる				
	準動詞	to 不定詞	名詞的用法 形容詞的用法 副詞的用法				
		分詞など	動名詞 現在分詞 (-ing)・過去分詞 (-ed) 分詞構文				
	節		名詞節	形容詞節（関係代名詞）		副詞節	
ニュアンス	時制		過去形	現在形	未来形	現在進行形	現在完了形
	助動詞		can	will	shall	may	
	仮定法		could	would	should	might	
	冠詞		a / an	the			

📖 文法解説

船 The purpose of my presentation is to show	いわゆる SVC（第 2 文型）の形ですね。骨格は The purpose is to show となります。to show は動詞に to をつけて、「～すること」と名詞化している「to 不定詞」といわれる形です。したがって、船の部分の意味は、「The purpose（目的）は、to show（見せること）」ということですね。まず、この構造を頭の中で描いておきましょう。 次に、戻って主語をよく見ると、the purpose に対して、フック of で、my presentation がくっついています。これ全体で主部になっています。
to 不定詞 to show you the great benefits and the exciting new possibilities	to show は名詞にはなっているものの、他動詞の特徴を残しています。目的語を二つ取っていますね。これも give と同じように SVOO（第 4 文型）の形で、「誰々に、何々を」と二つの目的語を取っているんですね。「show（見せます）、you（あなたに）、the great benefits and the exciting new possibilities（大きな利点とワクワクするような新しい可能性を）」となっています。

関係代名詞 the great benefits and the exciting new possibilities that we will have with this system	show 以下の名詞二つ、the great benefits and the exciting new possibilities の後ろに、関係代名詞 that が来ています。関係代名詞が来たら、関係代名詞の前で文を区切って、二つの別の文だと考えて<構文分析>するのがコツでしたね。まず、that を含めた後ろの文を見ると、that we will have となっています。we が主語で have、これが動詞。have が他動詞なのに目的語がないところを見ると、最初の関係代名詞 that が have の目的語で、それが前に出てきているんだな、と推測ができますね。関係代名詞 that は前の名詞、the great benefits and the exciting new possibilities のことを指すので、後ろの文は we will have the great benefits and the exciting new possibilities / with this system. という文になります。 文頭から意味を取るときは、the great benefits and the exciting new possibilities（大きな利点とワクワクするような新しい可能性）、that（で、それって）、we will have（私たちが得ることになるもの）と捉えると分かりやすいでしょう。 話すときも同じで、まずは結論的な「大きな利点と面白い新たな可能性」と言ってから、それってどんなものかを、後ろから説明して、that we will have with this system（持つことになるもの、このシステムで）と足します。

ひとくちメモ

「to 動詞」（文法用語で「to 不定詞」）について

「to 動詞」の形は、準動詞（動詞のくせに動詞じゃない役割を果たせる形）の一つで、文の中で名詞、形容詞、副詞のように使えます。文 #7 では、名詞の代わりになっていますね。たとえば、The purpose is **the introduction** of the new system. なら、the introduction という名詞が、SVC の「補語（C ＝主語に関する情報を補う単語）」として入っているわけですが、文 #7 では、動詞を基にして作った to show you the great benefits ... が、その代わりに入っているわけです。文 #5 では、形容詞の代わりに to talk to you が入りましたね。文 #3 では、to come to this meeting が、「～のために」という意味で副詞の代わりに入りました。

「to 不定詞」は準動詞の中でも、特に概念的で、時間の感覚から切り離された感じが強くて、「今やっている」というよりも「抽象的」だったり、「これからの未来のこと」を指していたりすることが多いです。「準動詞」とその中の、「to 不定詞」の詳細については、付録の「文法解説」も参照してください。

文 #8 の重要な構文パターン

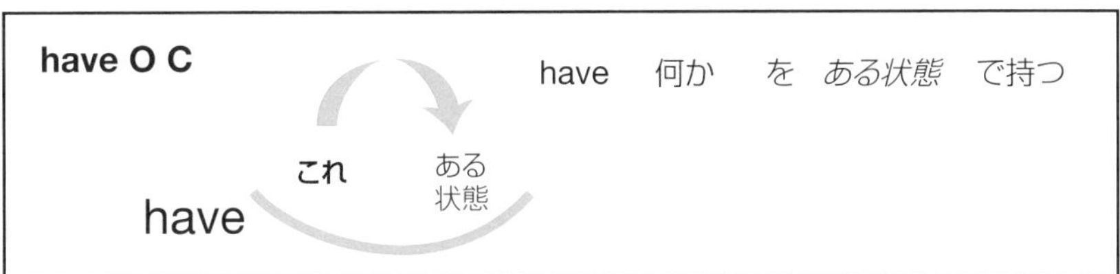

次の文 #8 に出てくるこの構文パターンも、多くの日本の英語学習者にはなじみが薄くて使えない形ですが、英語では極めて頻繁に出てきます。

have a lot of time left

英語の感覚では、**have a lot of time** で、まず、**a lot of time** に聞き手の注目が集まる感じです。「時間を持っている、時間がある」と言っているだけなので、この時点では目的語の **a lot of time** が主役になる感じです。そして、その主役 **a lot of time** が、「どうなるのか、どういう状態なのか」を、その次の単語で描くかたちなのです。ここでは、**left**（「残されている」という **leave** の過去分詞＝形容詞）が来ていますから、「**a lot of time**（たくさんの時間）を **left**（残されている）状態で持つ」という意味になります。ある意味、**a lot of time** を主語（主役）にして、「**a lot of time is left**（a lot of time が left［残されている］)」という状態、と文の形で理解するのとほぼ同じ感覚になります。この感覚に少し慣れるために、例文を少しあげておきますね。まず日本語を読んで、「**We can have** ＋目的語＋形容詞（または過去分詞か現在分詞)」のパターンを使って英語を作ってみてください。ヒントは、**have** の後ろの目的語のところに「何がどうなる」の主役「何が」が入ってくる感じです。

「**そのプレゼン**は短い」―ようにできますよ　（**そのプレゼン**を短くしましょうか）
We can have「**the presentation** shortened.」
「**そのデータ**は消去されている」― ようにできますよ　（**そのデータ**は消去しましょうか）
We can have「**the data** deleted.」
「**車は**、あなたを待っている」― ようにできますよ　（**車を**、あなたのために待たせておきましょうか）　We can have「**a car** waiting for you.」

8. I will try to make my presentation short, so that we can have a lot of time left for the Q and A session.

質疑応答にできるだけ時間が取れるように、プレゼンは短くするようにしたいと思います。

▶立体構文トランスクリプト

L1.　I will try to make my presentation short,
S　V　O　C

L2.　so that we can have a lot of time left

L3.　for the Q and A session.

▶英語順日本語

L1.　私のプレゼンは短くするようにします

L2.　（なぜかというと）そうすれば多くの時間が残せますから

L3.　（何のためにかというと）質疑応答のために

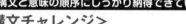

構文と意味の順序にしっかり納得できているかな？

☑ 確認用　<構文チャレンジ>

英文を見ながら

□ステップ①　構文（「船＋フック＋フック」）を意識して、英文を読む！

□ステップ②　意味の順序（「結＋詳＋詳」）を味わって、英文を読む！

顔をあげて英文を見ずに

□ステップ③　理解した意味を「日本語」で言ってみる（これが確実にできてから、ステップ④に進む）

□ステップ④　文の構造と意味の順序を手掛かりに、「英語」に戻す！

☑ 文法項目確認表

単語	品詞		名詞	動詞	形容詞	副詞	
構造	船（文型）		SV	SVC	SVO	SVOO	SVOC
	フック	前置詞 接続詞	in on at to of by for with from about during when if before* after* until* unless although so that and but so ＊前置詞と接続詞のどちらにもなりえる				
	準動詞	to 不定詞 分詞など	名詞的用法 形容詞的用法 副詞的用法 動名詞 現在分詞 (-ing)・過去分詞 (-ed) 分詞構文				
	節		名詞節	形容詞節（関係代名詞）			副詞節
ニュアンス	時制		過去形	現在形	未来形	現在進行形	現在完了形
	助動詞		can	will	shall	may	try to
	仮定法		could	would	should	might	
	冠詞		a / an	the			

📖 文法解説

船
I will try to make my presentation short

正式な文法では、骨格は、will try（努力しようとする）が述語動詞で、何に努力しようとするのかの目的語が to make my presentation short（自分のプレゼンテーションを短くすること）という構造だと説明されます。make という動詞に to をつけて、「～すること」と名詞化している形が、目的語になっているわけですね（前にも何度か出てきた to 不定詞の名詞的用法ですね）。
ただ、文 #4 の would like to の解説にも書いたように、try to ... は「～しようとする」という助動詞として理解する方が実践的なので、ここではそう理解しておきましょう。I will try to ... で、「～しようと努力しましょう」「～するように努力しましょう」という意味になります。
さて、次に述語動詞と船を見てみると、I (will try to) make my presentation short となっていますね。他動詞 make に、目的語 my presentation がついた SVO で終わらずに、その後ろに C（情報を補う言葉＝補語）を併う SVOC になって、目的語についての詳しい情報を補う形になっているわけです。これが SVOC（いわゆる第 5 文型）です。前にやった SVC の形に似ていますね。主語についての情報を補う補語が来るのが SVC でしたが、SVOC はその親戚で、目的語についての情報を補う補語（「目的格補語」と呼ばれます）がついています。I will make my presentation short ならば、まずは、I will make my presentation（私のプレゼンを作ります）と言っておいて、「どんな状態に作

	るかというと……short（短い状態）に」と後ろで説明している感じです。 このSVOCの文の感覚は、なかなか日本人にはなじまないようで、TOEIC®L&Rテストで900点を取れるレベルの人でさえ、この構造を駆使できる人は少ないように思います。しかし、英語では非常に典型的な形でよく使われますので、慣れておく必要があります。この文の形を作れる動詞はそれほど多くないので（たとえば、make、find、consider、keep、leave、have、getなど）、慣れておきましょう。
接続詞 so that we can have ...	so thatは、利点をいうときに使う接続詞（文を引っ張ってくるフック）です。「そうするとどんな利点があるかというと…」という意味です。英語では、人に何かを説明したり説得するときに、「なぜそれをするのか」のメリット（利点）をいって納得してもらおうとする話し方がよくされます。逆に、メリットをいわなければ納得してくれない可能性が高いとも言えるので、この表現は基本として身につけておくべき構文パターンです。パターンとして覚えるべきは、so that [we] can ... です。[we]の部分には、言いたい内容に合わせて、youやIなどの主語が来ます。
船 We can have a lot of time left	これも先ほど出てきたSVOCの形です。151ページでも詳しく説明しましたが、We can have a lot of time（たくさんの時間を持てます）とまず来て、「どういう状態で持つか」という情報が「left（残された状態で）」と足されます。leftはleave（残す）という他動詞の過去分詞で、過去分詞は「～された状態」という形容詞と考えれば大丈夫です。そうするとここは、we can have a lot of time leftで、たくさんの時間を「残されている状態」で持つことができるという意味ですね。簡単に言えば、「たくさんの時間を残すことができる」という意味です。 また、We canやI canという言い方は、状況によっては、「～してもいいですよ」という軽い申し出の意味になります。この文も、そのニュアンスですね。直訳的に理解すると「私は、～できますよ！」と偉そうに言っているように響きますが、英語のニュアンスではそうはならず、逆に謙虚に提案している感じになります。たとえば、I can show you how this system works.（このシステムの使い方について教えてあげてましょうか）のように言います。

コラム#7
K/HシステムTOEIC®L&Rテスト

TOEIC®L&R テスト（以下 TOEIC）600 点前後の人を対象にした、3カ月（半日×６回）のK/H システムの研修後、参加者の TOEIC の点数は確実に上がるのですが、面白い現象があります。人によっては、点数が一度下がってから上がることがあるのです。もともとテクニック中心で点数を稼いできたのが、今回は正面からぶつかって実力通りのスコアになってしまった、というケースが多いようです。心がけは立派ですね。そのような人に話を聞いてみると、いくつかの傾向がありました。

まず、リスニングの点数が下がった人たちは、「以前は点を取るだけが目的のテクニックに頼っていたところがあった。しかし今回は、正確に意味を取ろうとする意識が強くて、解答することよりもそっちが気になってしまった。そのせいか、前よりもずっと意味が分かった気がするのにスコアは下がってしまった」とよく言っています。

リーディングの点数が下がった人たちだと、「構文をきちんと理解しながら問題文を読むと意味が入ってくるようになったので、夢中になって丁寧に読んでいるうちに、時間切れになってしまい、最後まで読めなかった」と言います。しかし、心配は無用です。一度、自分のこのような傾向が分かると対策が立てられるので、次のテストでは同じ落とし穴にはまらず、ちゃんと実力が上がった分、点数も上がります。安心してください。

ここで、すぐに役立つ TOEIC 対策を教えますね。TOEIC の模試教材を使って、まず＜構文分析＞をしてから聞き込み、本書で紹介する実践練習をしてみてください。このやり方で TOEIC の点も、実戦的な英語力もしっかり上げていっている研修参加者の方がたくさんいます。ただ、上記の落とし穴には、くれぐれもはまらないように。

9. Please also feel free to ask questions anytime during my presentation.

また、プレゼンの間も、いつでも遠慮なく質問をしていただければと思います。

▶立体構文トランスクリプト

L1. Please (also) feel free
V C

L2. to ask questions

L3. anytime

L4. during my presentation

▶英語順日本語

L1. また、自由に感じてくださいね（遠慮しないでくださいね）

L2. （何することにおいて）質問をすることを

L3. （いつ）いつでも

L4. （どこで）プレゼンの間に

構文と意味の順序にしっかり納得できているかな？

☑ 確認用 <構文チャレンジ>

英文を見ながら

□**ステップ①** 構文（「船＋フック＋フック」）を意識して、英文を読む！

□**ステップ②** 意味の順序（「結＋詳＋詳」）を味わって、英文を読む！

顔をあげて英文を見ずに

□**ステップ③** 理解した意味を「日本語」で言ってみる（これが確実にできてから、ステップ④に進む）

□**ステップ④** 文の構造と意味の順序を手掛かりに、「英語」に戻す！

☑ 文法項目確認表

単語	品詞		名詞　動詞　形容詞　副詞
構造	船（文型）		SV　SVC　SVO　SVOO　SVOC
	フック	前置詞	in　on　at　to　of　by　for　with　from　about　during
		接続詞	when　if　before*　after*　until*　unless　although　so that and　but　so　　* 前置詞と接続詞のどちらにもなりえる
	準動詞	to 不定詞	名詞的用法　形容詞的用法　副詞的用法
		分詞など	動名詞　現在分詞 (-ing)・過去分詞 (-ed)　分詞構文
	節		名詞節　形容詞節（関係代名詞）　副詞節
ニュアンス	時制		過去形　現在形　未来形　現在進行形　現在完了形
	助動詞		can　will　shall　may
	仮定法		could　would　should　might
	冠詞		a / an　the

文法解説

船 Please feel free	please がついていますが、文は命令形で、動詞 feel からスタートしています。命令形は、主語の you が省略されていると考えましょう。骨格は feel free で SVC の形で、「あなたは自由であると感じてください」という意味です。please は少し丁寧にするための副詞です。please と feel の間に割り込みで入っている also も、「〜も」という意味の、同じく副詞です。
to 不定詞 to ask questions	to ask questions は直前の文の free にかかっています（to 不定詞の副詞的用法）。「自由に感じてください〜することにおいて」という形で、ここでは「質問することにおいて」と来ています。to 不定詞のコアの意味である未来向きの感じがここでも感じられますね。「自由に感じてください、to ask questions する方向に向けて」という感じがコアの感覚でしょう。 ちなみに、Please also feel free to ask questions. は、「（遠慮なく）自由に質問してください」というプレゼンの定型句です。
副詞 anytime	直接に文に引っ掛かっているので、フック内蔵型の副詞ですね。

3 実践練習 ② 意味の感覚

1 実戦的な英語力のための基盤力―意味の側面

<構文分析>をしっかりやって土台が作れたら、次は、音だけで意味を理解できる力をつけるための練習ステップです。K/H システムでは、「英語の音を単語として認識できる力」と、「分かった単語から正確に意味を捉える力」は別の力で、別個に強化してから合体する学習サイクルで学ぶのが効果的だと考えています。また、これまでの研修での経験から、特に初中級者は、意味から先に練習する方が効率的だと考えています。

文字を見て、読んで理解する場合と、音だけを頼りに理解する場合との、違いは何でしょうか？　音が聞き取れないという「音の問題」は次の実践練習③<音の感覚>で対応するとして、意味の側面でも、文字の世界と音の世界では大きな違いがあります。それは、音はどんどんと消えてしまうので、後戻りがきかないということです。つまり、学校で学んだ英文解釈のやり方のような、「後ろから戻って理解する」というテクニックが、音だけの世界では使えないという点です。

そうですね。英語が日本語と同じ順序で情報が出て来ないところが、私たちにとってつらいところなんでしたね。たとえば、「このイベントのためにすべての準備をしてくださったことについて、ジョンさんと彼のスタッフに感謝したい」という文がテキストにありましたね。これを英語で言いたいとすると、日本語の発想そのままの順序で、for the event, about all the preparation, to John and his staff, I want to thank.（もっと極端には the event for, all the preparation about, John and his staff to, I thank want to.）と言って OK ならば、英語は簡単なのです。ビジネスで英語を使っている人の中には、サバイバル英語で、このような順序で単語を並べて話している人もいなくはないですが、相手がよほどつき合いが長くて、察しのよいネイティブスピーカーでない限り、まず通じないと考えていいでしょう。聞き取りでも、英語がこの順で飛んでくるなら、「後戻り」などしなくても、私たちの頭に意味がす～っと入ってくるのです。でも、残念ながら、そうはいかないということですよね。

前にも言いましたが、韓国語など、日本語と同じ言語ファミリーに属する言語であれば、先ほどの例のように、そのままの順で単語だけ入れ替えれば、ほぼ通じると聞きます。残念ながら、英語はまったく違う語順体系を持った言語ファミリーに属しているので、私たちが発想の順序を無理やりにでも変える他ないのです。

もう「耳たこ」になっていると思いますが、K/H システムではこの語順の感覚、すなわち「情報の順序の感覚」を変えることが、英語のリスニング力・スピーキング力の飛躍の鍵になると考えています。ここからの練習は、いよいよ、これを音だけでやろう、ということになります。文字があるときと違って、決して後戻りできない、かつ、自分のスピードでゆっくりとやるわけにはいかない「実戦」に、しっかり対応できる力をつける方法をこれから学びます。これは言葉の OS 変換の練習ですから、私たちの感覚に逆行する新しい感覚を身につけるわけで、すぐにはできない。フラストレーションもたまります。みなさんが持つ根本的な言語感覚にメスを入れることになりますから。でも、ぜひ、辛抱強くおつき合いください。必ず感覚が変わってきます。

この「意味」のセクションでは、大きく 3 つのステップで学習します。

1. 文頭から意味を正確に追う力をつける

ステップ① 構文を意識した聞き込み

構文（「船＋フック＋フック」もヒントに）を正確に追う練習

ステップ② 意味の「かたまり」と「順序」を意識した聞き込み

意味の「かたまり」で
文頭から（「結＋詳＋詳」もヒントに）意味を取っていく練習

2. さらに、意味を頭に残し、納得する感覚をつける

ステップ③ イメージを頭に残すための練習

学習ステップそのものは、この①〜③でOKです。ただ、本書では、せっかく一緒に学習するので、特にうまくいかないときの「お助けステップ」として活用できる「補助輪ステップ」も紹介して、実際にそのやり方も体験してもらいます。まだ力が足りなくてうまくいかないときや、文が少しむずかしくて余分に練習が必要なときなどに使うものとして一度体験して、必要に応じて取り出せる「自分の学習ツールボックス」に入れておくつもりでやってみてください。それでは最初の練習に入りましょう。

2　意味の感覚①　文頭から意味を正確に追う力をつける

✔ステップ①：構文を意識した聞き込み

構文（「船＋フック＋フック」もヒントに）を正確に追う練習

構文を意識して聞こうとするクセがつく

音だけでも意味が「正確に」理解できるようになるために必要なことは、まず、英文を聞きながら、「船＋フック＋フック」などの構文をきちんと追う意識を持つことですね。

「＜構文分析＞と同じことを、音を聞いただけでやるべし」と言っているのですか？　「そんなこと突然言われても無理です」って言われませんかね。

もちろん、すぐにできるはずはないのですが、最終的にはそうならないとダメなのです。紙の上では、文の構造（いわゆる構文）を正確に理解して、はじめて意味を正確に理解できるわけですよね。音で聞いたときも、それと同じだと思いませんか？　意味が正確に分かるためには、聞きながらも構文を正確に理解できていることが前提ですよね。

聞き取りはスピードが重視されるので、サッとイメージで分かれば、それでいいのではないでしょうか？　多くのみなさんがそのような聞き取りを目指していると思いますよ。構文なんて追っかけてたら、スピードに追いつかなくなって、何も分からなくなってしまいます。

今すぐできるものではないので、今のところは現状の聞き取り方で仕方がありません。そのやり方を否定しているのではないのです。ただし、将来、相手の言っていることを、正確に、ニュアンスまで含めて分かるような聞き取り力が欲しいのであれば、「構文を追って聞こうとするクセ」をつけることが必須です、と言っているのですね。

なるほどね。「構文を追うクセ」をまずつけることが大事だということですね。では、なぜ、今までそれに気づかなかったのですかね？　聞き取りのコツとして、「構文を正確に追いましょう！」などと誰も言っていないように思いますよ。

言われていたかもしれませんが、学習者が「それに重きを置かなかった」というのが正確な言い方かもしれませんね。その原因としては、まず、中学時代に学んだ英文だと、内容が日常生活に即したものだったので、単語が分かれば意味が予想できてしまったからでしょう。それに、文の構造が単純だったために、単語が分かれば構造も分かる気になってしまった。その結果、構文を追うことをせずに、「単語の意味と背景知識や常識を最大限活用して、意味をつかもうとするクセ」ができてしまったグループの人たちがいる。それが第１の原因じゃないでしょうか。第２の原因は、高校くらいになると、英文読解などで、それなりに抽象的で複雑な内容を語る、複雑な構文の英語にも触れるのですが、ただ、基本的に紙の上でだけ分かればよかった。だから、机上では構文を正確に分析して意味を理解できる力をつけた人も、聞き取りとなると、構文分析していては英語の話についていけないので、「聞こえた単語の意味から文の意味を推測せざるを得ない」という壁にぶつかった。どちらのグループの人も、聞き取りでは「正確に意味をつかんでいないかも」と、どこかで不安に感じているんじゃないでしょうか。

仕事の英語となれば、文は確実に複雑になってきます。話の内容も、抽象的な話、複雑な話が必ず出てきますから、聞き取れた単語で推

測して乗り切れる場面は少なくなってきます。ポンポン短い会話のやりとりで済む場面ももちろんありますが、仕事となれば「考え方」「施策・方針の理念」「定義や条件」「優先順位やバランス」「さまざまな可能性のシナリオ」「ニュアンス」といった話は避けて通れません。こうした話では、確実に構文は複雑になります。自分のスピーキングは簡単な構文で乗り切るとしても、相手からは容赦ありません。それは、多くのネイティブスピーカーの話をトランスクリプトに起こしてきた経験から、確実に言えることです。

初級者の人が最初から複雑な文を使える必要はありません。ただ、この段階から、基本的なクセとして、「構文を追った聞き取りのクセ」をつける必要がありますね。このクセがついているかいないかで、後の苦労が違ってきます。

上智大学の英語学科で通訳入門コースを教えていますが、その学生の一人から春学期が終わった後にメールをもらいました。そこには、「春学期の授業では、＜構文分析＞をして英文を理解するという方法をはじめて学びました。通訳入門で学ぶまで、構文を理解するということをあまり意識しておらず、そのためにリスニング力が伸びなかったのだと改めて気づきました」と書いてありました。英語学科の学生さんでさえ、「リスニングの際の『構文理解の重要性』」は認識薄のようですから、普通の英語学習者なら、その重要性はout of their radar screen（意識外）でしょうね。

はい、これで重要性は納得できたかと思いますので、そろそろ「構文を意識して聞く」練習に入りましょうか。

構文を意識して聞くためには、まずは、すでに構文をある程度分かっている教材を使って練習をします。練習の目的は二つ。

① 「構文を意識して聞こうとするクセ」をつけること
② 「構文を見抜きながら聞ける」ようになること

目的の②だけが目標だと、たった９文の教材であれば、ある程度ですぐに「できたよ！」で終わってしまう人が多いと思います。何よりも大きな目的が①

であることを忘れずに、毎回、はじめてその英語に接しているつもりで、「実戦シミュレーション」の感覚で練習するのが鍵ですよ。

では、まず「構文を意識して聞こうとするクセ」をつける練習に入りましょう。すでに<構文分析>をしてある教材を使って、「船＋フック＋フック」を見抜きながら聞いていきます。そのときに、<構文チャレンジ>のときと同じように、手で箱を作りながら聞くと効果が高いので、ぜひやろうとしてみてください。具体的には、「船」や「フック名詞」ごとに、手で箱を作って、構造の意識をしっかり刷り込んで聞き進みます。「フック名詞」と「フック名詞」が同格であれば、縦に箱を並べる。これで立体的に文の構造を意識します。

このステップで、構文を追いながら聞くクセをつけましょう。最終的には、他の英文でも「無意識に構文を追って聞いてしまう」ようになればしめたものです。

本書ではせっかく立体構文トランスクリプトもあるので、それを見ながらやって、テイクオフしてみましょうか。立体構文トランスクリプトを見やすいように、次の２ページにまとめておきますね。

やってみよう

構文（「船＋フック＋フック」もヒントに）を正確に追う練習

作業１　<構文分析>した英文を見ながら、聞く（２回程度）
意識のフォーカス：構文（「船＋フック＋フック」もヒントに）を正確に追う

作業２　英文を見ながら、手も使って聞く（２～３回）
意識のフォーカス：手で箱を作って、構造を立体的に描きながら聞く

作業３　何も見ずに、聞く（構造に納得感を持って聞けるまで）
意識のフォーカス：手で箱を作って、構造を立体的に描きながら聞く

【立体構文トランスクリプト】

L1: Thank you, John,
V O
for your kind introduction.

L2: Good morning, everyone.

L3: (First of all,)
thank you
V O
for taking time
out of your busy schedule
to come
to this meeting.

L4: I would (also) like to thank ┌ John
S V O
└ and his staff
for all the preparation
for this event.

L5: I am (very) happy
S V C
to have this opportunity
to talk
to you
today.

L6: (In my presentation,)
I am going to give you an overview
S V O O
of the new ordering system
which will be implemented
next year.

L7: The purpose (S)
of my presentation
is to show you (V C) — the great benefits
and the exciting new possibilities
that we will have
with this system.

L8: I will try to make my presentation short, (S V O C)
so that we can have a lot of time left
for the Q and A session.

L9: Please (also) feel free (V C)
to ask questions
anytime
during my presentation.

継続学習の視点

初中級者は、まずここをゴールにする

1. ちょっとむずかしそうな構文が入った教材を、＜構文分析＞しておいて「構文を追いながら」何回も何回も聞く

初中級者はまず当面のゴールを、この「『構文』を正確に追おうとするクセをつける」ことに置くだけでも、よいスタートになると思います。いくつかの教材で練習をしていくうちに、文法の知識の土台もついてきますし、英語を読むにしても聞くにしても、自然と「構文を追える」ようになってきます。その基盤ができてくれば、この後のステップの作業もずっとやりやすくなります。

「自分の力ではちょっとまだ作れないな、聞き取れないな」と思える構文の文を、きちんと＜構文分析＞しておいて、たくさん聞くことです。構文を見抜く意識で聞く。同時に、「将来、はじめて聞く英文でこれに似た構文が出てきたら必ず見抜けるようになってやるぞ！」と念じながら聞くのが一番です。

✔ステップ②：意味の「かたまり」と「順序」を意識した聞き込み

意味の「かたまり」で
文頭から（「結＋詳＋詳」もヒントに）意味を取っていく練習

推測でなく、文頭から正確に意味を取ろうとするクセがつく

さて、音だけでも意味を「正確に」理解するために、次に必要なことは、構文を追いながら、同時に、意味の「かたまり」ごとに、どんどん文頭から意味をつかんで、処理していくことです。

これまでも繰り返してきたように、英語と日本語では言葉のOSが違い、情報の出て来る順序が正反対といってよいほど違うのでしたね。机上でなら英文解釈のように、一番後ろから戻って来て理解すればいいけれど、音だけが

頼りだと、それもできない。音の世界では、ネイティブスピーカーと同じようにに、英語の文頭から意味を処理して、文のメッセージを取れるようにならなければならないのでしたね。

✓ 意味の「かたまり」を意識する

そのために、まずは意味の「かたまり」に対する意識にフォーカスしてみましょう。K/H システムでは、意味の「かたまり」に対する意識を非常に重視しています。英語のリスニングとスピーキングの運用能力の基本をなす感覚だと考えているからです。

すでに<構文分析>で、英語を見ながら、意味の「まとまり」でスラッシュを入れる作業をしてもらいましたね。自分なりに意味が一区切りするところまでを意味の「かたまり」と捉えて、スラッシュを入れてみるのが基本です。そのときにヒントになるのが、英語の文の作りの特徴である「船＋フック＋フック」の構造と、それに対応した「結論＋詳細＋詳細」という情報の順序でしたね。今度は、音の世界で、あの「まとまり」を意識して、「まとまり」を感じて、「まとまり」ごとに意味を処理していける力にしていきますよ。

意味の「まとまり」として捉えられる単位を「かたまり」と考えればいいのですが、どのくらいの長さを「ひとかたまり」で処理できるかは、その人の英語力によって多少、違ってもいいのでしたね。最も小さな「かたまり」としては、<構文分析>でやった「船」や、「フック＋名詞」を一つの「かたまり」と考えていいでしょう。

いろいろな英語にたくさん触れて、自分のものになった表現や構文の形が増えてくると、もう少し大きなブロックで、意味の「かたまり」をつかみはじめますね。よく使われる決まった言い方などがあれば、いくつかの「かたまり」を合わせてそれを一つの「いつもの“セット”」、「いつもの“かたまり”」として処理できてしまうということです。

たとえば I am very happy to have this opportunity などは、これ全部で

一つの「かたまり」としてスパッと意味が入って、スパッと英語が出てくる。つまり、一単語感覚で処理できる、という人もきっといるはずです。

とすると、まずは＜構文分析＞がきちんとできて、意味的な最小の「かたまり」が分かるようになる。慣れてくると、次にネイティブスピーカーたちが「もっと大きなかたまり（いくつものかたまりのセット）」を「決まったパターン」として使っていることに気づき、それに慣れてくると、そうしたパターンフレーズを大きな意味の「かたまり」として処理できるようになってくる、ということですね。では、どのようにしてその「かたまり」感覚を身につければいいのか。これが問題ですよね。

そうですね。まずは＜構文分析＞で、構文をよく理解して文章を読んで、自分なりに意味が一区切りするところまでを意味の「かたまり」と捉えて、スラッシュを入れるのが基本ですよね。

その上で、音だけで、同じように意味の「かたまり」を見抜く練習に移ります。机上でできていたことを、音だけを頼りに、音のスピードでできるようにしていきます。音の世界になると、もう一ついいヒントになるのが、ネイティブスピーカーの息づかいですね。「かたまり」は一息に話して、「かたまり」の間は微妙にポーズが入ってくることが多いです。ネイティブスピーカーの、このリズム感に注目するといいヒントになりますよ。

それでは、作業をやってみましょう。音を聞きながら、まずは意味のまとまりにフォーカスして、「かたまり」を見抜く目的で聞いてみます。「かたまり」で意味をつかみながら、聞き進みます。このステップでは、まず、「かたまり」ごとの意味がつかめればOKです。「かたまり」同士の関係や、文全体のメッセージに納得するのは、先のステップでやります。

やってみよう

まずは、意味の「かたまり」を意識する練習！

作業１　意味の「かたまり」を意識しながら、聞く（２回程度）
意識のフォーカス：手で箱を作って、意味の「まとまり」を意識する
一番意味の取りやすい「かたまり」の大きさを探す

作業２「かたまり」ごとに、その意味を意識して、聞く（２～３回）
意識のフォーカス：手で箱を作って、「まとまり」ごとに意味を味わう

補助輪ステップ　スラッシュ・リーディング

さて、文によっては、やはり音だけでは「かたまり」がスッと把握できず、置いていかれてしまったり、意味が頭に落ちる前に飛んでいってしまったりするところがあるんじゃないかと思います。そういうときに、非常に便利な練習ツールを紹介しておきますね。「スラッシュ・リーディング」という作業です。やり方は簡単で、英文を声に出して読みながら、意味が一区切りついたと思ったところで、スラッシュ、すなわち斜線を英文に入れていきます。要は、音だけで「かたまり」で意味を処理しながら聞いていく感覚を、文字の世界でシミュレーションする練習ということになります。

そうですね。先ほどの音を聞いてやる作業が少しむずかしく感じた方の場合、この「文字の世界」のスラッシュ・リーディングで、少し下地作りをしておいてから、先ほどの作業に入るようにするといいかもしれませんね。

逆に、先ほどの作業をやって、うまくいかなかったところについて、少しスラッシュ・リーディングで部分的に練習して、音でもできるようにする、というのもありですよ。

<構文分析>でスラッシュを入れた作業と、スラッシュ・リーディングの大きな違いは、スラッシュ・リーディングは、聞く・話すの「実戦のシミュレーション」にフォーカスがあることです。したがって、作業としては、声に出して後戻りせず英文を読みながら、リアルタイムでスラッシュを入れていきます。文字は見ているのですが、まるでその英語がリアルタイムで飛んできているつもりになって、「かたまり」を捉えスラッシュを入れ、その「意味」をしっかり頭に刻みつけながら、読み進みます。

決して後戻りできないという覚悟でスラッシュを入れ、その意味を頭に刻みつけるのがコツです。音の世界で、同じように聞いていくためのシミュレーションをしている感覚です。

✔ 声を出して、後戻りせずに英文を読みながら、リアルタイムでスラッシュを入れていく

また、「かたまり」の大きさも、「船」や「フック名詞」ごとである必要はありません。音だけでリアルタイムで意味をつかむとなると、先ほども触れたように、いくつかの「かたまり」をセットで処理した方が意味が入ってきやすいこともありますね。先ほど行った「音を聞きながら、意味のかたまりを意識する練習」でも、それを感じた人が多かったんじゃないかと思います。スラッシュ・リーディングでは、音で聞いたときに、自分が最も意味をつかみやすい「かたまり」の大きさを探す感覚でスラッシュを入れていきます。

✔ 音で聞いたときに、自分が最も意味をつかみやすい「かたまり」の大きさを探す意識で

それでは、教材の英文を使ってスラッシュ・リーディングをやってみましょう。みなさんの参考になると思いますので、まずは、私たちが全部やってみます。敬子さんなら、どうやりますか？　スラッシュを入れたものを見せてもらいましょう。みなさんも、自分でスラッシュを入れているつもりで読んでみてください。

スラッシュ・リーディング　参考例

Thank you, John, / for your kind introduction. //
Good morning, everyone. //
First of all, / thank you / for taking time / out of your busy schedule / to come to this meeting. //

3つ目の文は、thank you for taking time out of your busy scheduleまでが決まったパターンです。上級者だと一つのかたまりとして考えると思います。まだ慣れていない場合には、自分の力で意味が落とし込める長さで「かたまり」を捉えて、区切りを入れるのがコツです。

I would also like to thank John and his staff / for all the preparation / for this event. //
I am very happy / to have this opportunity / to talk to you today. //

上級者だと、I am very happy to have this opportunityまで、ひと「かたまり」でしょうね。

In my presentation, / I am going to give you an overview / of the new ordering system / which will be implemented next year. //

上級者だと、In my presentation, / I am going to give you an overview of the new ordering system / which will be implemented next year. //と3ブロックで処理するかもしれません。

The purpose of my presentation is / to show you the great benefits and the exciting new possibilities / that we will have / with this system. //

上級者だと、最後のところをまとめて、The purpose of my presentation is / to show you the great benefits and the exciting new possibilities / that we will have with this system. //となる感じだと思います。

I will try to make my presentation short, / so that we can have a lot of time left / for the Q and A session. //

上級者だと、最後の二つをまとめて、全体で2ブロックですね。

Please also feel free / to ask questions / anytime during my presentation. //

上級者だと、最初の二つをまとめて、これも2ブロックですね。

敬子さん、ありがとうございました。
では、みなさん、自分でやってみてください。次のページに作業用のトランスクリプトがあるので使ってください。1 回につき 1 分 15 秒をさしあげます。1 回目は、とにかく意味のまとまる「かたまり」にフォーカスして。さあ、どうぞ。

はい、終わりましたか。
じゃあ、2 回目は、同じことをやりながら、今度は、その「かたまり」ごとの「意味」をしっかり頭に刻みつける意識で。文字があるので、音だけでやるよりもはるかにやりやすいはずですが、あくまでも意識は「音が飛んできているんだ」というつもりになって、後戻りができず、スピードについていかなければならないような切迫感を持って。はい、どうぞ！

やってみよう

補助輪ステップ　スラッシュ・リーディング体験！

決して後戻りせず、一定のスピードで読みながら、

作業 1　意味のまとまる「かたまり」で、スラッシュを入れていく
意識のフォーカス：自分が最も意味をつかみやすい「かたまり」の大きさを探す意識で

作業 2　同じ作業で、今度は、「かたまり」ごとの意味を頭に刻みつける
意識のフォーカス：後戻りできず、スピードについていかなければならない切迫感を持って、頭に意味を刻みつけていく

【スラッシュ・リーディング作業用　トランスクリプト】

Thank you, John, for your kind introduction.
Good morning, everyone.

First of all, thank you for taking time out of your busy schedule to come to this meeting.

I would also like to thank John and his staff for all the preparation for this event.

I am very happy to have this opportunity to talk to you today.

In my presentation, I am going to give you an overview of the new ordering system which will be implemented next year.

The purpose of my presentation is to show you the great benefits and the exciting new possibilities that we will have with this system.

I will try to make my presentation short, so that we can have a lot of time left for the Q and A session.

Please also feel free to ask questions anytime during my presentation.

ちなみに、このスラッシュ・リーディングは、実は、アメリカの弁護士など、緻密な文書を大量に読む人たちがやっている読み方だそうです。また、同時通訳者の訓練手法の一つとしても、長年にわたって使われている手法なんですよ。まさに、「前から、正確に、かたまりで意味を取っていく」、それをやりやすくする手法なんですね。

文字で英語を確認できて、でも、実戦のようにリアルタイムで後戻りをしない英語の理解の仕方を切迫感を持って練習できる、なかなか効果的な練習ツールなんですよね。私たちも、随分、お世話になりましたよね。

まったくです。今でも、英語を読むときはスラッシュを入れます。
さて、それでは、また音の作業に戻って、次の作業に進みましょう。

✓ 文頭から（「結＋詳＋詳」もヒントに）意味を取っていく練習

英語の文の構造に沿って、意味のまとまりごとに「かたまり」で意味をつかめる感覚ができたところで、次は、文頭から「かたまり」ごとの意味をつないで、「文全体の意味」をつかむ感覚に仕上げていきます。ここで鍵になるのが、英文の「情報が出てくる順序」です。英語の文の構造ゆえに、だいたい「結＋詳＋詳」の順で情報が足されていくのが英語の特徴で、それがヒントになるんでしたね。

第５章でやった例文を覚えていますか？ 「このプロジェクトでみんなよく頑張ってくれて、ありがたく思っているよ」という文が、英語だと、まずI thank everyone、「結論」ですね。そうしたら、当然、何に感謝しているのか言いますよね。for the great effort。effortときたら、「何で頑張ったことか」の説明が欲しいからon this project、という感じで情報が来ているのでしたね。この「順序の感覚」を意識することで、文頭から「かたまり」ごとの意味の関係をしっかりつないで、正確に、スピーディーに、文全体のメッセージを聞き取っていける力、文全体を作っていける力を、作り込んでいきたいわけです。

音が頼りの聞き取りだと、最後まで聞いているうちに、文のはじめの方を忘れちゃった、ということがよくありませんか。日本語だと大事な結論がたいてい文の最後に来ますから、無理もないことですよね。文頭から「結＋詳＋詳」と意味を追っていく感覚が身につければ、そういったことがなくなってきます。スピーキングの面でも、まずは結論からしゃべりだせばよいというコツが分かって、前よりもスピーキングが楽になります。

本書では、この感覚をつける補助的なツールとして<構文ドリル>という強化練習トラックを用意しました。それを使ってまず感覚をつけていきましょう。二つのステップで作業してもらいますね。

補助輪ステップ <構文ドリル>作業１：英文を見ながら聞いて、意味を取る

最初の作業として、まず、英文を見ながら<構文ドリル>を聞いてもらいます。この作業は「結＋詳＋詳」の順番で情報を処理していく感覚を強化するためのものです。まずは、英文の結論のところが流れ、次にその日本語が流れます。ここで「船」（つまり結論部分）を確認します。次に同じ文が、「結論＋詳細」→「結論＋詳細＋詳細」→「結論＋詳細＋詳細＋詳細」と、一つずつ詳しい情報が足されて長くなっていきます。その間、新たに足されてくる詳しい情報を味わうだけでなく、同時に、最も大切なはじめの結論部分のメッセージを忘れないようにして、常に「結論」のメッセージをベースに、そこに詳細を積み上げていきながら、メッセージ全体にしていく練習をします。これによって、後ろから加わってくる詳細を正しくつなげていきながら、文全体のメッセージをつかむ感覚を自分のものにしてください。

たとえて言えばこんな感じですね。「昨日、私、ラーメン食べたんですよ」というメッセージが来ます。次に、「昨日、私、ラーメン食べたんですよ、とんこつスープの」。さらに、「昨日、私、ラーメン食べたんですよ、とんこつスープの、細麺で」。さらに、「昨日、私、ラーメン食べたんですよ、とんこつスープの、細麺で、野菜とチャーシューが載っている……」と来ます。このときに、最後のチャーシューだけ記憶に残ったのではまったくお話にならないですよね。細い麺、チャーシュー、とんこつスープ

がバラバラに頭に残っていても、ダメですよね。ラーメンにならない。まず、はじめに出て来る英語の結論部分は、絶対に覚えておく。これがすべての受け皿、枠組みです。だから、結論は「死守する」という意識で意味をつかみ、後ろの「かたまり」を積み上げて、最終的に「一つのメッセージ」に仕上げる感覚です。もし、覚えきれなくなったら、後ろの「かたまり」を無視して、「結論」だけは覚えておくような練習をしましょう。

最初の結論部分に無関係な情報は後ろに来ない、これが鍵です。つまり、「結論部分について、もっと詳しく教えて、もっと詳しく教えて」という感覚で後ろを楽しみにして、意味をつないでいく。「いつ？　何の？　誰と？　どういう？」と詳しい情報を楽しみにして、待つ感覚で聞くことです。それでは、自分がスラッシュを入れた英文を見ながら、＜構文ドリル＞のトラックを聞いて、英語の文がどのようにして作られるのかを感じてください。

【意味の「かたまり」ごとに詳しい情報が足されていく感覚を作る】

16-25

Thank you, John, / for your kind introduction. //
Good morning, / everyone. //
First of all, / thank you / for taking time / out of your busy schedule / to come to this meeting. //
I would also like to thank John and his staff / for all the preparation / for this event. //

I am very happy / to have this opportunity / to talk to you today. //
In my presentation, / I am going to give you an overview / of the new ordering system / which will be implemented next year. //
The purpose of my presentation is / to show you the great benefits / and the exciting new possibilities / that we will have / with this system. //

I will try to make my presentation short, / so that we can have a lot of time left / for the Q and A session. //

Please also feel free / to ask questions / anytime during my presentation. //

いかがでしたか。英語の文の作りの特徴である、「結＋詳＋詳」の情報の順序の感覚が分かってきましたか？

この英語の順序に慣れる一つのコツは、日本語にもある、あの「慌てて話してるときの感覚」でしたね。慌てているときに、こうなりますよね？　たとえば、「見た、見た、あの映画。君が話してたやつ、昨日のパーティーで」なんて、言わないこともないですよね。あの、「慌てているときの日本語のしゃべり方」をイメージすると、うまくできるかもしれませんね。

なるほどね。I saw the movie you talked about at yesterday's party. と、そのまま英語になりますね！

後は、「あまのじゃく」になったつもりで聞く。まず、「さっさと結論を言わないと許さない！」。それで、後は「何でや」「何のや」「何のために」「誰と」と、とにかく「詳しい説明がないと納得しないぞ」とばかりに、偉そうに詳細情報をこちらから要求するようなつもりで聞く。

なるほどね。英語ってそういう感じなのかもしれませんね。聞き手が殿様。話し手の方は、とにかく結論をまず言っておいて聞いてもらえるようにして、詳細情報をサクサクあげて、説得する。なるほどね。

補助輪ステップ　＜構文ドリル＞作業２：英文を見ずに聞いて、意味→英語

さて、次は、英文を見ずに音声だけを聞いて、「自分の頭の中で、英語の出てくる順序で意味を積み上げてメッセージを作る」作業をしましょう。作業をするときは、必ず「手で箱を作りながら」、聞いた文の構造を目の前で作ってみてください。一文終わると「はい！」という声が出ますので、そこで、自分の言葉（普段の言葉）で意味を言ってください。その後に、日本語が流れますから確認して、今度は、自分の英語で言ってみてください。テキスト

の英語で言えればベストですが、そうでなくてもいいでしょう。ただし、構文の基本的な作り方は間違えないようにしましょう。「船」を作って、「フック＋名詞」、「フック＋名詞」でしたね。自分で意味を言い、英文を作ることで、「結＋詳＋詳」の感覚がさらに強化されます。一回、やり方を見せますね。

見本：構文ドリルを使った作業２　聞いて意味→英語

🎧 Thank you, John　　★ みなさんが言うところ
ありがとうございます、ジョンさん
Thank you, John, / for your kind introduction. // はい
★ ありがとうございます、ジョンさん、（何に対してかというと）ご親切なご紹介を
🎧 ありがとうございます、ジョンさん、ご親切なご紹介を
★ **Thank you, John, / for your kind introduction.**
🎧 **Thank you, John, / for your kind introduction.**

途中で、「何に対してかというと」と言いましたが、これは言う必要はありませんよ。ただし、こうして次の情報を予測して待って聞くようなクセをつけなければなりません。そうでないと、「かたまり」ごとの意味がバラバラになってしまい、文全体のメッセージがつかめません。そのため、練習では、少なくとも頭の中では次の情報が出る前に「何に対してかと言うと？」などと独り言を言いながら、次に必要な情報を要求するとよいでしょう。

🎧 Good morning
おはようございます
Good morning, / everyone. // はい
★ おはようございます、みなさん
🎧 おはようございます、みなさん
★ **Good morning, / everyone.**
🎧 **Good morning, / everyone.**

Thank you
お礼を申し上げます

作業は常に、手も使って！

First of all, / thank you
First of all, / thank you / for taking time
First of all, / thank you / for taking time / out of your busy schedule
First of all, / thank you / for taking time / out of your busy schedule / to come to this meeting. // はい

★ まずはじめに、ありがとうございます、お時間を取ってくださって、お忙しい中、会議に出てくれるために

まずお礼を申し上げます、お時間を取っていただきまして、お忙しい中を、この会議に出席いただくために

★ First of all, / thank you / for taking time / out of your busy schedule / to come to this meeting. //

First of all, / thank you / for taking time / out of your busy schedule / to come to this meeting. //

では、今度は自分でトライしてみてください（16-25）。みなさんが言うところには、ポーズを入れてありますので、その間に収まるスピードでしゃべってみましょう。できないところがあれば、再度、英文を見て、そこを確認して、できるまでやってみてください。

１回でできた人も、意味の感覚を作り込むのが目的ですから、そのつもりで最低２～３回はやってみてください。もし、やりながら、英語の順序で意味を言うのが面倒になってきたら、省略して簡単にして言ってしまっても結構ですよ。あるいは、日本語の語順になってもOKです。ただ、そのとき気をつけてほしいのは、英語の語順感覚をつけることが目的の練習ですから、英語を聞いているときには、必ず、文頭から「かたまり」で意味を処理してつなげながら、理解を積み上げて、最終的に一つのメッセージにするようなプロセスを踏んでください。この学習法の重要な部分ですので、そこは全力で頑張ってください。では、次のトラックを使って、ポーズ内に作業が終わるよう、やってみましょう。

やってみよう

補助輪ステップ　<構文ドリル>を使った練習

作業１　🎧 音声で、一つずつ「かたまり」が足されていくのを聞きます
作業２　★ 文が完成したところで「はい」と聞こえたら、
　　　　　自分で日本語で意味を言ってみます
作業３　🎧 次に、音声でも日本語で意味が流れるので、確認
作業４　★ 今度は自分で英語にしてみます
作業５　🎧 最後に音声で元の英語が流れるので、確認

音声の構成

作業は常に、手も使って！

(1) Thank you, John,
(2) ありがとうございます、ジョンさん
(3) Thank you, John, / for your kind introduction. // はい
(4)（みなさんが日本語で言う　ポーズの部分）
(5) ありがとうございます、ジョンさん、ご親切なご紹介を
(6)（みなさんが英語で言う　ポーズの部分）
(7) Thank you, John, / for your kind introduction. //

いかがでしたか、何回かやっているうち、覚えてしまったという人も多いと思います。それで結構です。覚えたとしても、単なる丸暗記ではなく、構文も理解し、英語的な語順も、情報の出てくる「結＋詳＋詳」の順序の感覚も載った形で英文が身についているはずです。

実は、こういう形で英文を身につけることが、英語学習の効率をあげるんですね。そこで使われている単語表現や構文パターンなどが身につくことはもとより、英語を聞いて、話すときのための基礎力になる「文頭から意味を処理する力」も同時に強化されていくからです。また、後で音の練習もしますが、そのときには、もう一つの基盤力である「英語の音とリズムの感覚」も同時に身につくような仕掛になっています。ということで、K/Hシステムの基本学習法の中では、この部分が、ハイライトと言ってもよい部分です。これがきちんとできれば、これ以降の練習はスムーズに行きます。

p.183 に、ここまでで学んだ内容をまとめました。「文頭から意味を正確に追う力」に必要なステップが図になっています。ただし、4 つ目の項目である「自分に最も身近な言葉（イメージ）とリンクさせて」は、次のセクションで扱います。お楽しみに。

さて、このセクションでやったことは、「OS がまったく違う英語を、文頭から、正確に意味を取っていって、文全体のメッセージをしっかりつかむ」という、まさに OS 変換の、一番大事で、一朝一夕にはいかない部分です。それでも、少し感覚が見えてきたんじゃないかと思います。

この感覚を作り込んでいくために、じっくり学習する教材を選んで、本書で学んだステップで学習をやり込むことができます。

一方で、もう少し気軽に、この部分について日ごろからできる、学習の工夫もありますので、以下にまとめておきます。

継続学習の視点

構文リスニング力をつけるために、普段からできること

1. ちょっとむずかしそうな構文が入った教材を、＜構文分析＞しておいて「構文を追いながら」何回も何回も聞く
2. 英文を読むときも、構文を見抜きながら、スラッシュを入れながら、後戻りしないで読もうとする
3. 英文を聞くときにも、構文を見抜きながら聞こうとする
4. 見抜けない構文が出てきたら、分かるまで何度も聞く。または、テキストで確認する。どちらも無理な場合は諦める

そうですね、最終的には、はじめて聞いた英文であっても、「構文を見抜きながら聞けるようになること」が目標ですが、いろいろと日ごろからできるちょっとした意識や練習がありますね。

初中級者のための鉄則

＜構文分析＞を、しっかりした英語を使って練習をするのが最も効率的です。

読む

まずは、「英文を後戻りせずに、スラッシュを入れながら、構文を正確に追いながら読むクセ」を身につけることです。分からなかったら、そこで止まって＜構文分析＞をしてみて、納得したら先に進みます。同じ文章を何回か復習してみることが大事です。

聞く

同様に、はじめて聞く英語でも、構文を正確に追いながら聞こうとする。クセで体が自然と構文を立体的につかもうとするように動いているようになれば、しめたもの。はじめての英文も常にこのような意識で聞いているうちに、構文が追える文の割合が高くなってきます。

学習

もし、構文が見抜けない文に出合ったら、それは「音が聞き取れない」という問題か、慣れている構文ではないために歯が立たない「複雑な構文」なのかを区別。後者であれば、テキストを見て＜構文分析＞して構造に納得しておく。納得したら、何回か復習して、味わっておく。もし、テキストがなければ、何度か繰り返し聞いて、音だけで＜構文分析＞してみる。何度聞いても分からない場合は、今回は諦める。こんな感じで学習サイクルを回していけばいいと思います。

まさに、deliberate practice（焦点を絞った繰り返し練習）しているわけですね。「意識して」見抜こうとする、「意識して」一度やって分かっているところも繰り返しなぞる。それが大事なんですね。英語は、知識の習得ではなく、スキルの習得なんですよね。

「文頭から意味を正確に追う力をつける」学習法のまとめ

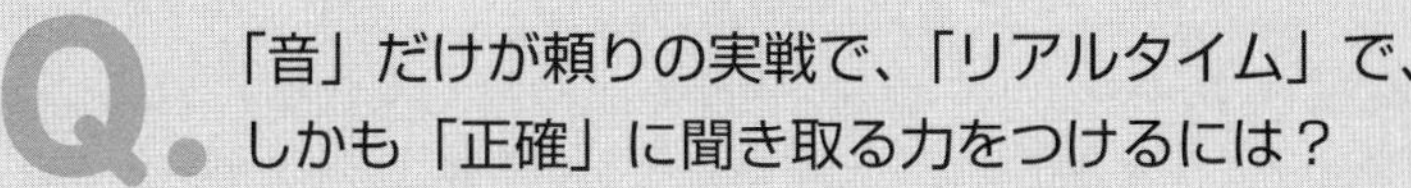

Q.
「音」だけが頼りの実戦で、「リアルタイム」で、
しかも「正確」に聞き取る力をつけるには？

A. 「英語の特徴」に沿って意識的に聞く練習を繰り返す

ステップ①
常に構文を意識して、

正確な理解には、不可欠！
サバイバル英語を脱皮して、本当に正確に理解する力を目指すなら、これが飛躍の鍵。

ステップ②
大きな意味の「かたまり」ごとに、

意味のまとまりで捉える！
一単語一単語で英語を追っていては、処理が間に合いません。

できるだけ文頭から

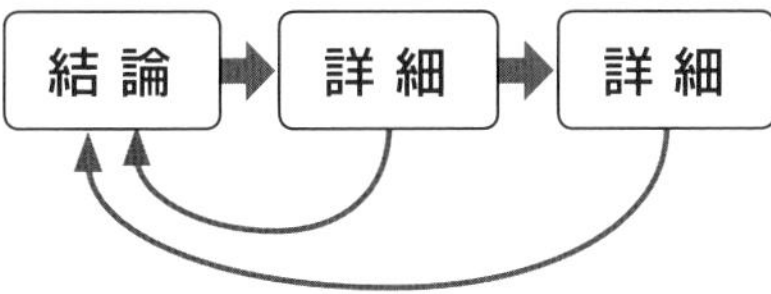

「結＋詳＋詳」の順序をコツに！
文末から戻って理解しようとすると、置いていかれます。「結＋詳＋詳」で情報が足されてくるのをヒントに、前からどんどん理解していきます。

ステップ③
自分に最も身近な言葉（イメージ）にリンクさせて

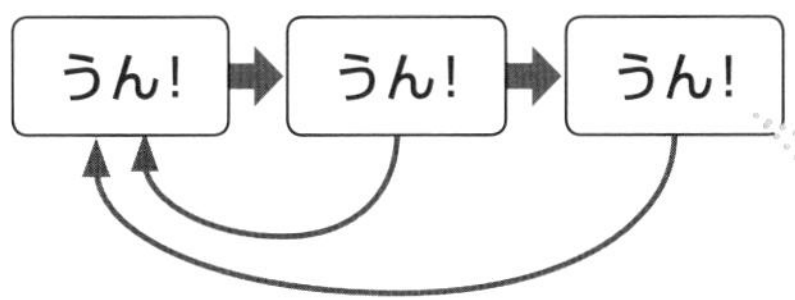

うん!
うん!
うん!

よそ行きじゃない「自分の言葉」で、保存！
辞書的な硬い言葉で英語を理解していては、聞き取りは追いつかないし、忘れてしまいます。

理解しようとする！！

3　意味の感覚②　意味を頭に残し、納得する感覚をつける

このくらいやり込んだあたりから、典型的、かつ重要な悩みや課題が出てきます。特に、この意味の側面では、以下にあげるような悩みが、よく出てきますね。英語力がある程度高くて、聞き取りもそれなりにできるようになってきた人でも、ずっと引きずりがちな悩みだと思います。

共通して言えるのは、聞いているときに、あるレベルでは「分かっている」感覚があるのに、最終的な文のメッセージとして「結局、何？」がつかめていない、腹に落ちていない。だから、すぐに忘れてしまう。

よくある悩み

1. 英語を聞いていて意味が分かったように感じるが、すぐに忘れてしまう
2. 英語を聞いても、「理解」が「かたまり」ごとにぶつ切れで、文全体で、結局何を言ってるかがつかめてない感じ
3. 「言葉」で表面的には理解できているのに、結局のところピンとこない

結局、文の意味が、メッセージとして取れていない

結構、学習者の個性も出てくるところですよね。前にも触れましたが、たとえば、「実戦」をとても意識して、「使う」ことを常にイメージして、自分の行動のためのツールとして言葉を学習する意識の強い「実戦型」の人だと、この悩みはないかもしれませんね。「要は？」「結局、何を言われてる？」を、そもそも、すごく意識して言葉に触れる傾向が強いんでしょうね。逆に、こういう方は、「正確な理解」のために、構文を追う意識などに特にフォーカスする必要があったりします。

そうなんですよね。そして、意外にもったいないのが、逆の「勉強型」で英語に触れてきた人たちです。構文意識なども強く、たとえば、この学習法で「実戦」を意識した文頭からの理解などを練習すれば、正確な

聞き取りへの道は手堅い人たちですね。こういう方々によくある壁が、ていねいに正確に、しかもちゃんと文頭から意味を取るクセはついていくのに、文全体としての「結局、何？」のメッセージを取る意識が薄くて、「分かったのに、結局、よく分からない」の壁にぶつかるようです。

この章では、正確に、でも同時に、文全体としてのメッセージとしての「結局、何？」を、しっかり腹に落として、頭にも残るようにするための意識と工夫を見ていきます。

この面に関しては、決まった練習方法ということではなく、必要な意識をしっかり持って、後は、自分のタイプに合った工夫を心がけるというところだと思います。ここでは、たくさんの学習者の方たちを見てきた中で、いくつか典型的な「うまくいくやり方」があるので、それをご紹介したいと思います。その人のタイプによって、うまくいくやり方が違うようなので、自分に合ったものを探すつもりで、試してみてください。

✔ステップ③：イメージを頭に残す練習

たとえば **対策例１** 文の最後で、「なるほどね、～なんだ」で **保存**！
対策例２ 手で、イメージ化を手伝う
対策例３ 同時通訳‘風’作業で、こなれた理解に落とし込む

リスニング：理解したことが、メッセージやイメージとして腹に落ちて、しっかり頭に残るようになる

スピーキング：自分の発想の中にあるメッセージやイメージとしっかりリンクした形で英語が身につくので、学んだ英語が自分の発想からスッと出てくるようになる

対策例 1 **文の最後で、「なるほどね、～なんだ」で保存！**

では、はじめましょう。まず、最初の手は、基本中の基本。たぶん、どんなタイプの方でも絶対にこれは意識した方がよいことではないかと思います。

作業としては、別段、何も特別なことをするわけではありません。「船＋フック＋フック」と「結＋詳＋詳」を意識して、文頭から、大きなかたまりで、意味をとっていく「聞き取りフォーム」は、そのままキープです。それを決して忘れずに。その上で、「結＋詳＋詳」で積み上がっていって、最後に仕上がる「文全体のメッセージ」によりフォーカスして、文の最後で「なるほどね、～なんだ」と、聞き取ったことを一瞬確認、反芻するような意識を味わいます。練習としては、実際に言葉にしてつぶやくことで、しっかり意識させます。

文全体のメッセージをつかんで、腹に落として納得する

✓ すべての受け皿、すべての枠組みになる「結論」にフォーカス！
✓ そこに詳しい情報を載せていって、一つの絵（メッセージ）にする！
✓ 文の最後で、納得して、セーブ（保存）！

理解した内容全部を言葉にする必要はありませんよ。結論のメッセージや、大事なところを、「行ったんだぁ」とか「明日あるのね」といった感じで言葉にするだけで十分ですよ。要は、自分の中に、「メッセージとして受け取る」モードを作るのです。簡単なことなんですが、これだけでも、意味を取るモードが変わって、文全体のメッセージに意識が行きやすくなるようです。

それでは、やってみてください。

やってみよう

文の最後で、「なるほどね、～なんだ」で保存！

作業 1　まず、文頭から、かたまりで意味を取っていく基本フォームで聞く
意識のフォーカス：これが基本フォーム！　これが基調だぞ！

作業 2　同じフォームで、特に最後の全体のメッセージにフォーカスして、文の最後で、「なるほどね、～なんだ」と言葉に出して納得
意識のフォーカス：「結局は？　結局は？」の意識を持って聞く
最後に自分の意識にしっかり刻んで、納得感にする！

対策例 2　手でイメージ化を手伝う

次は、「イメージ派」の右脳型の人がうまくいくかもしれませんね。言葉として理解する感覚をさらに深めて、できるだけ理解を「イメージ化」します。

ここで「ただし書き」を一言。「イメージ作り」にフォーカスする学習アプローチは、K/H システムの学習法では、「英語の OS」を作り込む意識と聞き取りの「基本フォーム」が、ある程度できてきてから取り組んだ方が安全だと考えています。

聞いている話の意味をつかむとき、「イメージ化」して理解しようとするクセは、絶対に大切です。ただ、大人になってから外国語を学ぶ際、まずそれにフォーカスしてしまうことには、同時にリスクがあります。「イメージにする」ことが、往々にして、構造や正しい理解よりも、「感覚で、何となく理解する」になってしまう場合が多いからです。「英語を英語で理解する」というアプローチも、同様にそういう結果になってしまっていることが多いように思えます。

K/H システムでは、感覚的で、想像と推測に頼る聞き方で終わらないために、まずは、英語の OS に沿って正確に聞き取るための「正しいフォーム」をある程度意識できるようになってもらいます。その上で、さらに「理解をイメージにする」ことにフォーカスした方がよいと考えています。

そうですね。「英語をイメージ化して捉えましょう！」と最初からみなさんに勧めたら、「やっぱりそうだったのか。英語を英語で理解する今のやり方を強化すればいいんだ」と誤解させてしまうことになって、OS の異なる英語を正確に理解する力をつける、「フォーム変換」ができなくなってしまうリスクがあったわけです。

だから、遠回りに見えても、「まずは英語の OS を作り込みましょう！」と、まず強調していたんですね。

ここまで説明すれば、みなさんの誤解もなくなったと思いますので、「イメージ化」の練習をやってみましょう。

ここで紹介するのは、手や体でイメージ（動きや形や感覚）を作りながら理解を深めようというやり方です。意味の「かたまり」ごとに手でイメージを作って、脳がイメージを作り、イメージを焼きつけるのを手伝います。

「手話」みたいになりますが、自分のためのイメージ作りですから、人に理解してもらう必要はありません。自分なりに、聞こえた英語の「かたまり」のイメージを描けば OK です。イメージが湧かないという人もいますが、コツは、動詞など、動きのあるものをまずは中心に、手で動きをイメージにするといいですよ。たとえば、「ここに、来てくれて」とか、「〜について教えて」など、その動きを手で作れそうですよね。thank you、happy などは、顔の表情もつけて、感謝やうれしさを表せば、自分の中で英語の意味がイメージへと深まりますね。

理解したことが頭の中にしっかりイメージとしてあれば、もちろん、それでいいわけなのですが、手を使ってやろうとする刺激・負荷をかけると、脳がいつも以上に工夫してくれるんですね。体で表現する必要があると、理解やイメージがかなりクリアで、こなれていないとできませんから、脳は「要は、どういうことだ？」と必死で工夫して、理解をシンプルに「こなしてくれる」ということです。それと、そのくらいやらないと、どうしても受け身で英語を聞いてしまって、分かったつもりで聞き流してしまって、腹に落ちるイメージにまでこなれないから、頭に残らないことが多いですよね。

それでは、ちょっとだまされたと思って、やってみてください。人によってはこれがきっかけになって、英語を「ただの言葉」と捉えるのでなく、「話してるんだ」、「メッセージを伝えてるんだ」と、英語を“コミュニケーション”として捉えられる意識に変わり、英語の学習モードが変わったりします。

やってみよう

手でイメージ化を手伝う

作業　音で聞きながら、「かたまり」ごとに、手でイメージを描く

意識のフォーカス：

1. 特に「結論」、動詞にフォーカスして、そこをイメージに！
2. シンプルに、要は、どんな意味だ？　どんなイメージだ？
3. とにかく手でやろうとすることで、脳のイメージ作りを手伝う！

コラム#8
イメージ化の「工夫」が、英語の理解を深める

動きを表す単語・表現はイメージを作りやすいのですが、the purpose や benefits や opportunity などはむずかしいですよね。少しだけ助け舟を出しましょう。

the purpose は、「目指すところ」でしょうから、「前や上を指さす」なんて、できそうですね。benefits は少し厄介ですね。こういう場合は、そもそも benefits とはどういう意味かを理解しようとするところからスタートするといいですね。これって、辞書では「恩恵」と書いてありますが、要は「いい点」という意味です。「プラス！」というイメージができればいいんですね。にこにこ笑って、その感覚でイメージしてもいいかもしれないし、親指を立てて「OK サイン」をするのもいいかもしれませんね。opportunity は、辞書では「機会」と書いてありますが、「よくなるチャンス！」という意味ですから、この文脈では、「システムを導入すると、『これからもっといいことが起こるチャンス』に恵まれますよ」といっているわけです。イメージとしては、☺な感じですから、「よし！」や「笑顔」や「↑などの改善イメージ」が出てくればいいですかね。このように即座にイメージに落とし込めない場合は、机上でじっくり考えてみてくださいね。

今の例でも感じたかもしれませんが、こうやってイメージを考えると、英語の単語や表現の理解がとても深まります。その単語や表現の「コアの意味」が見えてきたりします。これが、そのまま、聞き取りにも生きてきます。サッと、腹に落ちる理解ができるようになります。自分でサッと使える表現に、より近づけることができます。

腹に落ちるイメージや感覚に近づける手として、「言葉」を通して工夫することもできます。最も自分にしっくりくる「こなれた日本語」（大阪出身なら大阪弁、東京の下町なら下町言葉など）の理解に落とし込むことも、イメージ化につながり、その過程で英語表現の理解がエッセンスへと深まっていきます。これが次の「対策例 3」のアプローチです。

対策例 3　同時通訳‘風’作業で、こなれた理解に落とし込む

最後に紹介するのは、「同時通訳‘風’」の作業です。英語を聞きながら、理解したことをボソボソと日本語で言っていきます。本当の同時通訳と違って、すでに学習してある英語を使ってやります。「結＋詳＋詳」の感覚で文頭から聞き取りながら、理解した意味を自分が普段しゃべっているような日本語で、ほぼ同時に口に出して言ってみる、という練習です。

この作業の目的を確認しますね。

1）目的の第一は、これまでやってきた「英語のOSに合った聞き取りのフォーム」を体得することにあります。英語の「文の作り」の特徴である「結＋詳＋詳」の感覚で、文頭から「かたまり」ごとに意味をつかんで、メッセージをつかむ。この聞き取りのスピードを、ネイティブスピーカーの話すスピードへとスピードアップしていきます。これができないと、実戦での聞き取りは、追いつきませんからね。

2）第二の目的が、単語や意味の「かたまり」の理解を、瞬時にイメージできるようなエッセンスへと落とし込んでいくことです。「かたまり」単位で、意味を瞬時に腹に落ちるメッセージやイメージとしてつかめるようにすることで、文全体の意味が最後まで頭に残る――そんな聞き取り方を体得します。

「同時通訳みたいなこと、できるわけないじゃない」と、はじめはみんな思うようなんですよね。でも、これまで＜構文分析＞、「文頭からの結＋詳＋詳の理解」、と学習をしてきた英文を使うので、5回程度繰り返すとできるようになってしまいます。これは研修でも実証済みなので、安心してください。

この練習をすると、文頭から聞き取りながら、瞬時に意味をつかみ、話のイメージが湧いてくる感覚が分かってきます。何回も繰り返すことで、この感覚を自分の中に定着させて、英語を聞いているとき、しゃべっているときに、自然とこの感覚で聞いてしまう、しゃべってしまう感覚に近づけます。

このやり方だと、文末まで聞いてからじっくりと意味を考える余裕がないので、英語の文の特徴である「結＋詳＋詳」の感覚で聞き取るしかなくなる、という「しばり」になるわけなんです。それが、第一の狙い。

そうですね。あと、人の脳って偉大ですよね。同じ教材で何回もこの練習をすると、どんな人でも自然に脳が工夫してくれて、英語の理解が「こなれたエッセンス」になってくるんですね。今までは、英語の日本語訳にとらわれすぎていたものが、「結局ここで、この英語で、何を言っているのか」の意味のエッセンスを捉えはじめるのです。しかもそれを、自分になじんだ「よそ行きでない言葉」でやっていると、これはもう、ほとんど「言葉を介している」感覚がなくなってくる。それこそ、意味そのものやイメージで捉えている感覚に近づいてくるんですね。慌てていますからね、脳はそういう瞬間的に腹に落ちる理解をせざるを得なくって、工夫するわけです。これが第二の狙いです。

このように脳が動き出すためには、速いスピードで理解を促すという環境の負荷を作ってあげるのが大切だというのは、英語研修での経験を通じて実感していて、それでこの作業も訓練の柱に入れているんです。

そうですね。ただし、教材の文の構造と正確な意味を理解していることが前提なんですね。そうでないと、また、適当で当てずっぽうな理解になってしまいます。きちんと文の構造と意味を分かった上でやれば、この練習法の効果は絶大なんです。まず、「構文」や「結＋詳＋詳」の英語の OS を意識した正確な聞き取りのベースありき！――これを、忘れないでくださいね。

結構、負荷が高い練習なので、自分でこれをやろうと思う人は少ないのが現実だと思います。ただ、一度、やり込んでみることをお勧めします。K/H システムの講座では、必ず入れています。このトレーニング方法で一度でも、「英語をただ“意味”として理解している感覚＝英語を英語で理解している感覚」を味わえば、英語を意味のエッセンスに落とし込んで理解することが「どういうことなのか」、「どういう感覚なのか」が体感として分かります。そうすると、他の教材で勉強しているときにも、それを目指した形での学習がはじまるので、学習の効果も格段とあがります。

次のページに作業の手順をまとめています。作業に入る前に、まずは、私たちが見本を見せますね。私たちの言っている「日本語」自体に注目するよりも、まずは、どんな順序の感覚で、理解をしているかを感じてくだされば結構です 36-37。これまでも言ってきたように、ここでの目的は「聞き取った意味を、最も自分に納得感ある形で頭に刻み込む聞き方」の感覚をつかむことですね。なので、最もこなれた言葉で理解のエッセンスを言っているバージョンを、「同時通訳‘風’作業参考例」として p.195 に載せておきました。参考にしてください。

では、見本トランスクリプトを見終わったら、みなさん、自分でやってみてください。英語をきちんと聞いて、いつものように手で箱やイメージを作って、それを自分の言葉で説明する感じでやってください。最初何回かは、「ポーズ入り」のトラックを使って、やってみてください。まずは「ついていけなくて当然」、と思ってください。そこをついていけるように何度もやっているうちに、脳が理解をエッセンスに落とし込んでくれます。一番イメージに近い、腹に落ちる、シンプルなエッセンスに落としてくれます。それが狙いです。「あぁ、要は、単にこういうこと言ってんだ」という感覚になってきます。そこまで、ひと頑張り。

さて、ポーズ入りである程度慣れてきたら、今度は、ポーズの入っていない「ストレート」のトラックでやってみましょう。納得した意味をリアルタイムで自分の言葉にして言わざるを得ないので、さらに「こなれた理解」にして「頭の中で意味に納得しよう」とする脳の回路がフル稼働してきますよ。

納得感を持って理解した内容は、忘れにくいですからね。「日本語を理解するときと同じ感覚で、英語を“納得感を持って理解する”ってこんな感じなのか」と体験できると思いますよ。では、どうぞ。

やってみよう

同時通訳‘風’作業で、こなれた理解に落とし込む

作業 1　ポーズ入りの音声を聞きながら、「かたまり」ごとに、理解したことを日本語でボソボソ言いながら聞き進む
(意味の入ってこないところは、テキストを見て工夫)

意識のフォーカス：

1. 構造は、しっかり追って！
2. 「かたまり」ごとにぶつ切りでなく、すべての枠組みである「結論」に詳しい情報が加わって全体のメッセージに積み上がっていくのを味わって

作業 2　ストレートの音声を聞きながら、「かたまり」ごとに、理解したことを日本語でボソボソ言いながら聞き進む
(日本語を言っている意識がほとんどなくなるまでやってみる)

意識のフォーカス：

1. 構造を追って、正確に英語を追うことは忘れない！
2. 普段の自分の言葉で！

同時通訳‘風’作業参考例

Thank you, John,　ありがとう、
for your kind introduction.　ご親切な紹介を。
Good morning everyone.　みなさん、おはよう。

First of all,　まず
thank you　ありがとう、
for taking time out of your busy schedule　忙しいところ、時間を取って
to come to this meeting.　ここに来てくれて（ありがとう）。
I would also like to thank John and his staff
ジョンとスタッフにも、ありがとう。
for all the preparation for this event.　この準備してくれて。

I am very happy　すごいうれしいです
to have this opportunity　この機会もらえて
to talk to you today.　みなさんにお話しできる。
In my presentation,　プレゼンでは、
I am going to give you an overview　全体像、話すね
of the new ordering system　新しい発注システムのね、
which will be implemented next year.　来年、実施のやつだけど。
The purpose of my presentation　で、目的は
is to show you the great benefits and the exciting new possibilities
おっきな利点とすごい新しい可能性、分かってもらおうと思って、
that we will have with this system.　このシステムでのね。

I will try to make my presentation short,　プレゼン短くするようにするね、
so that we can have a lot of time left　十分時間残せるようにさ、
for the Q and A session.　質疑応答に。
Please also feel free to ask questions　自由に質問して、
anytime during my presentation.　プレゼン中いつでも。

まだ負荷が高すぎて、これをやると逆に聞き取りのフォームが崩れてしまうと感じる人は、無理してやる必要はないですよ。

思い出してくださいね。学習サイクルのこの最後のステップの目的は、「聞き取った意味を頭に残し、納得する感覚をつける」ことでしたね。それができる自分なりの意識や作業を工夫すればいいですからね。先にやった二つの作業の方がやりやすければ、この目的を意識して、それでやればいいですよ。

そうですね。とにかく、OS の異なる英語を、正確に、リアルタイムで聞き取れる実戦力のための「基盤力」作りをしてきたんでしたね。英語の OS に合わせて、「結＋詳＋詳」で、文頭から「かたまり」で、自分の普段のこなれた言葉で理解しながら、文全体のメッセージを作って聞き取る。この「正しいフォーム」を自分の中に作り込むのが目的でした。

これで意味の作業は終わりです。
次は、音の感覚を作り込んでいきますよ。お楽しみに！

「意味を頭に残し、納得する感覚をつける」学習法まとめ

ステップ③：イメージを頭に残すための練習

悩み： 英語の文の特徴である「結＋詳＋詳」の感覚で聞けたとしても、意味を忘れてしまう。

問題点： 頭に残る形で意味が取れていない

原因： 英文解釈的・辞書的な理解の仕方にとどまっていて、自分のメッセージ・イメージ・言葉として理解を腹に落とすクセがついていない

対策例（練習法）：

① 文の最後で、「なるほどね、～なんだ」で 保存！
② 手で、イメージ化を手伝う
③ 同時通訳‘風’作業で、こなれた理解に落とし込む

「意味の感覚」を作り込むための４つのコツ

「音」だけが頼りの実戦で、
「リアルタイム」で、しかも「正確」に聞き取る力をつけるには？

1. 構文を見抜きながら、
2. 意味の「かたまり」を１単語感覚で捉えて、
3. 「結＋詳＋詳」の感覚で文頭から情報を積み上げて、文全体のメッセージを正確につかむ

↓

4. 自分に最も身近な言葉（イメージ）に理解を落とし込んで、瞬時に**意味を頭に残し、納得する**

コラム#9

「言葉」でイメージに近づく

「普段自分が使う、よそ行きでない言葉」というのは、恐らく言葉の中でも、その人にとって最も「イメージ」「感覚」に近いところにある「言葉」なのだと思います。自分の中で「“言葉”という意識がほとんどない」レベルの言葉なんだと思います。英語となると、つい、よほどフォーマルなときにしか使わないような硬い言葉や、辞書の訳語で理解して安心してしまいますが、この「硬い言葉」から「イメージ・感覚」までは、かなり距離があります。その両極の二つの間にあって、最も「イメージ・感覚」側に近いところにあるのが「普段自分が使う、よそ行きでない言葉」だろうと思います。

「普段自分が使っている、こなれた日本語」で英語を理解することで、「イメージ・感覚」への橋渡しの役をしてもらおうというのが、K/H システムで英語の「やまと言葉落とし」と呼んでいる考え方です。

幼少期を過ぎてからだと、母国語をまったく介さない英語の学習が、正しい意味の理解になかなかつながらなかったり、そこに到達するまでの効率がひどく悪かったりする場合が多いのに対して、一度日本語で理解しておくアプローチは、やはり、正しい理解を確保しやすいはずです。しかも、その上で、日本語での理解を、「普段使わない硬い日本語」での理解で満足するのではなく、「“言葉”ともいえないほど自分の中でイメージや感覚に近い自分の言葉」での理解に落とし込んでおけば、一番効率よく、かつ、一番理解も正しい形で、「英語をただ“分かる”感覚＝英語を英語で理解する感覚」に近づくことができると考えています。

英語を学習するときに、単語や表現を理解するのに、辞書的な意味で理解する第一段階で止まらずに、「やまと言葉落とし」して理解できている第二段階にできるだけ近づけてみてください。これができている単語・表現は、リスニングでもパッとイメージになって意味が入ってきやすいです。話すときにも、パッと出てきやすいです。

ただし、これは TOEIC®L&R テスト 700 点以上になってから真剣にやればいいことなので、今は、あまり心配しすぎないでくださいね。700 点になるまでは、まずは構文理解と、文頭からの正確な理解を最優先課題としてくださいね。

4 実践練習 ③ 音の感覚

1 英語の音とリズムの特徴

さあ、それでは、いよいよ音の学習に移ります。英語の音とリズムの感覚を作り込む方法を紹介し、それを使った練習をしていきましょう。そのために、まずは、第４章で説明した英語の<音とリズムの特徴>を簡単にレビューしておきましょう。「WHAT:何を身につけるのか」をしっかり意識していないと、練習方法が分かっても意味がないですからね。

英語の音の特徴 1 拍がずっと少ない

英語の音とリズムの特徴として、まずあげられるのが、(1) 英語は拍が少ないことでしたね。日本語では、音節ごとに拍が入るのに対して、英語では音節ごとには入らず、拍の数が大変少なくなるんでした。たとえば、「こばやしさん」という名前の発音を例に取りましょう。日本語だと、基本的には「こ・ば・や・し・さん」とほぼ音節全部に拍が入りますが、英語的な感覚だと「コバ**ヤ**ーシサン」と、恐らく１拍できます。

そうでしたね。みなさん覚えていましたか？　たとえば、日本語で「ジョンさん、ご親切なご紹介、ありがとうございます」と言うと、ほぼすべての音節にアクセントが入っていますね。25拍くらいになりますか？　英語的な感覚だと、拍の数が極端に少なくなって、こんな感じになります。

「**ジョ**ンサン、ゴ**シ**ンセツナゴ**ショ**ウカイア**リ**ガトウゴ**ザ**イマス」

5カ所ぐらいにしかアクセントが入りませんね。

本文の英語 Thank you, John, for your kind introduction. を使って練習してみましょう。まずは日本語的に発音すると、「サンキュウ・ジョン、フォォユァ・カインド・イントロダクション」という感じになりますよね。これを拍数の少ない英語的な感覚で言ってみると、こうなります。

Thank you, **Jo**hn, for your **ki**nd intro**du**ction.

この「拍の少ないリズム」の感覚が、英語の発音の基本になり、英語を聞き取る力の基盤になってきます。

英語の音の特徴２　リズムは強弱で作られる

次の特徴は、(2) 英語のリズムは、高低ではなく強弱で作られるという点でした。英語のアクセントは、日本語のように音の高さ・低さのコントラストでリズムを表すのではなく、ストレス・アクセントと呼ばれているように、息の強さ・弱さによってリズムを表すのでしたね。具体的にやってみましょう。

まず、英語の例です。　**Tha**nk you, **Jo**hn, for your **ki**nd intro**du**ction.

次に日本語の例。　Thank you, John, for your kind intro duc tion.

再度英語の例です。　**Tha**nk you, **Jo**hn, for your **ki**nd intro**du**ction.

この強弱のリズムの感覚が身についていないと、聞き取りの際、「弱い部分が聞こえない」という現象に悩むことになるんでしたね。私たちは常にすべての音節を強く、はっきりと言ってもらえるという期待で聞いていますが、実際に飛んでくる英語は、ストレスの入らない音節は大変に音が弱いのです。その弱い部分を聞き取れるアンテナへと、自分の耳を変えていく必要があるわけですね。そのためには、「英語は強弱でリズムができているんだ」ということを自分に言い聞かせながら、体得する必要があります。英語のリズムを音の高低で聞き取ろうとしているかぎり、音として聞き取れる単語に限界が出てきます。

①英語は、日本語よりも拍が少ない。
②拍の入れ方は、音の強さであって、音の高さではない。

以上が最も大きな音とリズムの特徴です。この部分は特に日本語の感覚と大きく異なるところなので、絶対にマスターしておくべき項目です。

英語のリズムの感覚がついてくると、いろいろな面で英語力があがってきます。まず、聞き取りのときに、弱いところも単語や表現がきちんと耳に引っ掛かってくるようになってくる。推測でなく、正確に相手の言っていることを理解するには、これは不可欠なことですよね。それから、英単語やイディオムが断然覚えやすくなる。また、英語がなめらかに話せるようになり、聞き取ってもらいやすくもなるので、英語を話すときの自信が高まるという効果もあります。発音が分からなくてネイティブスピーカーに聞き直されるということが減ってきますし、発音がいい日本人が周りにいても気後れせずに英語が話せるようになったりしますよね。

ストレスの入る音節の発音は子音から弾く

それでは、さらに詳しく英語のリズムを見ていきましょう。
英語は強弱でストレス（拍）が入るわけですが、拍の入るところの音と、拍が入らないところの音の特徴をさらに詳しく見ていきましょう。

まず、ストレスの入り方です。
英語のストレスは、音節のトップの子音から、弾くようにストレスが入るんでしたね。アクセントは母音に入るのではなく、音節のトップの子音から、切れ味よく、「スパ〜ンッ」と弾くように力が入ります。たとえば、Thank you は、サアンキューではなく、**Th**ank you です。**Th** から、弾くようにスパ〜ンッと気持ちよく力が入ります。少し練習してみましょう。日本語的—英語的の順です。自分でも声を出しながら違いを味わってみてください。

kind-**ki**nd
morning-**mor**ning
taking-**ta**king
schedule-**sche**dule
introduction-intro**du**ction
first-**fir**st
time-**ti**me

ストレスの入らない音節は曖昧母音化

次は、ストレスの入らない部分の発音の特徴です。

英語では、ストレスの入らない弱い部分の音は、「曖昧母音化」する——これが、英語の発音の特徴でしたね。

曖昧母音というのは、口の周りや、喉、首に力を入れずに、最も楽にして声を出したときの「ァ」と「ゥ」の間のような「ゥ〜」という音です。ストレスの入る音節の母音は、正しい音で、明確に発音するのですが、入らない音節については、力を抜いて省エネモードでサラサラッと発音するので、ちょっと怠慢な「曖昧母音」に収束してしまうというわけです。

日本語と比べて拍の少ない英語では、ストレスの入らない弱い部分が日本語よりはるかに多く、私たちが苦労する部分もまさに、この「音の弱い部分」なんでしたね。その「音の弱い部分」は、発音そのものも、このように「曖昧母音化」して変わってしまうというわけですから、ますます私たちには聞き取りにくくなってしまうんですね。

たとえば、Thank you. は、Thank の音節にストレスが入っているので、a の音ははっきりときれいに響かせて **Tha**nk となりますが、次の you の母音は曖昧母音化します。こんな感じです、Thank you.（**サ**ンキョ）。you にもストレスをきっちり入れれば、Thank you.（**サ**ン**キュゥ**）。それに対して Thank you.（**サ**ンキョ）。スッと力が抜けている感じが分かりますね。introduction も、真ん中の **du**c（ダク）のところにストレスが入りますから、その前の intro- の部分の母音は曖昧母音で、「エントロ」。「イントロ」ではなくて、「エントロ」…… こんな感じです。最後の -tion も、「ション」ではなくて、「シュン」…… になります。だから、introduction は「イントロ**ダ**クション」ではなく、intro**du**ction「エントロ**ダ**クシュン」になるわけです。for your も「フォアヨア」とはっきり発音せず、軽い「ファーヤー」のような音になります。

英語の音の特徴3　大きなまとまりで、音がくっついてしまう　42

あともう一つ、私たちを悩ませる英語の音の特徴が、(3) 英語は、大きなまとまりで、音がくっついてしまう、ということでしたね。リエゾンといって、単語の最後の音と、次にくる単語の最初の音がくっついてしまいます。そのために、単語の切れ目が分かりにくくなり、この面でも、「見れば分かる英語が音で聞くと分からない」というもったいない現象に私たちは悩まされることになるんでしたね。

先ほどの例を文全体で見てみましょう。kind introductionのところに注目をすると、kindの最後が子音の［d］で終わっていますね。子音は息の流れが遮断された時点で責任終了ですから、［d］の場合、舌先が上の歯茎の裏について息を遮断したら、そこからそのままintro-に行っていいんでしたね。そうすると［d］と次の［i］がつながって［di］になって聞こえてきます。

kind indtro**du**ction（**カイ**ンデントロ**ダク**シュン）

それでは、以上、英語の音の特徴3つを合わせて文全体を見てみましょう。

- ✔日本語よりも　**拍がずっと少ない**
- ✔かつ　**リズムは強弱で作られる**
  - 強は、**音節のトップの子音から切れ味よく力が入る**
  - 弱は、力が抜けて**「曖昧母音」化**
- ✔しかも　大きなまとまりで、**音がくっついてしまう**

Thank you, **Jo**hn, for your **ki**nd intro**du**ction.
(サンキュウジャーン、フォアヨアカァインドイントロダクション) ではなく：
(**サン**キョー**ジャ**ーン、ファーヤー**カァ イ**ン(d)デントロ**ダク**シュン)

これで、だいたい、「英語の音のOS」のポイントを思い出しましたよね。特に私たちは、「弱」の部分の感覚を身につけることが大事ですね。日本語の感覚のまま聞いていると、「音が弱すぎて耳に引っ掛かってこない」、かつ、「音が曖昧に変わってしまう」、かつ、「音がくっついてしまう」という、私たちにとって３重苦になるこの「弱」の部分で苦労し続けることになります。しかも、英語は「拍が少ない」ということは、大半が私たちの苦手な「弱」の部分になる、ということですから、絶対に、慣れておいた方がいいわけですよね。

実況中継：リズム練習

では､英語の特徴を頭に置いて､教材の英語の文 #3（☞ p. 134）を使ってリズム・発音練習をしてみましょう。まず最初に「かたまり」ごとに練習して、最後に文全体を仕上げましょう。

まず First of all, を１拍で、Fir st of all, ２回どうぞ。

Fir st of all,

拍のところは子音からスパ～ンッと、弾くように切れ味よく力を入れ、後はサッと力を抜いて怠慢に、でしたね。

thank you を１拍で。tha nk you, ２回どうぞ。

tha nk you,

for taking time で２拍の感じですね。for ta king ti me, ２回どうぞ。

for ta king ti me,

out of your busy schedule は、これも２拍で、最初の弱部分が長いですよ。out of your bu sy sche dule, どうぞ。

out of your bu sy sche dule,

to come to this meeting, も２拍で。to COme to this MEEting, ２回どうぞ。

to COme to this MEEting,

それでは、文 #3 全体を練習しましょう。最後の「かたまり」から、一つずつ前の「かたまり」を足して練習していくとやりやすいので、そのやり方でやってみましょう。その前に、まず、意味としてまとまっている二つ目と三つ目の「かたまり」をくっつけて慣れてしまいましょう。

for taking time out of your busy schedule を４拍で、まずは言ってみましょう。弱いところは楽～に力を抜いて、サラサラと省エネでいいんでしたね。拍のところをスパ～ンッと弾きながら、リズミカルにいきます。
for TAking TIme out of your BUsy SCHEdule, ２回どうぞ。

for TAking TIme out of your BUsy SCHEdule,

OK です。それでは、文の最後の「かたまり」から、一つずつ前に「かたまり」を足して文を仕上げますよ。まず、一番後ろの「かたまり」から。to COme to this MEEting, ２回どうぞ。

to COme to this MEEting

では、前にさっきの二つを足しますよ。for TAking TIme out of your BUsy SCHEdule, to COme to this MEEting, はい、２回どうぞ。

for TAking TIme out of your BUsy SCHEdule to COme to this MEEting

さあ、４つ全部合わせます。Thank you for taking time out of your busy schedule, to come to this meeting.　2回どうぞ。

Thank you for taking time out of your busy schedule to come to this meeting.

はい、お疲れさまでした。慣れるまでは少々、体力を使う作業ですが、長期研修の参加者などを見ていても、この「音とリズムの感覚」は、特徴を理解して、意識を持って練習すれば、案外、身につけるのに時間はかからないようです。英語の表現が覚えやすくなる、覚えた表現が口をついて出やすくなる、聞き取ってもらいやすくなる、ネイティブの英語を聞き取りやすくなるなど、英語力の向上という意味ではとてもメリットの大きい部分で、投資効果の高い練習だといえます。

さあ、これで、基本的な「英語の＜音とリズムの特徴＞」のポイントが意識化できたと思います。次のセクションから、本格的に自分で音の訓練をするためのステップに入りますよ。次のページに、第４章の「英語の＜音とリズムの特徴＞」のまとめを再度、載せておきますね。もう一度見て、意識化して次のセクションに進みましょう。

この「音」の実践練習は、大きく二つのステップで学習します。

ステップ①　下地作りのための音読
ステップ②　「音とリズム」に忠実な 100%シャドーイング

英語の＜音とリズムの特徴＞

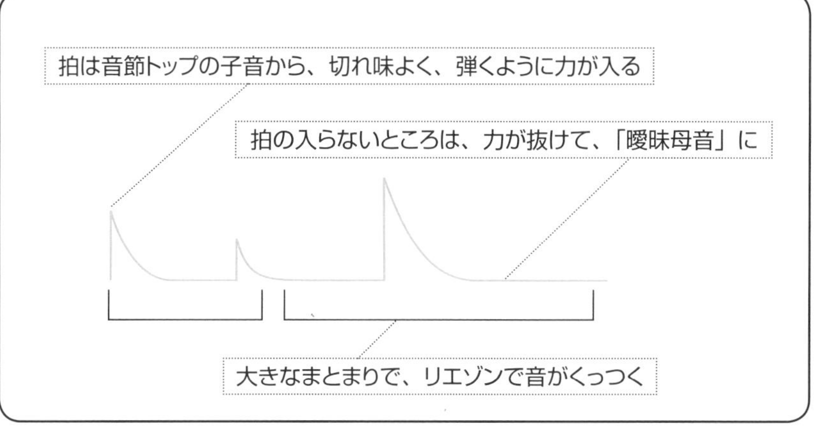
拍は音節トップの子音から、切れ味よく、弾くように力が入る
拍の入らないところは、力が抜けて、「曖昧母音」に
大きなまとまりで、リエゾンで音がくっつく

✔ 日本語よりも　**拍がずっと少ない**
✔ かつ　**リズムは強弱で作られる**
✔ しかも　**大きなまとまりで、音がくっついてしまう**

はっきり言ってくれるところの方が少なくて
ほとんどのところが：
音が弱く
音が曖昧になって
音がくっつく

2　音の感覚①　下地作りのための音読

それでは、この「英語の音とリズムの感覚」を身につけるための練習方法を、これから体験してもらいます。感覚を身につけるためなんだ、という意識を忘れずに練習をすることが、最も大事ですよ。

「英語の音とリズムの感覚」を身につけるのに、非常に有効なツールとして紹介するのが、次のセクションで体験していただく＜シャドーイング＞です。音声を聞きながら、同時に、聞こえる英語を自分でも言いながら影のようについていく作業です。構文も意味も、すでによく分かっている英文を使って、音の側面にフォーカスしてシャドーイングすることで、ネイティブスピーカーの音の感覚を体得していくわけです。

この教材は、みなさん、＜構文分析＞も聞き取り練習もすでにしていますから、シャドーイングに入ってよいわけなのです。ただ、初中級レベルだと、英語の音に慣れていなかったり、単語の発音自体にもまだ不安がある場合が多く、ここからすぐにシャドーイングに進むと負荷が高すぎる人が多いかもしれません。そこで、ここでは、シャドーイングで本格的な音の練習に入るための下地作りに使える、音読の練習方法をまず紹介します。

英語の音にかなり慣れている人は、このステップを飛ばしてもOKです。ただ、音読という、いろいろな効用のあるツールを効果的に使うためのコツをぜひ知っておいていただきたいので、その意味で、一度、通して読んでおくことをお勧めします。音読は、一般的に非常に人気の高い学習ツールで、一世を風靡した感もあります。ただ、K/Hシステムでは、音読で成果をあげるためには、いくつか重要なポイントがあると考えています。そのポイントを押さえて学習ステップをたどっていきますから、ざっと読んでコツを確認しておくと、音読を今後の学習に効果的に生かしていけるようになると思います。

さて、それでは英語の「音とリズムの感覚」を作り込むために、音読を使った練習をはじめましょう。ただ、音読の方法を教えるといっても、音読って、英語を声に出して読むだけのことなのです。

作業としてはその通りですが、やり方によって大いに効果が違うので、コツになるポイントを見ていきましょうね。最初に、まず、教材の英文を、みなさん、ちょっと声に出して読んでみてください。はい、どうぞ！

I am very happy to have this opportunity to talk to you today.
In my presentation, I am going to give you an overview of the new ordering system which will be implemented next year.
The purpose of my presentation is to show you the great benefits and the exciting new possibilities that we will have with this system.

さて、前のセクションで学習した「英語の音とリズムの感覚」、覚えていますか？　その感覚を自分の中に刷り込もうという強い意識で音読しましたか？

作業の直前に、一応、目的にも触れたんですが、どうでしたか？　研修をやっていてもそうですが、実際に作業をはじめると、つい目的を忘れてしまうという落とし穴にはまる人がほとんどですね。やっている作業自体に意識が行き過ぎて、そもそも「英語の感覚」を身につけるために練習しているんだということを、すっかり忘れてしまいます。これは気をつけたい点ですね。特に、つっかえたりして、できないところが出てくると、もう、「ミスしない！」ことだけに意識が行ってしまいがちですね。

そうですね。作業をやるときは、作業をしているそもそもの目的を常に頭に置いて。音読の効用はいろいろあるのですが、このセクションで音読の作業をするのは、「英語の音とリズム」の特徴を、正しく、納得感を持って自分の感覚に入れられるように、まず「自分のペース」で音とリズムの練習をするのに使う、というのが目的です。

✔ステップ①：下地作りの音読

音とリズムの特徴を意識して、自分のペースで感覚強化

音とリズムの特徴が、正しく、納得感を持って感覚に入る

さて、それでは、音読をうまく生かす最初のポイントです。

POINT 1　音源があれば、よく聞き込んで見本にする

まず、単語レベルで読めないものがたくさんある場合、あるいは、単語の正しい発音に自信がない場合、まずはよく音声を聞いて、確認と耳慣らしをしてから音読しましょう。実際に飛んでいる英語と違う発音やリズムで身についてしまっては、そもそも目的にかなわないですし、いったんクセになってしまったものを直すのはなかなか大変です。

そうですね。この教材の英語はすでに＜構文分析＞もしているので、見て分からない単語はないと思いますが、発音は分からないという場合があるでしょうね。そういう場合は、音声をよく聞き込みながら、その音とリズムをまねて音読するのが、やはりいいようですよ。

私が上智大学で教えている英語教育専攻の大学院生がいるのですが、今では毎日、英語でプレゼンと Q&A をこなしています。その彼は、実は高校時代までは野球ばかりやっていた野球少年で、英語の単語などまったく読めなかったんだそうです。高校３年になってから、音読がいいと言われたのでやろうとしたのだけれど、単語が読めないからできなかったそうです。それで彼は、お手本の音声を徹底的に聞き込みながら、同じ教材で音読を 30 回ぐらいずつやったそうです。徹底的に聞き込むから、音とリズムが頭にこびりついて、次第に音声なしで音読できるようになったと言っていました。もちろん、こうやって教材を何冊も仕上げたそうですけどね。今では、なかなかの英語の使い手ですよ。

そうですよね。立派ですよね。
もちろん、読めない単語がないレベルの人も、ここでネイティブの音とリズムをよく聞いておきましょう。何でもそうですが、自分が身につけようとしている感覚の「見本」に、どれだけ興味を持って、楽しんで、徹底的に触れるかで、感覚の身につき方の、正確さも、身につく度合いも違ってきますからね。

やってみよう

下地作りの音読①

作業 1　英文を見ながら、ネイティブスピーカーの音をよく聞き込む

意識のフォーカス：ここはこんな音なんだ、こんなリズムなんだ！

1) Thank you, John, for your kind introduction.
2) Good morning, everyone.
3) First of all, thank you for taking time out of your busy schedule to come to this meeting.
4) I would also like to thank John and his staff for all the preparation for this event.
5) I am very happy to have this opportunity to talk to you today.
6) In my presentation, I am going to give you an overview of the new ordering system which will be implemented next year.
7) The purpose of my presentation is to show you the great benefits and the exciting new possibilities that we will have with this system.
8) I will try to make my presentation short, so that we can have a lot of time left for the Q and A session.
9) Please also feel free to ask questions anytime during my presentation.

POINT 2 「かたまり」と「拍」を、しっかり仕込む

では、見本を味わったところで、ネイティブスピーカーのこの「音とリズムの感覚」を身につけるべく、音読することにしましょう。その際の、次のポイントは、ちゃんと「身につけようとしているポイント」の仕込みをしておくこと。

音読の効果をあげるための「かたまり」と「拍」の仕込み方

1. **一息で読む「音のかたまり」を意識化する**
   音源があればそれを参考に、どこまでを「音のかたまり」として、一息でスラ～っと読むかを決めておく
   やり方：テキストにスラッシュ（/）を入れておく
2. **拍が入る箇所に印をつける**
   音源があればそれを参考に、「かたまり」ごとに１～２拍を目安に自分が一番英語らしいリズムでできる拍を決めておく
   やり方：拍の入る音節のトップにアクセント記号をつけておく
3. **PDCA（Plan → Do → Check → Action のサイクル）で改善**
   音源があればそれを定期的に見本として聞いて、「かたまり」や「拍」を調整して、改善していく

常に音源があるわけではないでしょうから、独力でも、こうした「仕込み」がある程度、的確にできるようにしておきたいですよね。そのときのヒントとしては：

ネイティブスピーカーにとって自然な「音のかたまり」

話すときの「音のかたまり」は、当然、文の「意味のかたまり」とほぼ重なるはずです。これはとても重要な点です。ですから、ここでもう一度、文の構造とメッセージを意識して「かたまり」を決めます。「フック名詞」や、それをいくつかまとめたスラッシュ・リーディングのときの「かたまり」ぐらいのまとまりを、一息で読む感じだと思います。

ネイティブスピーカーにとって自然な「拍の位置」

拍は、相手に伝えたいところ、強調したいところなどに入ると考えておきましょう。名詞や形容詞、副詞、動詞など、意味として印象に残したいものを強く読めば、だいたい大きく外れません。

さて、以上からも、「音のかたまり」と「拍の位置」の視点には、実は、構文や意味の視点も欠かせないことが分かりますね。音とリズムは、構文や意味とまったく切り離されたものではないことを忘れず、これまでやってきた構文や意味の視点を、しっかりと意識のベースに置いて練習しましょう。それでは、以下のステップで、最低５回は音読をしてみましょう。

やってみよう

下地作りの音読②

作業２　ネイティブスピーカーの音とリズムを参考に、仕込み

①「かたまり」でスラッシュ
②拍が入るところに印をつける
意識のフォーカス：どうやると、やりやすいかな
どうやると、ネイティブの音とリズムに似るかな
この文の構造は？　伝えようとしていることは？

作業３　英文を見ながら、音読（スピードの目安：50 秒～1 分 10 秒）

意識のフォーカス：英語らしい、かたまり感と、伸び縮みのあるリズム感！
適宜、音声を聞いて、音とリズムを確認して工夫！

初中級者であれば、作業３の手順として、まずは教材の英文を１分前後で読めるようになる練習をしておくといいです。それができるようになってから、「発音やリズム」によりフォーカスして仕上げていくと、スムーズにできるようになると思いますよ。特に、最初の「読めるようになる」ステップでは、「構文」の意識、「結＋詳＋詳」の意識を持って、文として納得感を持って読めるようにしておきます。初級者にとっては特に大事な意識です。

【音読仕込み用　トランスクリプト】

1) Thank you, John, for your kind introduction.

2) Good morning, everyone.

3) First of all, thank you for taking time out of your busy schedule to come to this meeting.

4) I would also like to thank John and his staff for all the preparation for this event.

5) I am very happy to have this opportunity to talk to you today.

6) In my presentation, I am going to give you an overview of the new ordering system which will be implemented next year.

7) The purpose of my presentation is to show you the great benefits and the exciting new possibilities that we will have with this system.

8) I will try to make my presentation short, so that we can have a lot of time left for the Q and A session.

9) Please also feel free to ask questions anytime during my presentation.

POINT 3 意味も意識して、英語らしい音とリズムで読む

最後に、意味と音を一体化して仕上げましょう。先ほども触れたように、意味の側面と音の側面は、結局のところ切っても切り離せない関係にあって、「音のかたまり」も「拍」も、文の構造や伝えようとしているメッセージをハイライトする役割を担っています。だからこそ、意味を考えることで英語のリズムの感覚は強化され、また、リズムを追う力が意味を取る力も補強すると言えます。

そういう音と意味の関係を味わって、両方の力をいい形で相乗的に強化するために、最後に、意味を意識しながら、英語らしい音とリズムで音読してみましょう。最低でも5回やって、意味と音が一体になって、英語らしいリズム感で、まるで自分が自分の伝えたいことを話しているような感覚で読めるまでやってみてください。

やってみよう 02-10

下地作りの音読③

作業４ 意味も意識して、英語らしい音とリズムで読む

意識のフォーカス：このかたまりで、この意味！
これを伝えたい！
自分が話してるつもり、伝えているつもり！

お疲れさまでした！
ここまで、音読というツールを使って、自分のペースで「英語の音とリズムの感覚」を作り込む作業をしてきました。

音読は非常にパワフルなツールです。これからやるシャドーイングもそうですが、音読も、さまざまな目的で、学習ツールとして使うことができます。音読の学習法としての全体像については、p. 217のコラムにもまとめておきますので、参考にしてください。

音読は自分のペースで読めるのが強みです。そのため、本書では、シャドーイングを使った「音の感覚の作り込み」の本格的な学習の下地作りに、自分のペースで感覚作りができる音読を使いました。ただ、音読はその強みゆえに、いくつかの弱みもあります。音の訓練ツールとしては、知らず知らずにどうしても自分流の発音になってしまいがちなことや、ネイティブスピーカーの実際のスピード感の中で生まれる、自然な音やリズムの特徴まで体感して感覚をつけることができにくい、などの点です。

そこで、音読で下地作りができたところで、次のセクションでは、シャドーイングを使った本格的な「英語の音とリズムの感覚」の強化をしていきます。シャドーイングという手法も、大人気を博した学習ツールですが、やはり、効果をあげるには押さえるべきポイントがあるので、そうしたポイントを押さえながら学習していきましょう。そうすることで、自分に合ったいろいろな教材を使って、今後、ご自分で学習をしていく際に、学習を効果的にするための視点も得ていただきたいと思います。

コラム#10
音読を使った学習

音読は、手軽にできて、その効果も大きい、大変パワフルな学習ツールです。英語を単に知識として理解することを超えて、英語を「運用できる」ようにするための練習方法として、「声に出して読む」ことで、目と口を使って英語を刷り込むというのは大きな利点があります。

ただ、やり方によっては、音読にはリスクや落とし穴もあると考えています。自己流の発音でやってしまうと、聞き取りに生きる英語のインプットにつながらず、場合によっては間違った音の感覚を刷り込むことになってしまいます。また、構文や意味をきちんと理解しないまま、ただただ読むことを繰り返すやり方をすれば、英語の聞き流しと同様に、英語を正確に使えるようになる学習としては、非常に効率が悪いことになってしまいます。

K/H システムでは、音読で成果をあげるには、以下のポイントを押さえることが重要だと考えています。

1. <構文分析>をして、構文と意味にしっかり納得しているものを音読する
2. 自分に英語の音とリズムの感覚がある程度できてしまうまでは、基本的に音源のある素材を使って、音の見本を聞き込んで確認しながら音読する
3. 正しい「意味のフォーム」と「音のフォーム」を意識して音読できるように、「スラッシュ」と「拍」を入れたもので音読する
4. 最終的には、音と意味の両方を味わいながら、自分が話しているような感覚で音読できるところまでやり込む

このポイントさえ押さえてやれば、音読の効用は広く、第３章・第４章の「WHAT：何を身につけるのか」で扱った、「英語の感覚」に関するすべての力を強化する学習ができます。つまり、「船＋フック＋フック」の構造、意味の「結＋詳＋詳」、関係代名詞に代表される「概＋詳細」、表現、単語、英語のリズム、音、など、自分が意識できるものはすべてです。

次のセクションで体験するシャドーイングも同じ効用がありますが、常に正しい音をベースに刷り込みができる点と、ネイティブスピーカーのスピードに合わさざるを得ない点が、音読と異なります。音読より負荷の高い作業ですが、より確実に「運用力」につながる利点があります。しかし、音読同様、構文と意味がしっかり分かっているものでやらないと、本当の英語力がつく学習につながりません。

【音読仕込み用　見本トランスクリプト】

1) Thank you, John, / for your kind introduction. //

2) Good morning, everyone. //

3) First of all, / thank you for taking time out of your busy schedule / to come to this meeting. //

4) I would also like to thank John and his staff / for all the preparation for this event. //

5) I am very happy to have this opportunity / to talk to you today. //

6) In my presentation, / I am going to give you an overview / of the new ordering system / which will be implemented next year. //

7) The purpose of my presentation is / to show you the great benefits and the exciting new possibilities / that we will have with this system. //

8) I will try to make my presentation short, / so that we can have a lot of time left / for the Q and A session. //

9) Please also feel free to ask questions / anytime during my presentation. //

3　音の感覚②　100%シャドーイングで「英語の音の感覚」を体得

さて、次はシャドーイングというテクニックを使った練習です。ネイティブスピーカーの音声を使って、徹底的にまねる練習です。目的は、二つあります。まず、ネイティブスピーカーの発音とリズム感を自分の感覚として定着させること。これに絶大な効果があります。また、ネイティブスピーカーのスピード感を持って話せるようになるために、絶対に必要な練習です。

✔ステップ②：「音とリズム」に忠実な100%シャドーイング

ネイティブスピーカーの音とリズムまで忠実にまねして、
シャドーイングで100%ついていけるまで練習

・英語の音とリズムの感覚が、身についてしまう
・教材の英語が、サッと聞けて、サッと使える形で身につく

STAGE 0　シャドーイングをまず体験（テキストは見ません）　02-10

ここで、シャドーイングがどんなものか、ちょっと挑戦して体験してみましょうか。やり方はいたって簡単で、音声をかけて、その音だけを頼りに、聞こえた通りに言いながら、まさに影（shadow）のようについていきます。ヘッドホンや、イヤホンで聞きながらやった方が、恐らく音がきれいに聞こえて集中できますよ。2回ほど、やってみてください。

どうでしたか？　この段階でできなくても、心配しないでください。やはり、音読と違って、音だけを頼りに、スピードについていかなければならない分、一挙に負荷があがりますよね。あのスピードならではの、音のつながり、音の軽さ、伸び縮み、といった「英語らしい音とリズム」の特徴が、まさに壁になってきますね。音を聞きながらしゃべるということ自体、慣れていなくて大変だと思いますが、これはやっているうちに慣れてくるので、安心してください。日本語だとはじめて聞くものでもできますから、英語のリズムの感覚ができてきて、英語の構文や表現もなじんでいれば、案外できるものです。

ただ、もう一度目的を確認すると、できるかどうかがポイントではなく、できるようにしようとする過程で、「英語の音とリズムの感覚」を身につけて、かつ、学習している英語も使える形で身につけてしまうというのが目的ですから、それを常に頭に置いて、焦らずにこの学習ツールで学習します。

今回の教材だと、＜構文分析＞からはじめてかなりやり込んでいるので、意外にできたぞ、という方もいるかもしれませんね。そういう方も、今後、自分の力に合った教材を選んで効果的な学習をしていくときにこうした学習ツールが効果的に応用できるように、やり方と視点を学ぶつもりでやりましょう。

補助輪ステップ　リテンション

多くの人にとっては、はじめてやるシャドーイングは、口がうまく回らなかったり、途中で置いていかれたり、音読のときのようにはうまくいかなかったんじゃないかと思います。初中級レベルだと、最初からシャドーイングに入るのはなかなか負荷が高いので、そういうときに、非常に便利な練習ツールを紹介しておきますね。リテンションという作業です。

やり方は簡単で、意味の「かたまり」ごとに音声を止めて、英語のリズムを完璧にまねして自分で言う作業です。本書では、意味の「かたまり」ごとにポーズが入っているトラックを用意していますので、それを使って練習できます。

先ほどシャドーイングをやってみてかなりむずかしく感じた方だと、「かたまり」単位で練習できるこのリテンションの作業で、先に少し下準備をしておいてからシャドーイングに入るようにすると、スムーズに行くと思います。また、シャドーイング練習をしてうまくいかないところについて、リテンションで「部分練習」する、という使い方もできますね。

では、一度、手本をお見せしましょう。聞きながら、ポーズのところで、繰り返します。強弱のリズムをまねるのが、ポイントですよ。

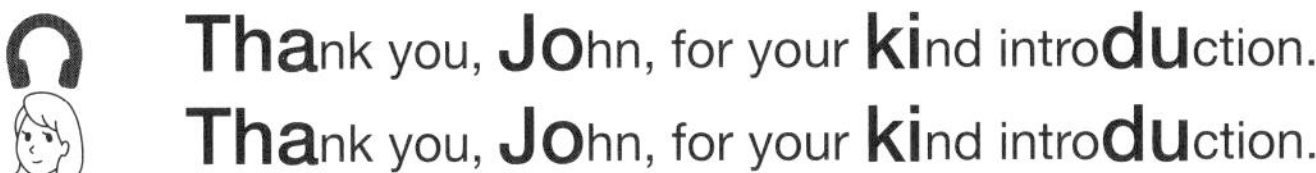

実況中継：リテンション 45-46

Thank you, John, for your kind introduction.
Thank you, John, for your kind introduction.

Good morning, everyone.
Good morning, everyone.

First of all,
First of all,

thank you
thank you

for taking time
for taking time

out of your busy schedule
out of your busy schedule

to come to this meeting.
to come to this meeting.

I would also like to thank John and his staff
I would also like to thank John and his staff

for all the preparation
for all the preparation

for this event.
for this event.

では、同じようにやってみて下さい。最低２回やってみてくださいね。本書の学習では、「かたまり」ごとにポーズが入っている 26-35 を使って、音声を止めずに学習することができます。

やってみよう 26-35

リテンションで、リズムを追う練習

作業　「かたまり」ごとに音声を止めて、リズムをそっくりまねて繰り返す

意識のフォーカス：身体でもリズムを取って、やりやすい拍を見つける！
拍は、トップの子音から、軽く弾くように！

リテンションで下準備ができたら、いよいよ、シャドーイングです。シャドーイングも音読と同様に、非常に話題になった学習テクニックです。使い方でさまざまな効果が期待できる強力なツールです。K/H システムでもシャドーイングをトレーニングの柱の一つとして使っていますが、このテクニックで効果をあげるための重要な条件として、以下を大切にしています。

成果があがるシャドーイングのやり方

1. <構文分析>をして、**構文と意味にしっかり納得している教材**を使う
2. **まずリズムにフォーカス**して、その後で正確性をあげていく
3. まず**弱を基調**にして、そこに軽く拍を入れていく感覚で練習
4. **最終的には、音と意味の両方を味わいながら**、自分が話しているような感覚でシャドーイングできるところまでやり込む

それでは、実際のシャドーイングの作業に入りましょう。作業をやるときは、自分の声も少し聞こえた方がやりやすい人が多いようなので、ヘッドホンやイヤホンの片耳を外したり、ずらしたりして、一番やりやすいやり方を工夫してみてくださいね。

✓ まず強弱のリズムにフォーカスして練習

これまで多くの研修で学習者にシャドーイングをやってもらってきた経験から、英語の「音とリズムの感覚」を一番いい形で身につけていってもらえるように思えるやり方を、本書ではたどっていきますね。

まず、最終的には、100%ミスなく、スピーカーと同じように、正確にシャドーイングできることを目指して練習することを勧めています。ただし、これは正確にやること自体がポイントであるよりも、「100%を目指すと、細かいところまで同じようなリズムと音でやらざるを得なくなる」ということを利用しているだけなんです。スピーカーの自然なスピードについて100%正確にやろうと思うと、スピーカーと同じように力が抜けて、音がくっついて、リズミカルにサラサラと言えないと無理なんですね。それを利用して、英語の感覚を身につけられるだろう、というのがポイントなんです。したがって、こころは「あの英語らしいリズムをまねる」ことにあるんだということを、まず忘れずに。

さて、そうすると、英語の音とリズムの特徴で、3つの特徴があったのを覚えていますね。

- ✔ 日本語よりも　**拍がずっと少ない**
- ✔ かつ　**リズムは強弱**で作られる
  - 強は、**音節のトップの子音から切れ味よく力が入る**
  - 弱は、力が抜けて**「曖昧母音」化**
- ✔ しかも　大きなまとまりで、**音がくっついてしまう**

英語のリズムの大きな特徴としてここで見えてくるのは、「力が強く入る拍が少ない」ということですから、逆の言い方をすると、ほとんどが「力が抜けて、音も曖昧になる弱の部分」だということです。そして、この部分こそ、日本人の私たちが聞き取りで苦労するところで、自分たちの感覚に作り込みたいところなんですね。この「弱」の感じを自分でもできるようになることで、この部分がしっかり聞き取れる耳を作りたいんでしたね。

STAGE 1　まずは弱を基調に→そこに「拍」を載せる

これを考えると実に理にかなっているのですが、シャドーイングの練習も、まず「弱」を基本にしてやると非常にうまくいきます。つまり、まずは、すべてを「曖昧母音」で、力を入れずに発音するところからはじめるわけです。それができるようになったら、「拍」の入っている音節だけに、子音から弾くように軽く力を入れてみる。そうすると、英語のリズム感が現れてきます。

ちょっとやってみましょうか。「曖昧母音」は、口にも首にも頬にも一切力を入れず、最も楽にして出したときの「ァ」と「ゥ」の中間のような「あ～」という怠慢な音でしたね。お風呂に入って湯船につかってリラックスした瞬間に、思わず出る、あの「あ～～」という感じだと思ってください。いいですか？　それでは、すべてその音で、非常～に怠慢な省エネで、音もベタ～とくっつけながら、以下の文を２回読んでください。「これが基調だ、これが基調だ！　この感覚が英語の基調だ！」と言い聞かせながら、どうぞ。

I would also like to thank John and his staff
for all the preparation for this event.
I would also like to thank John and his staff
for all the preparation for this event.

タラ～っと力を抜いて、楽に、もそもそっと話す感じでできましたか？それでは、そこに拍を入れていきます。「拍」は、トップの子音から、「スパ～ンッ、スパ～ンッ」と切れ味よく、軽く弾くように力を一瞬入れるんでしたね。その軽い、一瞬の切れ味のよさを味わいながら、どうぞ。

I would **al**so like to thank **Joh**n and his **sta**ff
for **all** the prepa**ra**tion for this event.
I would **al**so like to thank **Joh**n and his **sta**ff
for **all** the prepa**ra**tion for this e**ve**nt.

どうですか？　意外に、いい感じで英語的な音とリズムになってきたでしょう。強弱のリズムで、しかも、ゴムが伸び縮みするような感じがありますね。これが英語のリズムです。「ガンガン**ガン**ガン**ガン**ガンガン」という感じではなくて、「サラサラ**スパ**〜ンッサラ**スパ**〜ンッサラサラ」といった感じですね。

このやり方でやると、英語らしいリズムをつかむのがずっと楽で、ずっと効率的になるようなのです。研修でも、このやり方を取り入れてから、参加者の人たちがシャドーイングできるようになるのが、ずっと早くなりました。シャドーイングで苦労する人たちは、たいてい、この「弱」の部分に力が入りすぎているんですね。力を抜く感覚ができてこないと、シャドーイングがうまくいかないということもですが、何よりも、英語らしいリズムの感覚が身につかず、弱く、曖昧で、サラサラサラと音がくっつく、あの「弱」の部分が聞き取れる耳が育ってこないことになります。

さあ、それでは、それを意識しながら、教材全体をこの二つの作業で練習してみましょう。定期的に、最初の作業１に戻って「弱の基調」を再確認しながらやると、なおいいと思います。

やってみよう

まず「弱」を基調に、そこに「拍」を載せるシャドーイング

作業１　すべて力を抜いて、弱く、怠慢に、音をくっつけて　（２回程度）

意識のフォーカス：これが基調だ！　これが基調なんだ！
舌だけしっかり、それ以外はまったく力を入れない！
身体全体、少し後ろにもたれてリラックスして！

作業２　その基調を維持しつつ、軽〜く「拍」を載せる　（10回以上）

意識のフォーカス：力まない！　軽く、歯切れよく、子音に一点集中で拍！
「後ろにもたれてリラックス」のまま、手や頭で軽く拍！

定期的に、１と２を交互にやろう！

実況中継：「弱」基調のシャドーイング 

1) Thank you, John, for your kind introduction.

2) Good morning, everyone.

3) First of all, thank you for taking time out of your busy schedule to come to this meeting.

4) I would also like to thank John and his staff for all the preparation for this event.

5) I am very happy to have this opportunity to talk to you today.

6) In my presentation, I am going to give you an overview of the new ordering system which will be implemented next year.

7) The purpose of my presentation is to show you the great benefits and the exciting new possibilities that we will have with this system.

8) I will try to make my presentation short, so that we can have a lot of time left for the Q and A session.

9) Please also feel free to ask questions anytime during my presentation.

実況中継：「弱」基調に「拍」を載せたシャドーイング

1) Thank you, John, for your kind introduction.

2) Good morning, everyone.

3) First of all, thank you for taking time out of your busy schedule to come to this meeting.

4) I would also like to thank John and his staff for all the preparation for this event.

5) I am very happy to have this opportunity to talk to you today.

6) In my presentation, I am going to give you an overview of the new ordering system which will be implemented next year.

7) The purpose of my presentation is to show you the great benefits and the exciting new possibilities that we will have with this system.

8) I will try to make my presentation short, so that we can have a lot of time left for the Q and A session.

9) Please also feel free to ask questions anytime during my presentation.

STAGE 2　定期的に現状把握をして、正確性もあげていく

さて、「英語らしいリズムの感覚」が少しつかめてきたと思います。ここらへんで、次は、みなさんのシャドーイングを録音してみます。今まで通り、テキストは見ずにシャドーイングして、それを同時に録音してみましょう。IC レコーダーやスマホの録音機能を使って録音します。

シャドーイングでの目的は、何よりも「英語の音とリズムの感覚」を作り込むことでしたね。録音をすることで、まずはそれを確認します。また、それを大前提として、今度は正確性にも少しこだわっていきます。

「対策（Plan）を立てて、練習（Do）して、録音してチェック（Check)、さらに対策（Action)、また練習！」という、いわゆる改善のためのPDCA サイクルを回して、正確性もあげていきます。録音して確認することで、構文が崩れてしまうところ、音の弱いところで抜けてしまう単語など、自分のいろいろなパターンが見えてきます。シャドーイングで課題になっているところは、だいたい、普段、自分の意識が薄いところが多いです。そういう意味で、構文の意識が弱い、冠詞の意識がない、be 動詞が抜けやすいなど、自分の英語力の課題が見えてきます。

では、シャドーイングの録音をスタートします。まずは、録音をオンにして、記録のために今日の日づけと時間、「はじめてのシャドーイング」とでも入れてください。それが終わったらスタートしますよ。いいですか、はい、どうぞ。

やってみよう

この作業を定期的にして、改善していこう！

定期的に現状把握をして、正確性もあげていく

作業 1　自分のシャドーイングを録音　（定期的に）

意識のフォーカス：まずリズムありき！　正確性を気にし過ぎない！

作業 2　録音を聞いて、いろいろな視点でチェック　（視点は次ページ参照）

意識のフォーカス：まずは、リズム感！　次に、正確性！
自分のパターンを見つけよう！

チェックのやり方

録音を聞いて、以下の「チェックの視点（1）（2）」で、次のページのトランスクリプトに、ハイライトや下線などを使って、課題の部分に印を入れていく。

（2）のチェックが済んだら、ミスしたところの単語数で数える。総単語数139語に対するミスの割合も出して、下の表に記入。

（3）で課題をクリアにしたら、対策をとる。

例：適宜、<構文分析>などで、文の構造などを再確認
　　できないところの「部分練習」（音読、シャドーイングなど）

チェックの視点

（1）音のリズム感と発音をチェック！

✔ 弱が基調になってる？
✔ 拍は多すぎず、軽く、切れ味よく入ってる？
✔「かたまり感」ある？（「かたまり」で音がつながってる感じ？）

（2）次に、正確性もチェック！

✔ 落ちてしまった単語は？
✔ 間違って言ってしまった単語は？

波形の谷間のところに集中している？
かたまりのはじまりに多い？
助動詞に多い？

（3）できていないところを分析！

✔ 音やリズムの面から、できていないところにパターンがある？
✔ 意味の面から、できていないところにパターンがある？

前置詞がよく落ちる？
be動詞がよく落ちる？
助動詞が落ちる？　冠詞が落ちる？

目標の目安は、p. 232参照

シャドーイング練習	累計　　回	累計　　回	累計　　回	累計　　回
録音してチェック	1回目	2回目	3回目	4回目
ミス 単語数/率	/　%	/　%	/　%	/　%

【シャドーイングチェック用英文】（単語数 139）

1) Thank you, John, for your kind introduction.

2) Good morning, everyone.

3) First of all, thank you for taking time out of your busy schedule to come to this meeting.

4) I would also like to thank John and his staff for all the preparation for this event.

5) I am very happy to have this opportunity to talk to you today.

6) In my presentation, I am going to give you an overview of the new ordering system which will be implemented next year.

7) The purpose of my presentation is to show you the great benefits and the exciting new possibilities that we will have with this system.

8) I will try to make my presentation short, so that we can have a lot of time left for the Q and A session.

9) Please also feel free to ask questions anytime during my presentation.

さて、どうでしたか？　リズムの視点、正確性の視点で分析してみて、いろいろと発見がありましたか？

たぶん、この作業あたりが、＜構文分析＞とともに、一番、挫折してしまう人が出てくるところじゃないですかね。録音機器が手元にないからできないとか、録音するのが面倒くさい、録音した自分の声を聞きたくないなど、いろいろな心理的な抵抗感が出てきてしまうからです。それでもやってください、というのが私たちの立場ですが、それで挫折したのでは元も子もないので、その場合は、いつか必ずこの作業をすることにして次に進んでください。ただし、PDCA をしないのとするのでは、「効果は半減」くらいに違うので、そこは覚悟してくださいよ。

PDCA は大事ですね。改善が見えて、ちょうどよく自分のやる気が出るくらいのペースでこの「現状把握」の作業を入れながら、クオリティーアップをしていってください。

STAGE 3　自分で話している感覚でできるまでやり込む

さて、ミスも減ってきて、リズムも安定してきたら、最後は「意味も考えながら、しっかりと正確な文で、英語らしいリズムで生き生きとメッセージを伝えながら、自分で話している感覚」でできるのを目指して、やり込みます。

TOEIC® L&R テスト 600 点未満の人だと、最低でも合計で 20 回くらいはやった方がいいように思います。自分がプレゼンをしているつもりか、役者にでもなった気持ちで、表情もつけて、「聴衆に向かって伝えてる！」という意識でカッコよくできるまでやろうとしてみましょう。仕上がりの目安は、次のページを参照してください。

すでに＜構文分析＞も終えているこのレベルの英文なら、録音チェックを織り込みながら 20 回ぐらいやれば、ミスは 10 個以内にはなるんじゃないかと思います。このくらいの個数にミスが下がるまでシャドーイングを繰り返すと、英語のリズム感がつかめてくると同時に、「船＋フック

＋フック」「結＋詳＋詳」といった英語の意味の感覚なども強化され、教材の英語もサッと口をついて出てくる形で身についてくると思います。

第７章の「継続学習へのアドバイス」でも触れますが、このような学習サイクルで、２～５分くらいの教材をいくつか仕上げると、文法や構文の知識の土台もできてきて、実戦的な音と意味の感覚もかなりついてきます。

次のセクションでは、発展的な学習として、ここまで練習をやり込んだ教材を使って、「スピーキング」の練習ができるので、それを紹介します。お疲れさまでした！

やってみよう

自分で話している感覚でできるまでやり込む

作業１　定期的に録音して現状把握して、楽しんで改善
意識のフォーカス：課題をしっかり意識！

作業２　意味もしっかり意識して、自分で話している感覚でできるまで
意識のフォーカス：文を作っている感覚！
意味を、リズムでハイライトしながら伝えている感覚！
自分で話している感覚！

仕上がりの目安　100％シャドーイング

TOEIC®L&R テスト 600 点以下の人の場合
<構文分析>をやってある教材で、言えない単語が 10 語以下

TOEIC®L&R テスト 600 ～ 800 点の人の場合
<構文分析>をやってある教材で、言えない単語が５語以下

TOEIC®L&R テスト 800 点以上の人の場合
ミスをゼロにするまでは先に進めないつもりで頑張ろう
800 点以上あってもミスが５語以下にならない場合、
以下のどちらかが原因の場合が多い
- ✔ <構文分析>と<構文チャレンジ>が不十分
- ✔「弱」で力が抜けきれていない

5 実践練習 ④ 「英語戻し」

1 下準備

さて、このセクションでは、ここまで学習をやり込んできた教材を使って、スピーキング力を強化する練習を紹介します。すでに意味と音・リズムの感覚を作り込む作業を終えた英文を使って、スピーキング力強化につなげていきます。この練習方法は、英語力強化の方法としてだけでなく、英語のプレゼンの準備方法としても非常に有効です。

これからやる最終的な作業を、「英語戻し」と私たちは呼んでいますが、この「英語戻し」を定義しておきましょう。

✔ 仕上げステップ：「英語戻し」

すでに学習した英文を、自分が本当に話しているように
「聞き手にメッセージを伝えている」感覚で、
実戦に必要なスピードで話せるようにする

- 「英語の感覚（音と意味の基盤力）」をアウトプット作業で強化
- 教材で身につけた語句・パターン表現の定着
- 実戦力への橋渡し（運用力の強化）

この「英語戻し」ができたところで、このセクションは終了です。

では、自分の言葉で、自然に話しているような感覚で「英語戻し」ができるようになるために、これから二つの準備作業を行いましょう。人によっては、今までやってきた練習で、このまま準備なしで「英語戻し」ができそうだという人もいると思いますが、その場合には、p. 240 に進んでください。

下準備 1　「話の組み立て」を頭に入れる

それでは、準備作業に入りましょう。まず、最初の準備として大切なのが、「話の流れ（組み立て）」をしっかり頭に入れておくこと。話の流れを簡単に自分用のメモにしても結構です（☞p. 242 の見本例参照）。

この「話の筋・組み立てを覚える」という作業は、絶対にスキップしてはいけないプロセスです。これができていないと、本当にメッセージを伝えているような話し方にはなりません。ただ丸暗記した文を一文ずつ言っているような状態になってしまいます。それでは、英語の基盤力を応用・強化するアウトプット練習にもならないし、学んだ語句や構文パターンの運用練習にもならず、ましてや、自分の言いたいメッセージを話す実戦的スピーキングの模擬練習にもなりません。

そうですね。K/H システムでは、「話の筋・話の組み立て」をベースにアウトプット練習することを、「英語戻し」の基本に据えています。これがあることで、「英語戻し」は単なる「長文の丸暗記」と違ったものになり、「自分の言いたいことを、正しい文の構造やリズムでアウトプットする」という実戦的なスピーキングへの橋渡しの練習になると考えています。

「英語戻し」の場合も、プレゼンをする場合も、日本語でまずは「話の流れ」を、高速で、よどみなく言えるようにしておきましょう。そのくらい「話の組み立て」が腹に落ちていないと、英語で、暗記ではなく、自分の言葉で語る感覚で話すのはむずかしいですよ。

では、一緒に「話の組み立て」をレビューしてみましょう。まず話全体の大きな流れを見てみると、全体は 3 つのブロックから構成されていましたね。

【話全体の流れ】

1. お礼
2. プレゼン内容
3. 質疑応答のやり方

それぞれを、もう少し詳しく見ていきましょう。
最初のブロックは、お礼のブロックですね。この中も、３つの要素からなっていますよ。

1. お礼
   (1) 紹介してくれた司会者へのお礼
   (2) 聴衆へのお礼
   (3) 主催者とそのスタッフへのお礼
2. プレゼン内容
3. 質疑応答のやり方

英語を見ると、
最初が紹介してくれた司会者へのお礼。

Thank you, John, for your kind introduction.

次に、聴衆に向かって、挨拶とお礼。

Good morning, everyone.
First of all, thank you for taking time out of your busy schedule to come to this meeting.

そして、主催者とスタッフへのお礼。

I would also like to thank John and his staff for all the preparation for this event.

(1) 司会者、(2) 聴衆、(3) 主催者へのお礼は、スピーカーとして紹介されたときの、挨拶の基本３点セットです。お礼３つすべて、Thank ... for ～ のかたちで、具体的にお礼を言っていますね。そして、名前が入っていますね。聴衆への挨拶でも、everyone が名前の代わりをしています。名前を入れる――これも挨拶の基本マナーです。

次は、これからするプレゼンの内容についてですね。
これも３つの要素です。

> 1. お礼
> **2. プレゼン内容**
> （1）うれしさの表明
> （2）コンテンツの概要
> （3）プレゼンで達成したい目的
> 3. 質疑応答のやり方

では、英語で見ていきましょう。
まずは、プレゼンができてうれしい、という挨拶です。

I am very happy to have this opportunity to talk to you today.

次にプレゼンのコンテンツを説明します。

In my presentation, I am going to give you an overview of the new ordering system which will be implemented next year.

最後に、プレゼンで達成したい目的です

The purpose of my presentation is to show you the great benefits and the exciting new possibilities that we will have with this system.

この３つは、プレゼン導入部での、最低限必要な基本３点セットですね。

（1）で、最初に、プレゼンできることへのうれしさを伝えていますね。
これは英語の世界では必ずやることです。「自分がうれしい」と言うことで、聞いている人への謙虚さの表明になるのだと思います。日本語だと、謙虚さを表すのに、「自分にはみなさんにお話しできるだけの資格はないのですが」などと、へりくだるところからはじまるところかもしれませんね。
次に（2）で、プレゼンで何を話すのか、コンテンツの概要を言います。
最後に（3）で、このプレゼンで達成したい目的を言います。

最後のブロックが、質疑応答のやり方を簡単に説明するブロックです。二つの要素です。

1. お礼
2. プレゼン内容
3. **質疑応答のやり方**
   (1) プレゼンと質疑応答の時間配分
   (2) 質問についてのルール

まずは、「プレゼンを短くして、十分な質疑応答の時間を取るので心配なく」と言っている部分ですが、英語を見てみましょう。

I will try to make my presentation short, so that we can have a lot of time left for the Q and A session.

その次に、誤解のないように、プレゼンの途中でもご自由に質問どうぞ、と言っています。

Please also feel free to ask questions anytime during my presentation.

プレゼンと質疑応答の時間配分と質問に関するルールを言っている部分です。これも英語のプレゼンの導入部で必ず入る話です。まずは、プレゼンの所要時間や質疑応答の持ち時間などを言います。加えて、プレゼンの途中で質問していいのか、質疑応答まで待つのか、質問をしてよいタイミングについて聴衆に言っておくのが普通です。

以上が、全体の「話の組み立て」でした。
最終的には、メモも見ずに、頭の中にこの「話の組み立て」をクリアに持って、その話の流れを追いながら、1 分以内で「英語戻し」ができるようにします。

下準備２　英語戻し準備のシャドーイング練習

「英語戻し」に入る前に、最後の準備作業としてもう一つ、「この英語を自分で話せるようになるぞ！」という意識でシャドーイングしましょう。これも、プレゼンの直前準備などに使える、とても効果的な作業です。音とメッセージを一体化させて、メッセージをリズムでハイライトしながら、メッセージを相手に伝えている感覚でシャドーイングします。聞こえてくる音はヒント程度に考えて、「結＋詳＋詳」の順序で「かたまり」ごとに**メッセージ**を組み立て、相手に伝えている感覚でシャドーイングし、英語を自分で話している感覚に近づけましょう。

コラム#11

役者になった気持ちでシャドーイング

10 年前のアメリカ駐在のときに K/H システム公開講座を受講し、最近、社内研修としてプログラムを導入された、大手薬品メーカーの人材開発部門の部長さんがいらっしゃるのですが、ご自身も再び一学習者として研修に参加されたんです。この方が、１日目のセッションが終わったときに、「私は役者になった気持ちでシャドーイングするようにしています。これが上達のコツです」とコメントされていました。実際、海外でも周囲に信頼されて上手にコミュニケーションをされている方の発言なので、みなさん、大いに刺激を受けたようです。一週間後のクラスでのシャドーイングの発表会では、参加者のみなさんが生き生きした表情でシャドーイングをされていました。これならば、身につくだろうなと思えるシャドーイングでした。

ただし、これには「オチ」があって、2 日目にも参加されたその部長さんは、セッションが終わると、「初日にああは言ったものの、これまで、＜構文分析＞をして意味をしっかり分かってからシャドーイングする、ということを忘れていた。今回、『＜構文分析＞してからシャドーイング』というのを学んでやってみると、意味もしっかり分かりながらシャドーイングしているので、はるかに感覚や表現が身につきやすい感じがする」と正直にお話しくださいました。「〝役者になった気持ち〟で実戦をリアルに意識した練習をすること」と、「構文と意味に納得しているものでシャドーイング練習をやり込むこと」―― 学んだことが実戦に生きるために欠かせない、二つの大切なポイントですね。

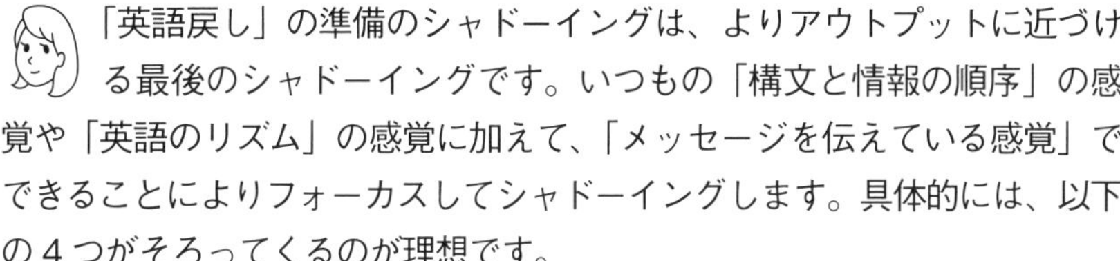

「英語戻し」の準備のシャドーイングは、よりアウトプットに近づける最後のシャドーイングです。いつもの「構文と情報の順序」の感覚や「英語のリズム」の感覚に加えて、「メッセージを伝えている感覚」でできることによりフォーカスしてシャドーイングします。具体的には、以下の４つがそろってくるのが理想です。

【英語戻しの準備のシャドーイング――仕上がりの目安】

- ✓ 構文をしっかりと正確に作って話している感覚がある
- ✓ 文全体で言いたいことをしっかり意識して、「かたまり」ごとにメッセージを組み立てて話している感覚がある
- ✓ 英語のリズムでメッセージをハイライトしている感覚がある
- ✓ **聞き手の目を見ながら、言いたいことを伝える感覚で、まさに相手に「話している」感覚がある**

この最後の仕上げの感覚に近づけるのに効果的なコツとしては、以下のようなものがあります。実際のプレゼン直前の準備にも効果的です。

シャドーイングの最後の仕上げのコツ

- **鏡を活用する！**
  多くのネイティブスピーカーもプレゼン準備に活用するテクニック。鏡の中の自分の目を見て、自分にメッセージを伝えている感覚でシャドーイングします。虚空をにらんだ感じになってしまう場合は、まだ英語やメッセージが十分に腹に落ちていないということ。あと一歩、練習が必要です。
- **立ってやってみる！**
  これも多くのネイティブスピーカーが実践する準備の心得。立って、歩き回ったりしながら、メッセージに合わせて手を動かすなどして、「生き生きと、余裕を持ってメッセージを伝える」感覚に近づけます。

安心感と確信を持って文を作れている感覚があって、「伝えたいこと」とリズムがしっかりと一体化している感覚になっていれば、まずは

最後の「英語戻し」のステップに進んで大丈夫です。
それでは、立って、英語的なリズムでメッセージをハイライトしながら、相手に伝えている感覚でシャドーイングをしてください。3～5回はやってみてください。

2　仕上げの「英語戻し」

さて、いよいよ、仕上げの「英語戻し」の作業です。これは初中級の学習者にとっては「おまけ」の作業として紹介していますから、自分の力に合わせて目標を調整して、楽しんでやってくださいね。一応、今後の学習に効果的に生かせるように、ちょっと背伸びかもしれませんが、学習法としての視点を紹介しておきますね。

「英語戻し」は、話の筋をしっかりと頭に置いて、「メッセージを伝える」意識で自分で英語で話してみる作業です。英語は、教材の英語に忠実に戻すか、自分の英語で戻すか、オプションはありますが、自分が正確に使いこなせる英語を増やしていくという意味では、忠実に教材の英語に戻すのを第1の目標とするのが効果的だと思います。

ただし、本当の実戦で日本人の私たちが陥ってしまいやすい深刻な落とし穴があります。それは、「正解でなきゃいけないという呪縛が強く、話せなくなってしまう」という落とし穴です。この呪縛に陥らないコミュニケーションの力も育てていく必要があります。そこで、目標は、このように考えましょう。

英語力とコミュニケーション力を意識した「英語戻し」

- ✓ 最終的には、教材の英語を正確に使ってできることを目指す！
- ✓ ただし、言葉に詰まっても、止まらない！　あきらめない！
- ✓「結＋詳＋詳」を意識して、何としてもメッセージは伝える！

では、その意識で、楽しんでやってくださいね。二つのステップでやりましょう。最初は、「話の流れ」のメモを見ながら、それをヒント

に英語で話してみます。それがしっかりできるようになったら、今度は、メモなしで挑戦してみましょう。

やってみよう

仕上げの「英語戻し」

作業 1　メモを見ながら、英語に戻す（スピードの目標：1 分 10 秒以内）
作業 2　メモを見ないで、英語に戻す（スピードの目標：1 分 10 秒以内）

意識のフォーカス：「船＋フック＋フック」！「結＋詳＋詳」！
この「かたまり」で、このメッセージ！
メッセージを、リズムでハイライトして、なめらかに！
聴衆に聞いてもらう！

録音をして、PDCAを回し、クオリティーアップしよう！

作業 1　メモを見ながら英語に戻す

まず最初は、自分の作った簡単なメモを見ながら、1 分 10 秒以内で話し終えられるようになるまで練習してみてください。「かたまり」を一息で、「結＋詳＋詳」でメッセージを組み立て、相手に伝えている感じで。メモを見ながら、余裕を持ってできるようになったら、次のステップに進みます。

次のページに、メモの見本例を用意しています。参考にしてください。では、やってみてください。詰まったところは英文を確認して、再度挑戦してください。特に英語力の高い人、TOEIC®L&R テストでいえば 800 点以上の人は、自分の英語ではどうにか言えるでしょうから、逆に、教材の英語に完璧に戻すことを目指して、自分の表現力を高めましょう。

作業 2　メモを見ないで英語に戻す

メモを見ながらできるようになったら、次は、仕上げです。メモを見ないで「英語戻し」をします。プレゼンしている感じで。これも 1 分 10 秒以内でできるまでやります。

話の流れを書いたメモ　見本例

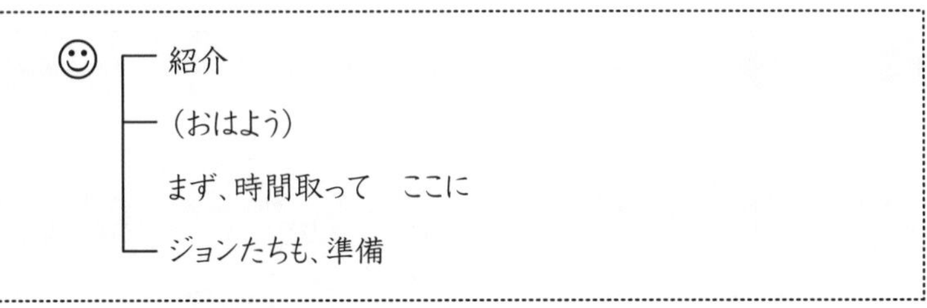

☺
紹介
（おはよう）
まず、時間取って　ここに
ジョンたちも、準備

☺ 話せる　機会

プレゼン　＝　概要　〈新しい　発注システム〉

└ 来年やる

目的：皆に
- 利点！
- 可能性！
  - └ これの

- 短く！　⇒　たっぷり　Q&A
- どうぞQ！　プレゼン中も

「英語戻し」がうまくできない人へのアドバイスとして、コツを二つ教えますね。これを参考に、また少し工夫してみてください。

「英語戻し」のコツ

●「話の流れ」を、日本語で超特急で言えるようにする！

まずは、「英語戻し」する話の内容を、日本語でよどみなく言えるようにする。それができてから、「英語戻し」に挑戦するのがコツです。研修でも、英語で戻せない人の多くは、日本語でも話が思い出せなかったり、思い出すのにあまりにも時間がかかる場合が多いです。もともとの英語の 1.5 倍くらいかかってやっと思い出す感じだったりします。英文を暗記する意識が強すぎて、自分の話したい内容が頭に整理されていない状態なんだと思います。要は、「伝えようとする話のメッセージ」がまったく腹に落ちていない状態で、これでは英語がスッと出てくるはずはありません。

● 英語ではなく、メッセージを思い出そうとする！

あと一つのコツは、「英語戻し」をするときに、決して「英語」を思い出そうとしないこと。何を伝えようとしているのかの「メッセージ」を思い出して、それを自分の英語で言おうとすると、自然に、教材の英語が出てきます。なにせ、ここまで練習をやり込んだ英語ですから、これ以上に楽に出る英語表現はないはずですよね！

どうでしたか？　以上、英語のスピーキング力強化にまで通じる学習法をたどってきました。

自分の英語力に比べて、まだ少し背伸びだった人もいらっしゃったかもしれませんが、「英語が自分のものになっていく感覚」を少しは味わっていただけたんじゃないかと思います。お疲れさまでした！

6 K/H システム英語学習法の おさらい

お疲れさまでした！　最後に、簡単にK/H システム英語学習法のおさらいをしておきます。

この学習法は、教材の英語を利用して、「実戦的な英語のリスニング・スピーキングの基盤力を強化する」と同時に、「実戦でサッと使える表現・構文を増やす」——この二つを同時に達成することを狙いとしています。

☑ 英語の「基盤力」を身につける学習
＋
☺ 英語の「使えるコマ」も身につく学習

K/H システムでいう**「基盤力」**とは：
意味の分野では：
「船＋フック＋フック」という構造をベースに、「結＋詳＋詳」の順で「かたまり」で情報が足されていく英文の特徴を、自分の感覚として持っていること。それによって、構文をきちんと理解しながら、意味の「かたまり」を一単語の感覚でとらえて、文頭から「結＋詳＋詳」の感覚で正確にリスニング・スピーキングができる力のことでした。
音の分野では：
弱を基調に、強弱で作られる英語の正しい音とリズム感覚を、自分の感覚として持っていること。それによって、英語の細かいところまで音が正確に聞き取れ、スピーキングでも意味の「かたまり」を一息に英語的なリズム感と発音で話せる力のことでした。

学習ステップとしては、英語の「意味」と「音とリズム」に分けて取り組み、それぞれの力を強化してから、最後に合体します。

意味の「基盤力」を作る具体的な学習としては：
まず、①英文の＜構文分析＞と＜構文チャレンジ＞。次に、②「音

だけで文頭から意味を理解する聞き込み練習」をしました。「かたまり」で区切り、「結＋詳＋詳」の感覚で文頭から聞き取っていく練習をしましたね。その補助的なステップとして、「スラッシュ・リーディング」も体験しました。③最後の仕上げとして、文頭から意味を理解する感覚を体に覚えさせ、さらに理解やイメージがしっかりと「文のメッセージとして頭に残るための練習」をしました。そのためのツールとしては、「最後に保存！」の意識や、「手でイメージ作りを手伝う」手法や「同時通訳‘風’作業」を使いましたね。

音とリズムの基盤力を作る具体的な学習としては：
まず①音とリズムの感覚に自分のペースで慣れるための練習ツールとして、「見本の音を聞き込みながらやる音読」を使いました。それをベースにして、②本格的な音とリズムの感覚作りに、「音とリズムに忠実な100%シャドーイング」を使いました。シャドーイングは、聞きながら音とリズムを完璧にまねしてついていくという練習でした。ここは、できるようになるまで何回も練習するのがコツでしたね。その補助的なステップとしては、「かたまり」単位でリズム作りに取り組めるリテンションがありました。

ここまでは、聞き取り力強化に、より比重を置いた練習でした。最後に、ここまでの練習を終えたこの教材の英語を使って、せっかくですから、さらに**スピーキング力**アップにつなげる練習をしようということで、「英語戻し」練習をしました。単に英語の長文を暗記するというのではなく、「話の流れ（組み立て）」を頭に入れて、「メッセージ」を英語にする意識で学習するのがポイントでした。

K/H システム英語学習法は、基盤力強化（意味＋音・リズム）に加えて「英語戻し」作業まで行うことで、スピーキング力強化（語彙力増強＋構文力強化）にまでつなげることを狙っています。ここまでやることで、学んだ英語が運用力になり、実戦力が効率よく上がっていくと考えています。K/H システムでは、英語戻しまでやるだけの価値のある教材を提供し、その作業が楽にできるように音声の構成に工夫を凝らしています。

お疲れさまでした。以上で、初中級者向けのK/Hシステム英語学習法の紹介は終わりです。おつき合いくださりありがとうございました。これから、K/Hシステムの考え方を生かした学習でさらに英語コミュニケーション力を強化していってください。第7章では、継続学習に向けたアドバイスもまとめておきます。巻末には、簡単な「文法解説」もまとめています。参考にしてください。

みなさんの、国際的な舞台での活躍と成功を願っています。では、また、K/Hシステムシリーズの次のレベルの教材でお会いしましょう。

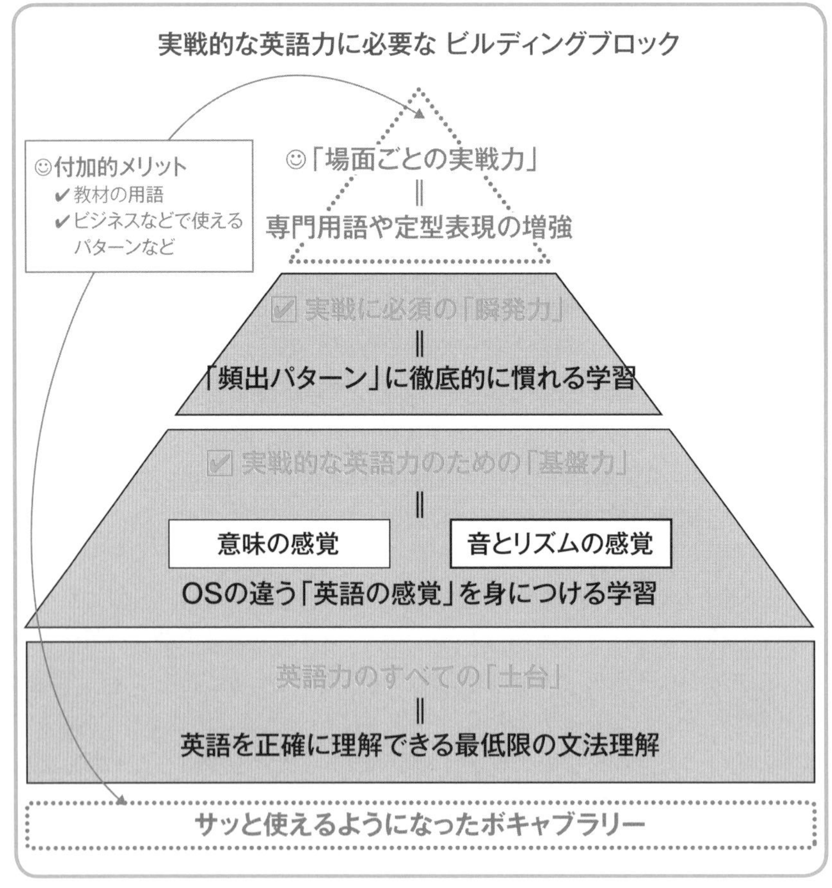

コラム#12
deliberate practiceとは?

「すごいな」と思う人を見ると、彼らは自分とは違った「特別な才能」を持って生まれてきた人なんだと思いがちですよね。でもどうやら、「すごい人」がすごいのは、特別な才能だけではないようです。

Talent is Overrated（『究極の鍛練』by Geoff Colvin）という本では、ほとんどの場合、「すごい人」とは、何よりも deliberate practice をやり込んだ人なのだと説明しています。deliberate practice とは、焦点を絞った繰り返し練習のことで、まず、①「何を身につけるのか」が分かること、次に、②そこに焦点を絞った練習を何度も何度も繰り返すことだそうです。これが、「すごい人」の脳や身体を変えてきた結果として、彼らは他の人から抜きんでてしまっているという場合がほとんどであると、著者は豊富な研究データや実例をあげて説明しています。

これは言葉にすると簡単で、誰でもやれそうなことにも思えますが、現実には、何度も何度も同じことを繰り返すことは、多くの人にとってつまらなくて大変な作業に感じられ、途中でやめてしまうようです。誰もが「すごい人」になれるわけではないのは、まさにこの理由だとこの本では言っています。

一方で、この本が示しているのは、「すごい人」までの道のりは案外とシンプルで、deliberate practice はとてもパワフルなのだということなのです。私たちの作業も同じような deliberate practice の意識でやることがとても重要だということになります。

ということで、この本が終わったら、ぜひ deliberate practice の意識で、他の教材でも学習を続けてください。本屋さんに行けばいろいろと良い教材がありますので、自分に合ったものを選んでみてください。私たちの WEB サイトにも継続学習用教材を紹介していますので、参考にしてください。
（☞ http://kh-system.com）

本書を使った学習サイクルの全体像

✔ 土台作り

ステップ① 英文の<構文分析>と<構文チャレンジ>

第６章２（p. 123）

作業用ワークシートを使って、自分で実践練習の下準備をします。

作業１ 「船＋フック＋フック」で構文を分析

作業２ 「結＋詳＋詳」で意味と情報の順序を分析

作業３ <構文チャレンジ>で仕上がりを確認

✔ 実戦的な英語力のための「基盤力」

意味の感覚

ステップ② 音だけで文頭から意味を理解する聞き込み

✔ 文頭から意味を正確に追う力をつける 第６章3-2（p. 160）

構文を追いつつ、「結＋詳＋詳」を意識して、「大きな意味のかたまり」ごとに文頭から意味を理解していく感覚をつけていきます。

・構文を意識した聞き込み

・「結＋詳＋詳」を意識した聞き込み

補助輪ステップ スラッシュ・リーディング

✔ 意味を頭に残し、納得する感覚をつける 第６章3-3（p. 184）

さらに、日本語とまったく違う順序で聞き取った情報を、頭にしっかりと理解（イメージ）として残せるようになるための練習をします。

補助輪ステップ 文の最後で、「なるほどね」で保存！

補助輪ステップ 手でイメージ化を手伝う

補助輪ステップ 同時通訳‘風’作業

音 の感覚

ステップ③ 「音とリズム」に忠実な 100%シャドーイング

第６章４（p. 199）

音が、弱く、あいまいになって、つながってしまう「弱」が基調の、英語独特の「強弱のリズムと音の変化」の感覚を自分の中に作り込んで、実戦で正確に聞き取れる耳を作っていきます。

・シャドーイング

補助輪ステップ 音読

補助輪ステップ リテンション

アウトプットにつなげる

ステップ④ 「英語戻し」

第６章５（p. 233）

伝える意味にフォーカスして、「結＋詳＋詳」の情報の順序を道しるべに、「船＋フック＋フック」の構造をしっかり意識して、自分で英文を作る感覚を作っていきます。

補助輪ステップ 論旨のメモを見ながらの英語戻し

コラム#13

まだ英語に自信がないと、ネイティブスピーカーと英語で話すことに臆してしまう人も多いと思います。ましてや、仕事の話となれば、責任も影響もある話でプレッシャーが高いと思います。そこで、一つ分かっておくとプラスになることがあります。英語圏のビジネスパーソンがとても大事にしていることに、small talk があります。日本語で言えば、「雑談」ですが、これが英語のビジネス文化ではとても大きな役割を果たしているようなのです。

英語文化は、基本的には「ローコンテクスト文化」といわれ、人々の情報、経験、理解などの共有度合が一般的に低い文化であると言われています。日本とは比べものにならないほど多様な背景の人々が集まってチームとして仕事をするためには、情報を言葉にして誤解なく共有するだけでなく、個人として互いが信頼し合えるように積極的に情報交換をすることが非常に重視されます。他愛ないようなことでも、互いの趣味や家族などについて積極的に聞き、自分でもそうした話を積極的に相手にすることで、共通の話題や興味を探し、『相手のことを人として大切に思い、興味を持っていることを示す』ことが信頼関係の第一歩となるようです。

その最も基本的な形が「挨拶」です。日本人の私たちは、特に英語でやるとなると、“Good morning.”、“Hello.” で十分挨拶が終わった気分になり、それで済ませてしまうのが普通だと思います。一方、ネイティブスピーカーにとっての「挨拶」は、“Good morning.”、“Hello.” ＋アルファで「基本パッケージ」のような感覚があるようです。ちょっとした small talk につながる「＋アルファ」が後ろにつくことで、相手を大切に思う気持ちや相手への興味がはるかに伝わるようで、ここまで言って「挨拶のパッケージ」になる感覚があるようです。これを分かっておくと、安心して話が広げられますよ。

挨拶から導入して、「small talk」をぜひ積極的にやってみましょう。仕事の話よりも気軽に、安心感を持って話せますし、同時に、信頼関係の土壌づくりに大きなプラスになります。まず、「挨拶」に「＋アルファ」を付けるクセからスタートしましょう。

週末明けの朝会えば、　“Good morning, Ken.”＋“How was your weekend?”
相手が休暇明けであれば、“Hi, Hiro.”＋“Did you enjoy your vacation?”
勤務中にすれ違えば、　“Hello, Miho.”＋“How are you doing?”

Part 4

GOING FORWARD:
継続

第7章：
継続学習へのアドバイス

付録：文法解説

1 初中級からの学習で、まずフォーカスしたいこと

お疲れさまでした！　本書ではK/Hシステム英語学習法の導入として、初中級レベルの学習者の方たちにとって大切なポイントに特にフォーカスして、学習の視点とやり方を見てきました。ここで、K/Hシステムの学習法で何ができるのかと、初中級者にとって、今後の学習でまず重要な学習の視点は何かをまとめておきましょう。

K/Hシステム英語学習法でできる学習のポイントはここ！

- **まず、日本人が身につけるべき「英語のOS」にフォーカス**
  これをやっておくことで、システムの異なる英語に実戦で対応できる基盤力ができ、土台ができます。実戦で生きる英語の身につけ方ができて、身につけた語句表現・文章が実戦で生きます。
- **英語を、知識ではなく、実戦で使うための「スキル」として強化**
- **日本人がまず身につけておくと得する、汎用性のあるパターンを学ぶ**
  多くの日本人が苦労する、しかし、実戦で頻出する語句表現や文章を「パターン」として身につけます。汎用性の高い知識とスキルベースができるので、学習効率が高くなります。
- **「質の高い、本格的な英語力」につながる土台になる**
  付け焼刃でない、「正確性とスピードを両立できる英語力」「信頼関係の醸成と仕事の結果を両立できるコミュニケーション力」に確実につながる学習ができます。

初中級レベルの学習者は、まずここにフォーカスしよう！

K/Hシステム英語学習法を使った具体的な継続学習のやり方についてはp. 256～257にまとめますが、初中級レベルの学習者に特に重要な「学習の視点」を、まずまとめておきますね。

ポイント1 **まず、文法力・構文力を上げていこう！**

本書で繰り返し強調してきた点ですが、長年の研修と海外で活躍する多くの日本人の方たちを見てきた経験から、これが結局、本当に近道だと感じます。文法や構文の理解を飛ばして何とかしようという考えを早く捨てて、自分のペースでこれに取り組めることが、「勝ち」になると思います。少なくとも、海外の人と日常会話以上の話ができるようになりたいのであれば、早く覚悟を決めることが自分へのプレゼントだと思います。

ポイント2 **「じっくり型」と「多読多聴型」の学習を組み合わせてOK！**

K/H システムの学習法は、明らかに「じっくり型」の学習です。「基盤力」を作り込む学習ですから、繰り返し練習、刷り込み練習が多く、その分、量に触れる学習にはなりません。とはいえ、やはり「多読多聴」は必要です。どちらかを選ぶのではなく、組み合わせることで、最も理想的で効率的な学習ができます。（「多読多聴型」学習のアドバイス ☞ p. 260 ～ 261）

基盤力と基本技を作り込んでいく「じっくり型学習」と、すそ野を広げ、経験知をあげる「多読多聴型学習」、加えて、身につけたものを使ってみる「実戦型学習」は、どれもそれぞれ役割があって、重要です。「交互」、「並行」して、あるいは「フェーズ」で、バランスよく組み合わせていくことで効果があがるはずです。ただし、初中級レベルは、基盤力を作る「じっくり型学習」を少し集中してやると、早道になると思います。

ポイント3 **ボキャビルをしよう！**

基盤力と同時に、土台として不可欠なのが「ボキャブラリー」です。これも避けて通れません。ただし、やり方と視点を工夫することで効果と効率が上がると思うので、それについては、p. 261 で触れます。

ポイント4 **「現場」と「訓練」を分けて考えて、焦らず学習！**

文法や OS 変換という、自分の感覚を変えるための地道で負荷の高い学習を始めると、最初の段階で、「こんなことを気にしていたら、実戦で余計にパフォーマンスが落ちる」という焦りが必ず出てきます。慣れないことをやろうとしているので、もっともな悩みです。仕事で結果を出さなければならない「現場」では、そのときの力で最も結果が出るやり方をしてください。サバイバル英語も大事です。ただ、長期的に本格的な力を手にいれるための「訓練」は一方で必要です。「現場」と「訓練」を分けて考えることで、焦らずに必要な訓練に取り組めるようにしましょう。

長期的なビジョン：中上級になったら学習の視点に入れること

K/H システムでは、海外でリーダーシップを発揮できる「本格的な実戦的英語力」に必要な力を、右の図のように考えています。本書では、初中級者の方を対象に、特に レベル2 と レベル3 を中心に学習してきました。長期的には、学習を2年くらいの息の長い単位でとらえて、一つずつ上の力をつけていきましょう。文法の土台も作りながら TOEIC®L&R テスト 700 点台くらいになったら、大きなビジョンとしては、次は以下のような学習を織り込んでいくと次のブレークスルーにつながるでしょう。

1. **「話の組み立て方」の基本と「論旨を明快にするキー表現」** レベル4

   英語には、話の組み立て方にも特徴的なパターンがあり、これも日本語と正反対のように OS が異なります。日本語的な組み立てで説明をすると、納得してもらいにくく、誤解を招くことすらあります。この違いを学んでおくと、同じ英語力でもコミュニケーションの成果があがります。

2. **英語の「社会人の言葉遣い」と背景にある考え方** レベル4

   英語にも「社会人の言葉遣い」があるのですが、英語圏で当たり前に使われている「配慮表現の体系」は、日本ではほとんど教えられていません。私たちが知らずにダイレクトすぎる表現を使ってしまっていることも多いようです。信頼関係の構築にはとても重要なので、背景にある価値観や前提なども含めて理解しておく必要があります。

3. **議論のときに使われる「議論の組み立て方」と「表現方法」** レベル5

   英語の世界では、多様な人々の間での意見の対立を通してこそ、より高い次元での合意やアイデアが生まれると信じてコミュニケーションをしています。「建設的な対立型コミュニケーション」に参加できるための、話し方のパターンや表現を学んでおくことがとても重要です。

…ある程度自己訓練が必要　…K/H システムの学習で強化できる部分

グローバルな場でリーダーシップを発揮できる実戦コミュニケーション力

本格的コミュニケーション

レベル 5

- 実戦体験を通じたコミュニケーションの現場感性
- プレゼン・ネゴシエーション・司会などの特定スキル・用語
- 異文化・多様性に対する理解と洞察に根差した受容力・説明力・議論力

ロジカルで品格のあるコミュニケーションのためのインフラ

社会人としての知性と品格のある話し方のカギ

レベル 4

- ロジカルで礼を失しないスピーキング訓練
- ロジックやニュアンスをしっかり追うリスニング訓練
- トーンやニュアンスを正しく伝える語彙・表現ストック
- 話の展開を明快にする表現ストック
- 英語の丁寧表現体系の理解
- 英語のロジック構造の理解

実戦力とスピードのためのインフラ

サッと聞き取れ、サッと話せる実戦力のカギ

レベル 3

- 広範囲な「知っている語彙・表現」のストック
- 自分のものになった「パターン構文／表現」のストック
- 自分のものになった「使える語彙・表現」のストック

実戦的「基盤力（英語のOS）」のインフラ

サバイバルを超えるための必須の土台

レベル 2

- 英語の正しい音とリズムの感覚
- 英語の語順で意味をつかむ力
- 英文の作り（構文）と文法についての基礎的知識

効果的で持久力のある自己学習能力

効果的に伸びていくための必須の土台

レベル 1

- PDCA の意識と習慣化（課題解決能力）
- 自分に上手に達成感を与えられる目標設定とペース作りのノウハウ

2 K/H システム英語学習法による継続学習のやり方

1　学習サイクル：簡易＋フル・サイクルを、うまく組み合わせよう！

p. 258 ～ 259 に、学習サイクルの見本をまとめました。「英語戻し」までのフル・サイクルをしっかりやり込む教材だけでなく、もう少し気楽に「基盤力を意識した音読」までやるものや、仕込みをした「聞き込み」までのサイクルで学習する教材などがあってよいと思います。「継続こそ力」ですから、自分の負荷も考えて、上手に工夫します。ただ、初中級から上に行くための必須条件として、<構文分析>ステップだけは飛ばさない！　を心してください。

2　教材の選び方：自分に合った教材を選ぼう！

K/H システム学習法で「基盤力強化のためのじっくり型学習」をやる場合のアドバイスをまとめておきます。まずは、教材を選ぶポイントです。

理想的な教材

以下の３つがそろっている教材が理想です。

①音声素材…音とリズムも自分のものにするため
②トランスクリプト…「正確に」理解して身につけるためには不可欠
③こなれた訳・語句解説…使えるために必須の「こなれた理解」のため

自分に合った内容の教材を選ぶ

内容や場面の「イメージが浮かびやすい」こと、意味やニュアンスに対する「推測や読みがききやすい」こと。そして、なんといっても楽しかったり、ニーズとかみ合っていることなどから「継続学習のモチベーションが続きやすい」こと、というのがポイントになります。

例えば：・自分がよく知っている分野のもの
・自分が興味のある分野のもの
・ニーズや使う機会のあるもの

Learning Zoneにはまる教材を選ぶ

簡単すぎず（Comfort Zone）、負荷が高すぎず（Panic Zone）、自分にとって最も学びになり、やる気が続く負荷のものを選びます。負荷は、教材自体の「むずかしさ」だけでなく、一度に学習する「量」でも調整できますね。「ALCO」（アルクが提供するアプリ）やICレコーダーの速度調整機能で「スピード」も変えられますよ。

シャドーイングをやり込む場合、初中級レベルの人は、生の会話（映画など）よりもスタジオで録音されたもの（教材）か、きちんとしたスピーチ（トランスクリプトのあるスピーチなど）がよいでしょう。

TOEIC®L&Rテスト教材はよい！

TOEIC®L&Rテスト教材を、テストに使うのではなく、学習素材として使います。実際、K/Hシステムの初中級向けの研修では、TOEIC®L&Rテスト教材のPART3～5を構文分析して、基盤力強化と表現体得の学習に使っています。非常に自然な英語ですから、自分のニーズと興味に合った場面のものを選んで、安心して学習に使える素材です。

3　学習ペースの工夫：カフェ勉で仕込み、細切れ時間でやり込み！

<構文分析>のステップを飛ばさないことが初中級の人の伸びのカギですから、この「仕込み」のステップを、いかに日常のルーティンの中で気軽に、上手にできるように工夫できるかが成功のポイントになります。「仕込み」さえ済めば、あとは「聞き込み」「シャドーイング」など、机の必要のない作業がほとんどで、暮らしの中の「細切れ時間」を利用して学習できます。たとえば、週に一日だけ早く出勤して、会社の近くのカフェで1時間だけ「仕込み」勉強をしておくなど、くらしのリズムの中に上手に織り込みます。

4　学習のビジョン：大きなビジョンで、焦らずに、でも覚悟を決めて！

英語は、一朝一夕で身につきません。「すぐにできるはず」と無意識で思っていると、「近道をしたくなる」「焦ってすぐ諦めたくなる」など、落とし穴にはまってしまいます。「2年単位の段階×数段階」と覚悟を決めて、息の長い努力を、納得感をもってできる工夫をするのが、何より大事です。学習時間でいえば、600時間が一段階と覚悟。本当に海外で活躍するにはTOEIC®L&Rテスト900点台がスタートだという認識も大事です。焦らない！

K/H システム 学習フル・サイクル

補助輪ステップ

① 構文分析する

GOAL! 文の構造と意味を英文解釈的に正確に理解して「文に納得！」
BENEFITS! 英語が、正確に、楽に、応用もきくかたちで身につく
TOOLS!
□ ＜構文分析＞→＜構文チャレンジ＞
□ K/H 立体構文トランスクリプト

□ 「船フック」をヒントに＜構文分析＞して、文の構造と意味を確認
□ スラッシュも入れて、「結＋詳＋詳」をヒントに、意味の順序も確認
□ ＜構文チャレンジ＞で仕上がりを確認

② 意味の力を強化する

GOAL! 英語の情報の順序に慣れ、「文頭から聞ける、作れる」に！
BENEFITS! 「スピード」と「正確性」を両立して、聞ける・話せる力がつく
TOOLS!
□ 「結＋詳＋詳」を意識して聞き込み
□ スラッシュ・リーディング
□ 同時通訳‘風’作業

✓ 音だけで、文頭から意味をつかむ練習

□ 「スラッシュ・リーディング」で聞き取りをシミュレーション
□ 構文意識で聞き込み
□ 「結＋詳＋詳」意識で聞き込み

✓ 意味を頭に残し、納得する感覚をつける

□ 文の最後で、「なるほどね」で保存！
□ 手でイメージ化を手伝う
□ 同時通訳‘風’作業

注）作業のタイプ　＝読む、　＝話す、　＝聞く

③ 音の力を強化する

GOAL! 耳も、口も、英語のリズムと音の感覚に！
BENEFITS! 知っている単語が確実に聞き取れる耳をつくる
英語がはるかに覚えやすくなり、口から出やすくなる
TOOLS!
- □ シャドーイング
- □ 音読
- □ リテンション

- □ 音声をよく聞いて仕込み：スラッシュとアクセントを記入
- □ リズムまで意識して　音読
- □ リテンションで　下準備・部分練習
- □ 定期的に現状把握しながら、100%シャドーイング

④ アウトプットにつなげる

GOAL! 確信を持って、自分でメッセージを伝えている感覚になるまで！
BENEFITS! サッと使えるアクティブ・ボキャブラリーが増えてくる
「使いどころまで分かった自然なコマ」として身につく
TOOLS!
- □「英語戻し」
- □ 論旨のメモ

- □「話の流れ（組み立て）」を分析
- □ 自分が話しているような感覚でできるまでシャドーイング
- □「話の流れ（組み立て）」を書いたメモを見ながら、「英語戻し」
- □ メモなしで、自分で話している感覚でできるまで、「英語戻し」

3 「多読多聴型」学習のアドバイス

1 「見本」を大量にインプットしよう！

英語を、まるで「数学」のように思っている人が多いように思います。ルールさえ分かれば、「言いたいこと」をそれに従って置き換えれば「通じる英語」になるはずだ、という意識です。言葉は生きていて、ルール違反もあるし、ルール自体も変わる。しかも、外国語を学ぶというのは、その言語を使って暮らしている人たちから見て「通じるか」「自然であるか」が「まずありき」の、「相手の土俵で勝負する」話なのです。そういう意味では、まったくフェアーじゃないですよね。でも、実は母国語も同じ。自分の言いたいことが聞き手に通じて、聞き手にピンときて、それではじめてナンボですよね。そこに一度納得すると、よい「見本」を集めたくなります。外国語だからこそ、**「こういうとき、彼らはどう言うのか。どういう表現が彼らにピンと来るのか」**を必死で知らなきゃならない。そういう死活問題なのです。

「通じる」英語、「プロフェッショナルなビジネスパーソンと思ってもらえる」英語を身につけたいとすると、「世界で英語を使いこなしている人たちの"言葉の常識"」をどんどん吸収するのが早道。一つ一つが分からなくても、大量に英語を吸収する中で見えてくる、分かってくることも多いので、「分析的な問題意識（仮説をたくさん持つ）」を大事にしつつ、大量に触れましょう！

✔「日本語を英語にする」意識だけでは、通じない

「自分が言いたいこと」の「訳」ではなく、「英語版見本」を集めよう！

自分のコンテンツで勝負。ただ、それを表す表現は「相手の土俵」に合わせて。表現まで自分流では、自分のコンテンツがそもそも伝わらない。

✔「日本語を英語にする」意識だけでは、自然な英語は身につかない

①自分の仕事の最低限の話ができるための、「見本」を探そう！

必須　自社・海外競合他社の英語サイト　業界団体のサイト

②実戦型ボキャビルをしよう！

✔WEBを活用して、ネイティブスピーカーの見本に大量に触れる
✔聞き取れるようになりたいものを録音・録画。聞き込む！
✔話せるようになりたいものを録音・録画。聞き込む！
✔WEBや新聞などの多読で、「自分の言いたいことにピッタリ！」が出てきたら、すかさず「いただき」で自分の英語ネタ帳に！

2　賢いボキャビルをしよう！

この視点を持つと、ボキャビルの仕方も変わってきます。常に「使う」「通じる」を狙った意識で臨みます。

☑ 単語だけで覚えても運用力にならない

①セットで使われるものはセットで覚えよう！

✔動詞句・単語の相性セットがミニマム単位！　の意識で
たとえば、an issue（問題）や、to address（～に対応する）で覚えるのではなく、使う場合のミニマム単位である、to address this issue（この問題に対処する）で覚える。

②例文とコンテキストの中で覚えよう！

✔文ごと覚える・コンテキストごと覚える
常に場面をイメージして、自分で使うことを意識して、気持ちものせて、役者のつもりで英語に触れる。

☑ ちょっとの工夫で学習効果が大きく上がる

③ちょっと仕込み！　必ず、構文分析とスラッシュ入れ（情報の順序）
④ちょっと刷り込み！　例文をリズムつきで音読
⑤ちょっと意識づけ！　多読でも表現にハイライト。よいものは音読

☑ 一つ一つの積み上げでは、効率が悪い

⑥パターンを見抜いて、シリーズで覚えよう！

形が似ているもの、単語を入れ替えるといろいろに使えるものを集めてシリーズで覚える。意味が同じものを集めて、バリエーションとして覚えるなど。

4 英語学習全般に効く、役立つ視点

1　教材・見本を選ぶ目を持とう！

日本語でもそうですが、ビジネスパーソンにふさわしい言葉遣いというものが英語にもあります。教材や見本は、やはり「きちんとした英語」のものを選びましょう。極端な表現やスラングなどは、いずれはそういう表現もTPOをわきまえて使いこなせることを目指すとしても、まずは「安全で、誤解のない英語」を身につけていくことを優先しましょう。

☑ 質を見極めないと、まったく意図しない印象を与えることにも

①「どういう英語を身につけたいのか」を常に意識しよう！

✔ 仕事で英語を使うなら、「安全で、誤解のない英語」から

極端な表現や乱暴な表現がある教材は避けましょう。奇をてらわず、安全で汎用性が高い英語表現を集めた教材を選びましょう。

✔ 英語の格（タイプ）も意識しよう

尻上がりのしゃべり方や、"like" や "you know" の連発など、テレビのドラマではよく見る英語でも、実は「学生言葉」ということも。ネイティブの英語を見本にするときも、その人がどういう英語を話しているのか、その人やコンテキストの全体像を見て、自分の身につけたいと思っている英語を学べる見本かを判断する視点を持ちましょう。

2　パターンを見抜いて、シリーズで覚えよう！

☑ 一つ一つの積み上げだと、効率が悪い

②パターン・シリーズで汎用性・拡張性の高い学習を！

K/H システムでは、英語の運用力を飛躍的に上げようとするのであれば、表現・文・話の構造などすべてにおいて、一部分を置き換えて便利に使える汎用性の高い「パターン」を見つけて身につけることが重要だと考え、研修でもそれに特化した教材を多く使っています。「同じ形で単語だけ入れ替わっている表現をシリーズで集めて、そのパターンに慣れる」と、「確信を持って分かる・使える英語」を効率よく増やしていけます。

・本書では、「名詞＋修飾節」のパターンを紹介しました。(p. 73)
・『究極の英語学習法　K/H システム 中級編』では、特にパターン構文にフォーカスし、パターン・ドリルで学習できるようにしています。
・いくつかの例を WEB サイト（http://kh-system.com）で紹介しています。

3　能動的に学習しよう！

✔ 教材と先生に任せる以外にも、できることはいろいろある

③自らのイニシアチブと工夫で、学習効率を上げよう！

1．たとえば、自分の教材を「創る」！
言いたいことを英語にして、ネイティブに直してもらう。ちょっと読んでもらって録音もすれば、自分の教材のできあがり！

2．たとえば、コーチを見つける！
「日本語を教えるから、英語を教えて」などで、いつでもアドバイスをもらえるネイティブのコーチを作る。「安全で誤解の無い英語」を教えてくれる、視点がていねいで分析的な人を探そう。

3．たとえば、英会話教室のネイティブ講師を賢く活用する！
1．の「自分の教材作り」を手伝ってもらう。シャドーイングをチェックしてもらう。「じっくり型」で勉強している教材のパロディーで話してみる。見本がほしいトピックで話してもらい、録音させてもらう。

4　大丈夫なものを作って、地道に財産を貯めていこう！

✔ その場で話す・作るでは、限度がある

④プロとして話せないといけないものは、「作品」を作っておこう！

③－1で「自分の教材」が作れる体制ができたら、自分が「これは大丈夫！これは話せる！」という小さな作品を一つ一つ作っていきましょう。仕事で必要な「話せるべきこと」は、作品を作っておくことで大きな安心になるだけでなく、仕事にも大きなプラスになります。たとえば、自分の紹介、自分の仕事の紹介、自分の会社の事業の説明のようなものを、「英語戻し」までやって自分のものにしておきます。

5 最後に

初中級のレベルからの学習は、特に毎日が忙しい働き盛りの大人にとっては、とても勇気と根性と覚悟のいる「気の重い」プロジェクトだと思います。独りで不安と、迷いと、疲れと闘うことの多い、道の長いプロジェクトだとも思います。でも、得るものはどれほど大きいでしょう。

仕事での機会が大きく広がるのはもちろんですが、海外の人たちの中で発言できるようになってきたとき、意見を言って本当に議論に参加できたとき、海外の人たちからこれまでと違う「もっと直で正直な反応」が返ってきはじめたとき、コミュニケーションがかみ合いだしたと感じられたとき、「言葉」を通して道が開けたとき、どれほどそれが大きな自信と喜びになるか、多くの研修参加者の「その後」を見てきて実感しています。世の中から取れる情報量が格段に多くなるのはもちろん、一緒に仕事をする海外のメンバーとのコミュニケーションにおいても、言葉の壁のために「五里霧中」で試行錯誤するのではなく、「壁」に当たっても「何が壁になっているか分かる」ようになってくることは、どれほど大きな違いを生むでしょう。自分で直に情報を取り、対応ができる安心感と自信は、どれほどでしょう。

簡単な道ではありませんが、絶対に意味のあるプロジェクトだと思います。今、道のスタート地点にいらっしゃるみなさんに、二つだけ覚えておいていただくことがあるとすれば、「継続は力なり！」と、「文法・構文は飛ばさない！」でしょうか。とにかく、「続けられる」ということを最重視して頑張ってください！　自分ひとりでは不安になったとき、刺激が必要になったときは、公募講座にぜひ来てください。志同じくする素晴らしい仲間たちが、絶対にモチベーションを上げてくれます！

みなさんが「海外で、信頼と尊敬を勝ち得ながら、しっかり結果を出し、リーダーシップを発揮していける」、それが私たちの夢です。やり甲斐に満ちて、たまらなく面白く、感動に満ちた旅に出られるみなさんを、心から応援しています！

Part 4

GOING FORWARD:
継続

第7章：継続学習へのアドバイス

付録：文法解説

0 文法解説の目的

第３章の「簡単文法レビュー」では、文の骨格となり文法的に最も重要な「船＋フック（名詞）」を説明しました。それを土台にして第６章の<構文分析><構文チャレンジ>ワークシートでも、文法についてさらに詳しく触れました。付録の「文法解説」では、文法の基本項目を概観します。できるだけ分かりやすく解説します。今後の勉強でまずは知っておきたい基本項目です。中学・高校で学んだ英文法の復習にもなると思います。

1 品詞

1．名詞と動詞

品詞とは単語の役割をいいます。たとえば、物や概念の名前を表す役割の単語を「名詞」といいます。water（水）、fire（火）、air（空気）、report（報告書）、meeting（会議）、you（あなた）などがその例です。動きを表す役割を担う単語は「動詞」といいます。have（持つ）、be（いる）、give（与える）、get（得る）、put（置く）などがその例です。

なぜ、単語の品詞を意識することが大切なのでしょう。単語の品詞が分かっていないと文が正しく作れないからです。具体的に説明します。文の骨格（船）は「主語＋述語動詞＋目的語」または「主語＋述語動詞」で成り立っていますね。主語に入る単語は、品詞でいえば名詞です。述語動詞には動詞、目的語には、名詞が入ります。たとえば、We（名詞）＋ have（動詞）＋ time（名詞）. となります。主語と目的語には名詞しか入れてはいけません。そこに動詞を入れたり、逆に、述語動詞に名詞を入れたりしてはいけません。逆の言い方をすれば、単語の品詞が分かることで、文（船）が正しく作れるのです。

2．冠詞とそのニュアンス

名詞の前につく「冠詞」という品詞（the と a）があります。日本語にはないので使い方がむずかしいのですが、簡単に説明します。名詞に a がつくと、「その名詞に当てはまるものは他にも存在するが、そのうちの一つ」という意味になります。I have a book. といえば「本というものは他にも存在するが、そのうちの１冊を持っている」ことになりますね。the がつくと、「それ一つしかない、他にはない」という意味になります。たとえば Toyota is an auto manufacturer.（トヨタは自動車メーカーです）は、「自動車メーカーは他にもあり、トヨタはそのメーカーの一つ」

という意味ですが、Toyota is the auto manufacturer in Toyota City.（トヨタは、豊田市にある自動車メーカーです）であれば、「豊田市の中での」と範囲を限定した上で、「その中ではトヨタが自動車メーカーとしては唯一の会社だ」ということになります。もし、範囲を愛知県と限定したらどうなるのでしょうか？　愛知県に他の自動車メーカーがあれば、Toyota is an auto manufacturer in Aichi Prefecture. になりますね。他になければ the auto manufacturer in Aichi Prefecture. となります。どちらか分からないときは、a にしておいた方が安全でしょう。まとめると、名詞の後ろで限定している範囲の中で見て、もしその範囲の中で他にもいくつかある中の一つなのであれば a になる、その範囲の中で一つしかないのであれば the になります。

3．前置詞と接続詞

船を拡張するにはフックが必要でしたね。そのフックに相当するのが、品詞でいえば前置詞といわれる単語ですね。前置詞とは、たとえば、in（～の中で）、on（～に接して）、at（～の地点で）、to（～へ）、for（～のために）、with（～と一緒に）などです。例文で見ると、I have time for you.（あなたのための時間はありますよ）の for が前置詞です。前置詞の後ろには you のように名詞がきます。後ろに文がくるときもあります。たとえば、I have time before I leave for New York.（時間がありますよ、ニューヨークに出発する前に）。この場合、品詞の名前が前置詞から接続詞に代わりますが、機能はまったく同じです。まとめると、フックの機能をする品詞は、前置詞と接続詞です。違いは単に、前置詞は後ろに名詞を、接続詞は後ろに文（節といいます）を引っ張ってくるという違いだけです。

4．形容詞と副詞

さて、次は形容詞と副詞について説明します。ここは重要なのでよく読んでください。両方とも、フック内蔵型の品詞と考えると分かりやすいです。簡単に説明します。

形容詞とは、名詞を詳しく説明（文法用語では「修飾する」といいます）する品詞です。たとえば、a white mountain（白い山）といえば、white が a mountain を詳しく説明していますね。品詞としては形容詞になります。形容詞は、前置詞のフックを使わずに直接、名詞にくっつくことができます。「フックが内蔵されている」と考えておくと、形容詞の特徴を理解しやすいと思います。形容詞は、名詞の前につくことが多いですが、日本語とは違って名詞の後ろに形容詞がつくこともできます。たとえば、We see a mountain white with snow.（雪で白くなっている山が見える）という表現があるとしますね。この場合、a mountain にフック内蔵型である形容詞 white が直接引っ掛かっています。次の snow は名詞なので、フックの with を使って引っ掛かっていますね。ちなみに、なぜ形容詞がここでは名詞の後ろに回ったかですが、white に「雪で」という説明の「フック名詞」がついてきていて、意味的には「雪で白い」でワンセットなので、二つは一緒にいたいんですね。こうして、形容詞が仲のよい「船＋フック」を連れてきていたり、長くなったりすると、うっとうしくならないように名詞の後ろに回るんですね。中上級の英語になってくると、こうして形容詞が後ろに回って長くなっていることが多くなりますから、ちょっと頭の隅に置いておきましょうね。

副詞は、名詞以外を詳しく説明するときに使う品詞です。たとえば、This car runs fast.（この車は速く走る）という文だと、fast が副詞です。This car runs at a high speed.（この車は速いスピードで走る）という、意味が同じ文と比較してみると、fast は at a high speed の代わりになっていることが分かります。fast が speed と同じように名詞であれば、at のようなフックが必要ですが、fast はフックなしでくっついていますよね。フック内蔵型の副詞だからなんです。まとめると、形容詞と副詞はともにフック内蔵型の品詞で、ただ、何に引っ掛かる（修飾する）かが違う。形容詞は名詞にだけ引っ掛かる、副詞は「名詞以外のすべて」に引っ掛かることができるのです。

2 「船」＝文型

中学・高校で英文法を学んだときに、「5文型」を教わりましたね。「5文型」というのは、最もシンプルな形で文を完成させる方法が5通りあるということです。完成の方法を決めるのは、動詞の種類だというのは教わったと思います。本書では、「他動詞か自動詞かによって文（船）の完成させ方が2通りある」と説明しました。この考え方を使って「5文型」を以下に説明します。

自動詞系の本家　S＋V

主語と自分だけで文を完成させられる動詞の作る船の形で、たとえば、I work.（私は働く）、Sophie talks.（ソフィーは話す）、I talk.（私は話す）。K/H システム的にいえば、自動詞は後ろに「名詞を要求する手」が出ていないので、名詞を直接くっつけることができない動詞です。名詞でさらに情報を足したければ、フック（前置詞）を持ってきて名詞をつなぐしかありません。

S		V	
主語（名詞）	＋	自動詞	……………第1文型
We		talk.	

自動詞系の分家（バリエーション） S+V+C

自動詞なんだけれど、後ろに「主語について説明する名詞（形容詞でもOK）ならつけていい」という分家があるんです。たとえば、I am a manager.（私はマネジャーです）や、Matt is sharp.（マットは切れ者です）や、Stacy became angry.（ステイシーは怒った）のようなもの。注目してほしいのは、a manager や sharp や angry は、主語についての説明で、その情報を補っていますよね。「主語の情報を補う」という意味で、この最後に置いた名詞（または形容詞）は「補語」と呼ばれます。

この形をとる動詞の筆頭格は、このbe動詞です。be動詞は、I am や You are や She is など、主語によって変化しますが、どれも意味は同じです。みなさんは、中学1年で「be動詞」の意味を習いましたか？　たぶん「～です」と習った人が多いでしょう。be動詞のコアの意味は、実は、「存在する」というちゃんとした意味があるのです。だから、I am.（私は存在します）で文が完成しても、意味もそれなりに通るのです。ただ、それだけではあまりにも情報として物足りないので、「私は存在します」の後に、「どういう人として」、「どういう状態で」などの名詞（または形容詞）を足して、主語の「私」を補足説明します。だから、意味的には、「主語＝補語」の関係になります。これは、動詞から出ている手に載ってくる「目的語」とは役割が違うので区別されます。be動詞の後ろに名詞が来ていて似て見えますが、この文型では、後ろに来ている名詞（補語）の意味が、「主語＝補語」の関係になっていて、動詞はあくまで自動詞です。しっかり区別して理解しておきましょう。これが、学校文法では第2文型と呼ばれるものです。

他動詞系の本家 S+V+O

他動詞は、その動詞から「名詞を要求する手」が出ていると考えると分かりやすいでしょう。その「手」があるので、動詞が必ず名詞を一つつかんで船が完成する形です。英語では最もよく使われるタイプの動詞です。動詞の王様といえます。英語感覚を身につけるには、このタイプの動詞の「S+V+O」の文型をまず身につけるといいでしょう。

S　V　O

主語（名詞）＋他動詞＋目的語（名詞）……………….第3文型

We　discussed　the issue.

他動詞系の分家（バリエーション）　S+V+O+O

このタイプの他動詞は give、send、teach などで、名詞をつかむ手が二つ出ている動詞で、「〜に〜を」で二つの名詞をフックの助けなくつかむことができます。ただし、二つの名詞をつかむのに順序があります。最初に「〜に／〜のために」に関わる名詞をつかんで、その後ろに「〜を」に関する名詞をつかみます。たとえば、I teach students English. のように、「学生に英語を教える」となります。逆に、I teach English と、「〜を」に相当する名詞 English をはじめにつかんでしまうと、「〜に」に相当する名詞をつかむ手がもう使えず、I teach English（を）students（に）．と無理やり、逆順に並べることはできません。その場合は、ちゃんとフックを使って、I teach English to students. のようにつなぐしかありません。S+V+O+O の名詞の順序は、必ず「〜に〜を」の順だということを忘れずに。

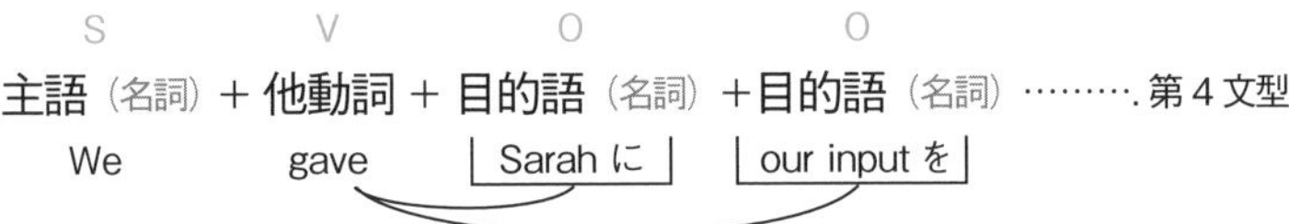

他動詞系と自動詞系のハイブリッド　S+V+O+C

最後のタイプは他動詞系と自動詞系のハイブリッドです。たとえば、This experience will make Matt. と S+V+O の文型を作ったとしますね。「この経験はマットを作るであろう」という意味ですが、「マットをどういう人として（作るの？）」という情報を、目的語の Matt の直後に名詞（または形容詞）を使って入れることができます。This experience will make Matt an effective executive.（この経験は、Matt を優秀なエグゼクティブにするであろう）。この場合、Matt の状態が an effective executive によって説明されているわけですから、これも情報を補う「補語」ということになります。ただ、この文型の補語は、主語ではなく、目的語の情報を補っているんですね。つまり「目的語＝補語」で、Matt is an effective executive と同じですね。

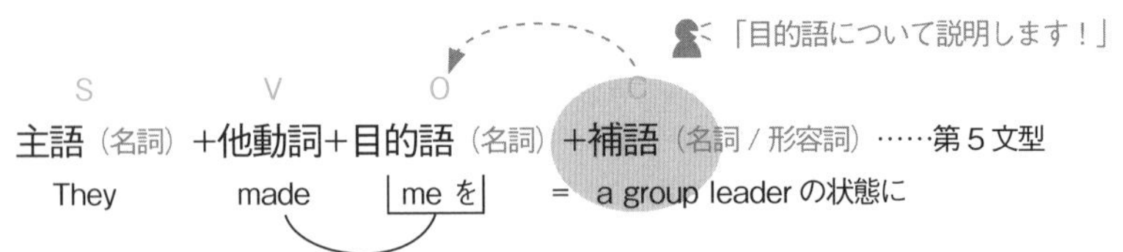

番外編コラム

ハイブリッドの形は、次のように、二つの文が合体したものです。

Her hard work made Stacy.（彼女の努力が Stacy を作った）
Stacy is a great teacher.（Stacy は素晴らしい先生）
⬇
Her hard work made Stacy (be) a great teacher.
（彼女の努力が、Stacy を素晴らしい先生にした→努力の結果、そうなった）

Stacy is a great teacher の動詞は、be 動詞なので省略することができ、Her hard work made Stacy a great teacher となります。もし、be 動詞ではなく、Stacy excels in her job など、他の動詞（この場合は excel）であれば、その動詞の原形をそのまま置いて合体させ、Her hard work made Stacy excel in her job.（努力の結果、Stacy は仕事で抜きん出た）となります。この文の目的語である Stacy の後ろの部分、excel in her job は、Stacy を説明している補語的な部分になります。ちなみに、excel は動詞の原形なので、三人称単数現在の s は要らなくなります。

make などのいくつかの動詞は、このように補語の部分に動詞がくることがあります。たとえば help（助ける）、let（させてあげる）、have（そうなっている）など。例をあげると、「Sophie は私が英語を学ぶのを手伝ってくれた」なら次のようになります。

S	V	O	C	
主語（名詞）＋	他動詞＋	目的語（名詞）＋	補語（動詞原形）	…….第 5 文型
Sophie	helped	me	= study English	

ちなみに、上記の形になれる動詞を「使役動詞」と呼びますが、意味的に使役（無理に・意志と関係なく）なのは make ぐらいなので、この形の文の形そのものを「使役」とは思わない方がいいです。

付録 文法解説

3 準動詞

動詞の run に ing がついて running の形になったり、to がついて to run の形になり、文（節）の述語動詞以外の場所で使われることがあります。このように、述語動詞以外で使われる、形を変えた動詞を「準動詞」と呼びます。準動詞は、名詞になったり、形容詞になったり、副詞になったり、変幻自在にいろいろな役割を果たすので少し慣れが必要ですが、英語の上達には極めて重要です。

1．名詞になる準動詞

1．1 名詞になる「動詞 -ing」と「to 動詞」

たとえば run は、準動詞として述語動詞以外に使われる場合、running になると「走ること」、to run になっても同じく「走ること」となって、ともに名詞として使えるようになります。名詞なので、船（主語＋述語動詞＋目的語／補語）の、［主語］と［目的語／補語］として使えます。いくつかの動詞で見てみましょう。

主語に使えば、

Walking makes you healthy.（歩くことは君を健康にする→歩くと健康になる）

To live is to love.（生きることは、愛すること）

目的語に使えば、

I enjoy running.（走ることを楽しんでいる）

I want to run.（走ることを望む→走りたい）

文法用語では、「動詞 -ing」を、名詞になっているので動名詞と呼びます。同じく名詞になる「to 動詞」は、「to 不定詞」と呼びます。時制や主語が定まらない（不定）形だからでしょうかね。

1．2 準動詞は動詞の機能はそのまま持っているの？

他動詞が準動詞として使われるときも、述語動詞のときと同じように「目的語をつかむ手」が出ている特性は変わらないので、目的語として名詞を直接につけます。

Taking a walk for thirty minutes every day keeps you healthy.

（毎日 30 分間、散歩をすることで、健康が維持されます）

To run a marathon every year would give you a sense of purpose in life.

（毎年マラソンを走ることは、生きる励みになりますよ） ＊この run は他動詞ですね。

I enjoy discussing things with students.

（学生たちといろいろ議論するのは楽しい）

I dream to run a marathon with you in Boston.

（君とボストンでマラソンを走るのを夢みてます）

1.3 準動詞の主語はどう表すの？

準動詞の主語を示したいときもありますが、そのときはどうやって主語を表すのでしょうか？まず、一般論を語っている場合は準動詞の主語を明示する必要はありません。また、文の主語と同じ主語の場合も明示する必要はありません。それ以外のケースでは、誤解が生じないように明示するようにします。やり方は簡単ですので覚えておきましょう。

動詞 -ing の場合

主語の所有格（my、our、your、his、her、their、Tomoko's など）を準動詞の前に入れることで、主語を表します。具体的には Editing the draft of this book speeded up the process.（本の原稿の校正が作業を速めた）では今ひとつ意味がよく分かりませんが、もし「誰が校正したか」を明示するとイメージが湧きますよ。たとえば、

Kanako's editing the draft of this book speeded up the process.

（香奈子さんが本の原稿を校正してくれたことが、作業を速めた→おかげで、作業が速く進んだ）

「to 動詞」の場合

「to 動詞」の前に「for 主語」をつけます。

For us to complete the draft by the 10th is very important.

（私たちが 10 日までに原稿を完成することは、とても重要です）

太字のところ（主部）がこうしてやたら長くなると、it で置き換えて仮の主語として立てて、うっとうしくないように太字部分を文の最後にもってくることもありますね。実は、こちらの方がよく使われます。

It is very important

= *for us* to complete the draft by the 10th.

1.4 なぜ、「動詞 -ing」と「to 動詞」の二つが必要なの？

ちなみに、なぜ、わざわざ同じ機能の「動詞 -ing」と「to 動詞」の二つが必要なのでしょうか？一つでもよさそうなものですが、二つあった方が便利な理由があります。

理由1：前置詞とのコンビネーション

名詞になったときに、前置詞をつけて「フック＋名詞（動詞 -ing）」の形になれるのは、「動詞 -ing」だけです。たとえば、I lost weight by running.（私は体重を減らした、走ることによって）のようにできるのは「動詞 -ing」だけです。「to 動詞」は、名詞になっても、その前に前置詞をつけて「by to run」とすることができません。

理由2：ニュアンスの違い

基本的に：「動詞 -ing」は「進行形」に似て、アクションが具体的に目に浮かぶ感じが強く、
「to 動詞」は時間と切り離された、抽象的・概念的な感覚があります。

そのニュアンスの違いから派生して、時間的な印象として、

基本的に 「動詞 -ing」は、「現在」「過去」を想起させることが多く、
「to 動詞」は、「未来」のことを想起させることが多いです。

以下の例文で意味の違いを味わってください。

I tried talking to John.（ジョンには、すでに話してみた＝そのアクションをやってみた）

I tried to talk to John.（ジョンに、話そうとした＝まだ話せてない）

2．形容詞になる準動詞

2.1 形容詞にもなる「動詞 -ing」と「to 動詞」

名詞　動詞 -ing / to 動詞

「動詞 -ing」と「to 動詞」は形容詞としても使えます。形容詞の役割は名詞を修飾することですから、主語や目的語の名詞を修飾したり、船の後ろにつく「フック＋名詞」の名詞部分を修飾したりします。「動詞 -ing」（～している）、「to 動詞」（～する／～するための）という意味で、それぞれ名詞を修飾します。

主語（名詞）を修飾

People *working for this company* are great people.
（この会社で働いている人は、素晴らしい人たちです）
People *to work on this project* need to be proficient in English.
（このプロジェクトで働くことになる人たちは、英語が堪能でなければなりません）

目的語（名詞）を修飾

I admire people *studying English even when they are so busy.*
（大変忙しいときにさえ英語を勉強している人を尊敬します）
Do we have anything *to discuss today?*
（何か今日話しておくべきことありますか？）

「フック＋名詞」の名詞を修飾

I enjoyed talking with people *working for this company.*
（この会社で働いている人と話して楽しかった）
We are looking for some like-minded people *to work for our company.*
（この会社で働いてくれる、志を同じくする人を探しています）

2.2 「動詞 -ed」（過去分詞）も形容詞として使えます

Yesterday I read a book *written by Haruki Murakami.*
（昨日は、村上春樹によって書かれた本を読んでいました）

上記の文の written は、write（書く）の受け身形（受動態）を作るときのかたちで、「過去分詞」と呼ばれます。受動態は、「be 動詞＋動詞の過去分詞」で作ります。たとえば、This book was written by Haruki Murakami. なら、「この本は、村上春樹によって書かれた」となります。この「過去分詞」が、「～された」という意味の形容詞の働きをし、a book written by Haruki Murakami （村上春樹によって書かれた本）のように、名詞 a book を修飾します。過去分詞も名詞の形容（修飾）に大変よく使われますので、「動詞 -ing」と同様に覚えておきましょう。以下に例をあげておきます。

We are a company *established in 2001.*
（うちは、2001 年に設立された会社です）
Hawaii *visited by so many Japanese* is really a great place to live, too.
（多くの日本人が訪れるハワイは、住むのにも本当にいい場所だ）
＊慣用的には live の後に "in" はなくても OK

付録 文法解説

ちなみに、文法用語としては、「動詞 -ing」が形容詞として使われる場合は「現在分詞」と呼ばれます。先ほど出てきたように、「動詞 -ing」が名詞になる場合は「動名詞」と呼びます。同じ「動詞 -ing」なのに、名詞で使われる場合（＝「動名詞」）と形容詞で使われる場合（＝「現在分詞」）とで違う名前で呼ばれるんですね、いやですね。混乱しないように、「動詞 -ing」の名詞形と形容詞形と思っておけば、大丈夫です。「to 動詞」は、名詞として使うときと形容詞として使うときとで名前は変わらず、ともに「to 不定詞」と呼ばれるんでしたよね。

3. 副詞になる準動詞

「船」全体や動詞を修飾する副詞と同じ役割を、「動詞 -ing/-ed」（現在分詞／過去分詞）と「to 動詞」（不定詞）が果たすことができます。副詞とまったく同じように、「フック」である前置詞や接続詞がなくても、そのまま「動詞 -ing・-ed」や「to 動詞」の形で船に接続できます。

3.1 「動詞 -ing・-ed」（現在分詞・過去分詞）の副詞的な使い方

「動詞 -ing・-ed」（現在分詞・過去分詞）は、「～しながら」という同時性を意味し、「船」の内容と「同時に起こっている」というのが中心的な意味になります。

1. Some people walk 20 minutes from Umeda to their office in Honmachi,
   doing "shadowing practice" with K/H study materials.
2. I joined this company,
   expecting that I can learn a lot here.
3. Inspired by his boss, he applied for an assignment in the U.S.A.
4. Working closely with our suppliers, we were able to meet the deadline.

直訳
1. 人によっては、梅田から本町のオフィスまで 20 分歩く、K/H システムの教材で「シャドーイング練習」しながら。
2. この会社に入りました、ここでたくさん学べるものと思いつつ。
3. 上司の話に刺激されて、彼は米国での仕事に応募した。
4. サプライヤーのみなさんと協力して、締め切りに間に合わせることができた。

3.2 「to 動詞」の副詞的な使い方

「to 動詞」を副詞的に使う場合は、先述のように「to 動詞」が未来を表すニュアンス強いためか、「目的」または「結果」の意味で使うことがほとんどです。そのどちらの意味で使われているかは、文脈で判断するしかありません。

1．We are studying English
　　to be able to communicate with our non-Japanese co-workers.
2．Let's look at what happened
　　not to repeat the same thing in the next project.
3．Large Japanese companies are hiring managers from other countries
　　to globalize their businesses operations.
4．This company survived the financial crisis
　　to become even stronger.

直訳 1．英語を勉強しています、同僚の外国人と意思疎通できるようになるために。
2．何が起こったか（あなたのやったミス）をよく考えましょう、次のプロジェクトで同じことを繰り返さないために。
3．大手の日本企業は、他国から管理職の人材を雇っています、事業をグローバル化するために。
4．この会社は、財務危機を乗り越えて、さらに強い会社になった。

4 句と節

1.「句」とは何か

句とは、前述の不定詞（to 動詞）や分詞（過去分詞・現在分詞）でできた意味の「かたまり」のように、それだけでは文の形になっていない「かたまり」をいいます。その句が、文の中で名詞と同じ役割をしていれば、「名詞句」といい、形容詞と同じ働きをしていれば「形容詞句」、副詞と同じ働きをしていれば「副詞句」といいます。「船＋フック名詞」の文の構造の考え方がだいたい分かってきていると思うので、文のどこに名詞が入って、形容詞が入って、副詞が入るのか、だいたい分かるでしょう。句についてもまったく同じです。いくつかの単語のかたまり（句）が一つの単語のようになって、名詞や形容詞や副詞と同じような役割を文の中で果たしているだけです。「そのかたまり（句）が一つの単語だったら、何の品詞の役割を文の中で果たしているかな？」と考えれば、名詞句、形容詞句、副詞句も分かりやすいと思います。

2.「節」とは何か

節とは、文の形になっている意味の「かたまり」です。「船＋フック」の考え方でいえば、「船」の形になっている「かたまり」です。必ず「主語＋述語動詞＋（目的語）」の形になっているはずですから、述語動詞は過去形、現在形、未来形など変化します。

また、「節」は、その文のコアである「船」とは独立した別の節になっていることもありますが、「船」の中に組み込まれていることもあります。たとえば次の文がそうで、文の形になっている「節」が、その文の「船」の一部として組み込まれてしまっている例です。

We believe that Kiyo will be a great teacher.
(清は素晴らしい先生になると思いますよ)

節＃１　We　believe ＋目的語　……………………………… 主となる節（この文の「船」）

↑

節＃２　that Kiyo will be a great teacher. … 従となる節（「船」の目的語）

3. 主節と従属節

節＃１が、この文の中核の節で「船」ですね。「文の中核の節（＝船）」を「主節」といいます。節＃２は、節＃１の目的語になっていますね。このように主節を助けている別の節のことを、「主節に従属している」と考えて「従属節」と文法では呼んでいるようです。もちろん、「従属節」だけを取り出してその中を覗いて見れば、そこの中には、従属節の中核をなしている「船」があります。「船」があれば、フック名詞で引っ掛けて長くもなります。「従属節」も、「船フック」の小宇宙になっているんですね。

4．名詞節、副詞節、形容詞節

従属節は、主節を助けるために臨機応変にいろいろな「品詞」の役割を果たします。考え方としては、従属節全体を「一つの単語」と考えて、それが名詞になったり、副詞になったり、形容詞になったりしていると考えると分かりやすいと思います。

4．1 名詞節

名詞となった場合は、船の主語や目的語になれますね。たとえば、先ほどの例文では、主節（船）の目的語（名詞）として従属節が使われていましたね。名詞になる従属節を、略して「名詞節」と文法では呼んでいるようです。名詞節の作り方は、いたって簡単です。「that＋文」で名詞節です。thatを使って、文（「船＋フック」）を一つの袋に入れて一つの名詞にしてしまったと考えるといいと思います。that（または if）が袋にまとめる役割をしています。

that（Kiyo will be a great teacher）＝名詞

if（Kiyo will be a great teacher）＝名詞

「文を袋に入れて名詞を作る」ことができるという点において機能という意味では、that も if も同じ機能を持ちます。少し意味が違うだけです。that の袋の中には、「“そうだ”と確信がある内容」が入ります。対して、if の袋の中には、「そうだかどうか確信がない内容」が入ります。たとえば：

I know that the K/H System is one of the best methods for learning English skills.
（「K/H システム（の方法）は英語学習に最適な方法の一つであること」は分かっています）
I don't know if the K/H System is one of the best methods for learning English skills.
（「K/H システム（の方法）は英語学習に最適な方法の一つかどうか」は、分かりませんね）

4．2 副詞節

また、「船」に引っ掛かる「フック名詞」部分として使われる場合もあります。たとえば、次の文で考えてみましょう。

I want to discuss this issue with you when you get back.
（君が帰ってきたら、この問題を君と相談したい）

節＃1 I want to discuss this issue with you ………………主となる節（この文の「船」）
節＃2 when you get back. …………………従の節（#1 の副詞）

付録 文法解説

二つの節から成り立っています。節＃１はいうまでもなく主節（船）です。節＃２の when が、節＃１の船にくっつけるためのフックの役割をしています。when you get back を一つの単語だと考えると、フック内蔵型の品詞である副詞と同じになりますね。ゆえに、これは節が副詞的に使われていて、文法では「副詞節」と呼ばれます。あと二つ例をあげますね。

節＃１ I need to talk to Sae　紗衣さんと相談する必要があります、
節＃２ before we make a decision.　私たちが意思決定する前に

節＃１ Could you give me a call　電話を頂けますか、
節＃２ if Rion is back by two o'clock?　もし、リオンが２時までに戻ったら

if は名詞節を作るための袋としても使われますが、副詞節のフックとしても使われます。見抜き方としては、文の中で名詞か副詞か、どちらの役割をしているかを見るしかありません。上の例文では、船がＳＶＯＯで完成しているので、if の節が名詞だと船にくっつきようがないですね。副詞節として if がフックになって船に引っ掛かっていると考えるしかないですね。

番外編コラム

──気になりましたか？

副詞節をよく見ると、when や before や if がフックで、その後ろの you get back などを名詞と考えれば、「フック名詞」の形として主節の「船」に引っ掛けられていることが分かりますね。そうすると you get back の部分はちゃんと that を使って、“that you are back” のように袋で包んで名詞にして、その前にフックの when をつけて、“when that you are back” の形にしてから主節の船に引っ掛けるのが正しいのではないかと、疑問に思いませんでしたか？

もし、そういう疑問を持った読者の方がいれば、文法推察力はすごいものだと思います。実は、その通りなのです。実は中世の英語はそうなっていたのです。たとえば、有名なチョーサーの『カンタベリー物語』の出だしなどは、when「that 節」の形ではじまります。近代に入って、フックの後ろの節の前に来るべき「名詞節の袋を作る that」が使われなくなってしまったのです。今では、when、before、after、if、unless、until などの接続詞の後は、直接 you get back などの節が来るのが正しい形とされるようになっているんです。

4.3 形容詞節

節が、文の中にある名詞を説明する形容詞として使われる場合があります。たとえば、

We hire people who are interested in helping others with learning English.
（私たちは、英語学習で人を助けることに興味がある人たちを採用します）

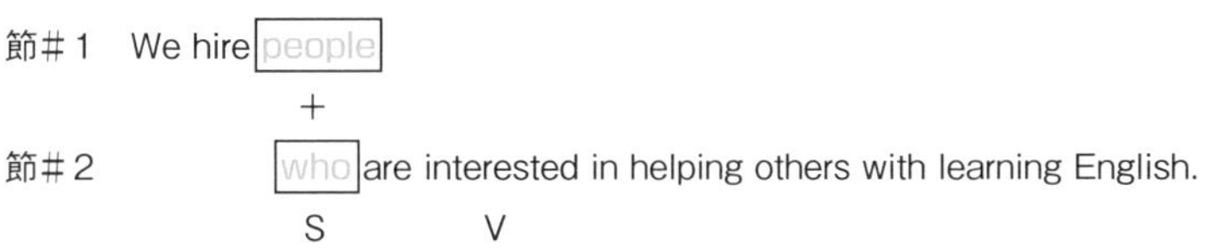
節＃1　We hire people
+
節＃2　who are interested in helping others with learning English.
S　V

節＃1が主節（船）ですね。主節の名詞 people を主語にして、別の節＃2が作られていますね。people をもう一度繰り返すのではなく、who に代わっていますね。これは people を置き換えただけですから、they と同じく、代名詞のようなものです。they でもいいようなものですが、who は、代名詞の機能に加えて、前の名詞にくっつける機能もあって、前の文にくっついて一つの文にまとめることができます。それなので、このように「くっつく機能も持った代名詞」には特別な名前を文法では与えています。人呼んで「関係」代名詞。人によっては「関係代名詞」と聞くだけで「いや～な」気分になって敬遠したくなってしまうかもしれませんが、実は簡単なんです。文の中の名詞を一つ選んで、その名詞と同じ名詞を代名詞にして他の節を作るだけです。言い換えると、二つの文がまずあって、その二つの文の「共通の名詞」をリンクに使って一つの文にしてしまうだけです。具体例をあげながら、関係代名詞の考え方を以下に説明します。

5. 関係代名詞

まずは、次のような文があるとします。

First, I'd like to discuss the quality issue / which is affecting our brand image.

この文は二つの文からできています。

文＃1　First, I'd like to discuss the quality issue
‖
文＃2　The quality issue is affecting our brand image.
S　V　O

二つの文に「共通の名詞」the quality issue があるので、その一つを関係代名詞にしてみます。関係代名詞で物を表すのは which か that なので、ここでは which を使ってみましょう。そうすると次のようになりますね。

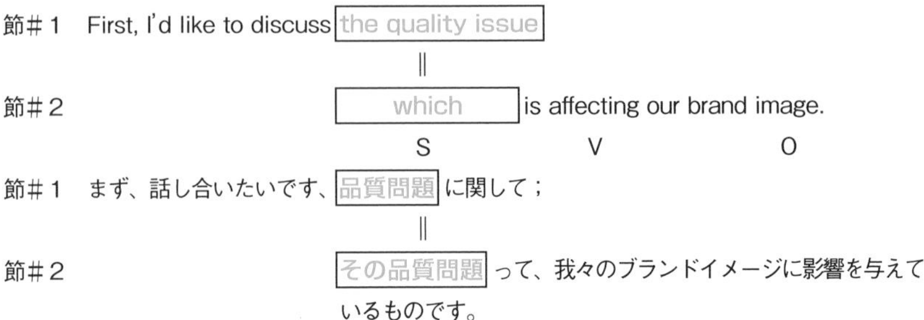

節＃1　First, I'd like to discuss the quality issue
‖
節＃2　which is affecting our brand image.
S　V　O
節＃1　まず、話し合いたいです、品質問題に関して；
‖
節＃2　その品質問題って、我々のブランドイメージに影響を与えているものです。

ここで、重要なポイントは、節＃１と節＃２は、共通する名詞の片方が関係代名詞に置き換わった以外には、完全に元の文のままで、文法的に何の影響もお互いに与えず、それぞれがちゃんとした文になっていることです。考え方としては、関係代名詞を使った英文を作るのであれば、まず、はじめの節を「船＋フック」で作り、次に、共通する名詞を利用してそれを which という代名詞に置き換え、その代名詞をどこかに組み込んで次の文を「船＋フック」で作ります。まずこれが、関係代名詞の基本です。

今までの例文は、関係代名詞が節＃２の「主語」になっていましたが、次の例文は、文の中での関係代名詞の役割がちょっと違いますよ。どう違うか分かりますか？

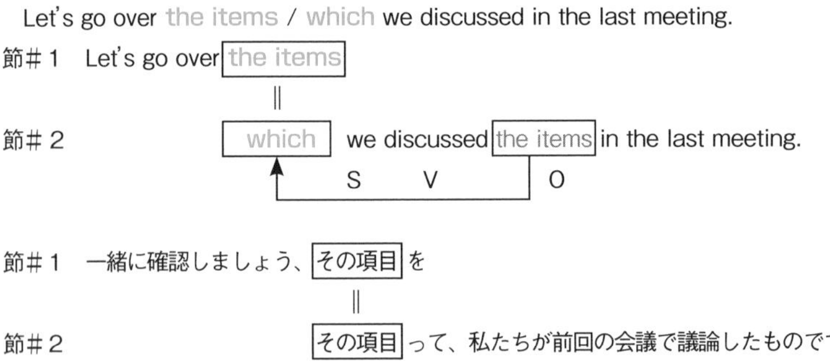

Let's go over the items / which we discussed in the last meeting.
節＃1　Let's go over the items
‖
節＃2　which we discussed the items in the last meeting.
S　V　O
節＃1　一緒に確認しましょう、その項目を
‖
節＃2　その項目って、私たちが前回の会議で議論したものです

上記の文の関係代名詞は、節＃２の目的語になっていますね。節＃１の the items と節＃２の the items が共通の名詞なので、節＃２では代名詞の which になるところまでは、これまでと同じ。ただ、そのまま discussed which とすると、節＃１の the items と離れすぎてしまって which が何の名詞の代わりだったのか分かりにくくなってしまうからでしょうか、which が前に出てきて、the items の直後に落ち着きます。これで which が何を指すかが明確になるメリットがあるからでしょうかね。以上で、関係代名詞の重要なポイントは、すべて説明しました。

番外編コラム

――ちょっと脱線　名詞の格のお話

名詞が目的語として使われる場合、「目的格（目的語になるときの形）」になった名詞が使われます。名詞が主語として使われる場合は、「主格（主語になるときの形）」になった名詞が使われます。たとえば、人称代名詞（I、we、you、he、she、they、it など）は、主格と目的格で変化しますね。「私」という単語「I」は、主格ですので、主語としてしか使えません。目的格のときには me に変化しますね。we は us に変化します。you は、you で変わりません。he は him。she は her。they は them、と変化しますね。一方で、ほとんどの名詞は、「主格」でも「目的格」でも形自体は変わらないので何格か分かりにくいのですが、日本語の「てにをは」の感覚と似ているので意識しておいた方がいいです。一つ頭の体操をしてみましょう。

We talked about this issue with Sarah. という文で、英語の前置詞の後ろのボールドの名詞は、主格でしょうか？　それとも目的格が使われるでしょうか？

ヒント　主格と目的格で変化する人称代名詞を代入して考えてみると分かるかも。

答え　前置詞の後ろの名詞は目的格が使われます。

関係代名詞の最後の二つのハードル

【ハードル＃１】　関係代名詞が目的格の時は、「透明」になってもいい

「透明」になるというのは、「そこに which はあるのだが、単に見えなくなる」という意味です。先ほどの例文でいえば、次のようになります。

Let's go over the items / which we discussed in the last meeting.
‖ O S V

Let's go over the items / which we discussed in the meeting.
(O) S V

この文では、which は discussed の目的語（目的格）ですから、「透明」になれますね。

付録　文法解説

【ハードル＃２】 前置詞を伴う関係代名詞の考え方

まずは、質問です。次のような二つの英文を、関係代名詞を使って「一つの文にする方法」はいくつあるでしょうか？

文＃１　I'd like to know more about the program. (そのプログラムについてもっと知りたい)
文＃２　Sophie made a presentation on the program.
(ソフィがそのプログラムについてプレゼンした)

オプション＃１　前置詞をそのまま残して名詞だけが関係代名詞になって前にくる

今まで習った通りのやり方で、文＃２の the program を関係代名詞の which にして、文＃１の the program の後ろに持ってきて、その後に文＃２の残りをそのままつける。

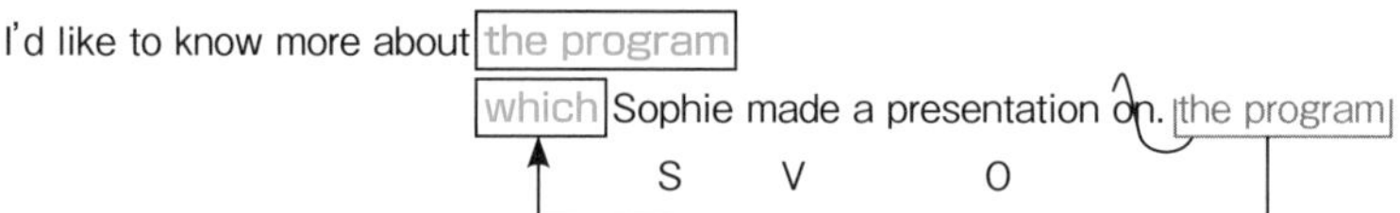

ここでの落とし穴は、文＃２の on が必ず残るということです。二つの文に分割したときに、二つの文が文として文法的に成立する。言い換えれば、「船＋フック名詞」の形になっていないと文法的に正しくありません。

オプション＃２　目的格の関係代名詞が「透明」になる

今まで習った通りのやり方で、文＃２の the program を関係代名詞の which にするところまでは同じですが、文＃２の on の目的語（目的格）なので「透明」になることができます。

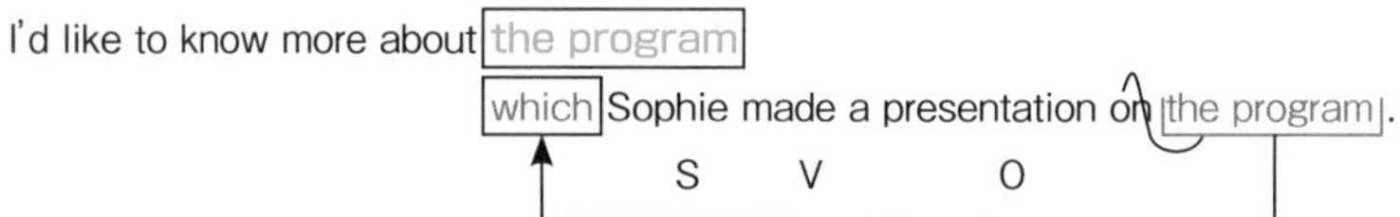

オプション＃３　関係代名詞が前置詞を伴って移動する

on the program が on which になるまでは他のオプションと同じですが、on which のまま前に出てくることもできます。「フック名詞」にセット感があるからでしょう。この方法は、書き言葉に多いスタイルです。

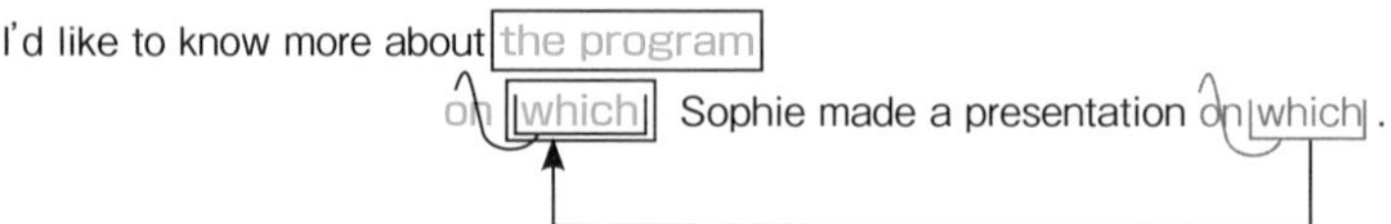

以上が、関係代名詞、すなわち形容詞節の説明でした。

まとめ　従属節を整理すると以下のようになります。

名詞節……that（または if）を前に置くと、節が名詞化され、主語や目的語として使える
副詞節……節の前に when、before、as、because などの接続詞をフックのように置くと、その節全体が副詞化されて、主節である船に引っ掛けることができる
形容詞節…名詞を which や that（人の場合は who）を使って詳しく説明する（形容する）。which や that が代名詞の役割をして、その代名詞を使って文法的に完成した節が作られる。形容詞節は、関係代名詞を使った節が主。

5 時制

1．一般時制

英語の時制は、「過去形」、「現在形」、「未来形」などの基本タイプと、be 動詞や have 動詞を使った「進行形」と「完了形」の組み合わせで構成されています。ポイントをまとめると、次の３点になります。

①文法としては、動詞が時制を表す役割を担っている。動詞の形自体を変化させて時制を表す場合と、助動詞の will などをつけることで時制を表す場合とがある。
②意味的には、「時制」はそれぞれ、重要なニュアンスを担っている。
③ビジネスでの側面では、仕事のコミュニケーションで、時制とそのニュアンスは重要なインパクトを持つ場面がある。

実戦でのコミュニケーションという視点から考えると、②・③は特に重要です。情報のタイプ（過去のファクト・現在の習慣・ものごとの特性・常識・一時的状況など）、話者の意図（意志・計画など）、トーン（追及・確認など）などさまざまな面で、コミュニケーションに実質的なインパクトを持つ細かいニュアンスを伝える、とても重要な役割を担っているのです。

英語の時制チャート

	基本タイプ	進行形	完了形
過去形	動詞を過去形にする 過去の一時点で起こった事実を表す	was/were＋動詞 -ing 過去において、具体的な行動が進行していた	had＋過去分詞 過去の一時点よりも、さらに過去に起こったことを表す
現在形	動詞を現在形にする ①「状態の動詞」 現在の状態を表す ②「動作の動詞」 習慣・習性・法則を表す	am/are/is＋動詞 -ing 具体的な行動が、今まさに進行している、あるいは現在の一時的状況	have＋過去分詞 行動・動作は過去に起こったものだとしても、その結果としての「現在の状態」を伝えることに重点がある
未来形	will＋動詞原形 未来に起こる事象を表す。主語が人の場合、時には、話者の意思を表す場合も	① will be＋動詞 -ing ② be going to 動詞 ③ be 動詞 -ing 「話者の意志とは無関係」 ①その予定となっている ②その方向に進んでいる ③すでに決まっている	will have＋過去分詞 未来のある時点にはある状態になっていること表す

ビジネスで英語を使う人にとっての「時制」の重要性

日本語は文末の動詞まで時制が示されませんが、英語は主語の直後の述語動詞で時制が示されます。ここにまず、日本語を母国語とする私たちにとっての落とし穴があります。聞き取りでは、文のトップ近くに来る時制を聞き逃してしまいがちで、結果として時制を推測するしかなくなり、正確に相手の意図をくみ取れなくなってしまいます。スピーキングでは、主語直後の述語動詞で「時制」を決めねばならないのですが、私たちはその意識が薄く、言い慣れている時制を適当に入れてしまい、相手に大きな誤解を生むことがあります。

次の落とし穴としては、各時制が持つニュアンスを正確に理解していないために、使い間違えて誤解が生じることがあります。時制の間違いによる実際のビジネス上の失敗の実例を、3つだけ紹介します。

① 過去形であるべきところを現在形の時制で話してしまって、相手を傷つけてしまう。
(過去形 → 過去の事実)　You didn't make the deadline.
(君は、締め切りに間に合わなかったですね)
(現在形 → 習性・性格)　You don't make the deadline.
(君は、締め切りに間に合わない人だね)

② 現在完了形であるべきところを、過去形で話してしまい、相手を不安にさせる。
(過去形 → 過去の行動をチェック)　Did you talk to Accounting?
(経理部には話しましたか？―「そのことをやったのか、やらなかったのかをチェックしている」ニュアンス)
(現在完了形 → 現在の状況を確認)　Have you talked to Accounting?
(経理部には話してあるかい？―「まだなら、これから話しておいてね」のニュアンス)

③ 現在形であるべきところを、現在進行形で話してしまい、誤解を与える。
(現在形 → 常態)　I work for K/H Company.
(K/H社で働いています―正規従業員として働いているニュアンス)
(現在進行形 → 動作が現在進行していることだけがポイントなので一過性かも)
I am working for K/H Company.
(K/H社で［今は］働いています―ずっといる気ではないんだろうな)

2. 仮定法

仮定法は、話者が「現実の世界であり得るかもしれないけど、確実にそうだとは言えない」と思っているときに使います。この世界とは別の「まったく同じ仮想世界」を設定して、その世界での話として話す感覚です。仮定法を使う場面としては、「ちょっとした遠慮を示す」効果を狙って使われる場合と、本当に「あくまでも仮定のシナリオ」として話をしたい場合に使われます。

特に「遠慮を示すため」に使われる場合には、「もし～だとしたら」という「仮説の設定を言う部分(いわゆる If ... の部分)」は省略されることが多いです。「遠慮を示すため」のコンテキストだと、聞き手にも言わなくても分かるので必要ないのでしょう。まず、このシンプルな「遠慮を示すための仮定法」で、少しずつ仮定法に慣れていくといいと思います。シンプルですが、これは社会人の言葉遣いとしてビジネスでは非常に大切ですから。余裕が出てきたら、仮定法で「仮定のシナリオ」も話せる力をつけていきましょう。「予定に近い現実的なシナリオの話(普通に未来形で話せばいい世界)」なのか、「あくまでも"万一・仮に"の仮説的なシナリオの話(仮定法の世界)」なのかが、誤解なく伝えられることが、ビジネスでは非常に重要です。

仮定法の作り方はいたって簡単で、主節に助動詞の would、could、should、might を加えるだけです。過去の話をするのであれば、助動詞の後ろに「have+ 動詞過去分詞」にします。仮定法は「構文分析ワークシート」(p. 137、138)でも説明しましたが、ここでは、イメージがつかめるようにいくつか具体例をあげるにとどめて、簡易版「文法解説」を終わります。

少しずつでいいですから、文法に興味を持って、理解を広げていってくださいね。文法の理解ができてくると、英語がしっかりと見えて、腹に落ちるようになってきて、「確信を持って」英語を捉えられる快感がきっと味わえます。加えて、いろいろなニュアンスや英語らしい特徴が見えてきて、英語で取れる情報もどんどん増え、多言語を学ぶ本当の感動も味わえるはずです。

それでは、大きなビジョンを持って、一歩ずつ頑張っていってください！　応援しています！

仮定法が活用されるビジネス表現 右の箱が、言葉にしていない「もし～だとしたら」の部分

【依頼するとき】「もしよろしければ～していただけますか？」	
Could（Would）you call the supplier? 「サプライヤーさんに電話してもらえる？」	（いろいろ事情もあるかもしれませんので可能かどうかは私には分かりませんが、もし状況が許せば）
I would appreciate it if you could come. 「来ていただけるなら、感謝します」	（来ていただけるかどうかはあなた次第なので、来ていただけるとこちらで決めつけることはできませんが、もし、そしていただけるとしたら） 注）I appreciate it としてしまうと、相手が来ることを私が決めてしまっていることになり、相手の意思を尊重していない響きになってしまう）
【提案するとき】「～するという選択肢もあり得るかもしれません」	
We could try the K/H System method. 「K/H システムの方法を試してみるっていう手もあるよね」	（諸般の事情により可能かどうかは分からないので、本当にやれるとは断言していませんが、あくまでも可能性として） 注）We can ... としてしまうと、「やりましょうよ」と、現実的にはこれをやるつもりの響き
I could talk to Rino about it. 「これについては、私から凜乃さんに話すこともできますよ」	（最終的にはあなたの判断ですが、もし、されたいなら） 注）I can ... とすると、「私がやれます」ので「やりますますよ」と現実味を帯びてきます。
【アドバイスするとき】「～した方がいいかも」	
You could ask Aya for support. 「絢さんにサポートを頼む手もあるんじゃい？」	（最終的にはあなたの判断ですが、もし、されたいなら）
I would come a little earlier tomorrow. 「明日はちょっと早めに来といた方がいいかもしれませんよ」	（私が、もし同じ立場ならどうするかということ）
【控えめに意見を言うとき】「もし私が～するとすれば、～するでしょう」	
I would suggest（recommend）that ... ～と提案します	（私が、もし敢えて提案するとすれば）
I would say（think）that ... ～と言う / 考えます	（私が、もし敢えて言う / 考えるなら）

著者プロフィール

国井信一

会議通訳者として衛星放送をはじめ、国際会議、ビジネス交渉・政府間協議など様々な分野で活躍。現在は、上智大学外国語学部英語学科講師を務めるとともに、K/Hシステムの共同開発者として日米両国での研修と、研修・教材の開発に携わる。上智大学英文科修士課程修了。

橋本敬子

ワシントンD.C.在住。日系企業の米国駐在員、会議通訳／翻訳者としての仕事を経て、現在は、K/Hシステムの共同開発者として、研修・教材の開発に携わる。大阪外国語大学卒業後、英国ケント大学哲学科を卒業。英米滞在経験通算25年以上。

2人の共著として『究極の英語学習法 K/Hシステム 基本編』、『究極の英語学習法 K/Hシステム 中級編』『究極の英語学習法 K/H システム 上級編』（いずれもアルク刊）がある。

究極の英語学習法
はじめてのK/Hシステム

発行日：2020年4月6日（初版）

著者　：国井信一、橋本敬子
編集　：株式会社アルク 英語出版編集部

AD　　　：園辺智代
音声編集　：株式会社ルーキー　柳原義光
DTP　　　：朝日メディアインターナショナル株式会社
印刷・製本：シナノ印刷株式会社

発行者：田中伸明
発行所：株式会社アルク
〒102-0073 東京都千代田区九段北4-2-6 市ヶ谷ビル
Website : https://www.alc.co.jp/

落丁本、乱丁本は弊社にてお取替えいたしております。
Webお問い合わせフォームにてご連絡ください。
https://www.alc.co.jp/inquiry/

PC：7020002
ISBN：978-4-7574-3617-6
＊本書は『究極の英語学習法 はじめてのK/H システム』（2015年初版）の改訂版です。

地球人ネットワークを創る

アルクのシンボル
「地球人マーク」です。